KB268272

BKC 강해 주석 22
요한복음

The Bible Knowledge Commentary

BKC 강해주석 22

요한복음

지은이 | 에드윈 블룸   옮긴이 | 임성빈
개정2판 1쇄 발행 | 2011. 5. 9.
개정2판 3쇄 발행 | 2017. 9. 1.

등록번호 | 제1988-000080호
등록된 곳 | 서울특별시 용산구 서빙고로 65길 38
발행처 | 사단법인 두란노서원
영업부 | 2078-3352 FAX 080-749-3705
출판부 | 2078-3332

❚ 책값은 뒤표지에 있습니다.
ISBN 978-89-531-1593-4 03230
(set) 978-89-531-2540-7 04230

❚ 독자의 의견을 기다립니다.
tpress@duranno.com http://www.Duranno.com

❚ 이 책의 성경 본문은 개역개정판을 사용했습니다.

두란노서원은 바울 사도가 3차 전도여행 때 에베소에서 성령 받은 제자들을 따로 세워 하나님의 말씀으로 양육하던 장소입니다. 사도행전 19장 8~20절의 정신에 따라 첫째 사역자를 돕는 사역과 평신도를 훈련시키는 사역, 둘째 세계선교(TIM)와 문서선교(단행본 · 잡지) 사역, 셋째 예수문화 및 경배와 찬양 사역, 그리고 가정 · 상담 사역 등을 감당하고 있습니다. 1980년 12월 22일에 창립된 두란노서원은 주님 오실 때까지 이 사역들을 계속할 것입니다.

BKC 강해 주석 22

요한복음

에드윈 블룸 지음 | 임성빈 옮김

두란노

CONTENTS

요 한 복 음

Ⅳ. 예수님의 수난과 부활(18~20장)

Ⅴ. 후기(21장)

Ἐν ἀρχῇ ἦν ὁ λόγος, καὶ ὁ λόγος ἦν πρὸς τὸν θεόν, καὶ θεὸς ἦν ὁ λόγος. οὗτος ἦν ἐν ἀρχῇ πρὸς τὸν θεόν.

πάντα δι᾽ αὐτοῦ ἐγένετο, καὶ χωρὶς αὐτοῦ ἐγένετο οὐδὲ ἕν. ὃ γέγονεν ἐν αὐτῷ ζωὴ ἦν,

καὶ ἡ ζωὴ ἦν τὸ φῶς τῶν ἀνθρώπων· καὶ τὸ φῶς ἐν τῇ σκοτίᾳ φαίνει, καὶ ἡ σκοτία αὐτὸ οὐ κατέλαβεν.

Ἐγένετο ἄνθρωπος, ἀπεσταλμένος παρὰ θεοῦ, ὄνομα αὐτῷ Ἰωάννης· οὗτος ἦλθεν εἰς μαρτυρίαν, ἵνα μαρτυρήσῃ

περὶ τοῦ φωτός, ἵνα πάντες πιστεύσωσιν δι᾽ αὐτοῦ. οὐκ ἦν ἐκεῖνος τὸ φῶς, ἀλλ᾽ ἵνα μαρτυρήσῃ περὶ τοῦ φωτό

서론

저자

내적 증거

엄격한 의미에서 이 제4복음서의 저자는 미상이다. 본문에는 그 저자에 대해 어떤 이름도 구체적으로 언급되어 있지 않다. 그러나 이것은 복음서가 일반 서신과는 그 문학적 형태를 달리한다는 점을 고려할 때 그리 놀라운 일이 아니다. 예를 들어, 바울의 서신들은 고대 세계에서 편지 쓸 때 사용하는 일반적인 방식에 따라 시작된다. 이에 비해 4복음서의 저자들의 이름은 외부로 드러나지 않고 있다. 그러나 이러한 사실이 곧 그 저자들이 누구인가를 알 수 없다는 것을 뜻하지는 않는다. 사실상 저자가 글 속에서 간접적으로나마 자신을 나타내 보일 수도 있으며, 또한 전승을 통해 그것이 누구의 글임이 공공연히 알려져 내려올 수도 있는 것이다.

제4복음서의 저자가 누구인가를 암시해 주는 내적 증거는 다음과 같다. (1) 요한복음 21장 24절의 '이 일'이라는 것은 21장만을 언급한 것이 아니고 요한복음 전부를 가리키는 것이다. (2) 21장 24절의 '제자'가 곧 '예수께서 사랑하시는 그 제자'(21:7)라는 점이다. (3) 21장 7절의 '예수께서 사랑하시는 그 제자'란 21장 2절에 언급된 7인(시몬 베드로, 도마,

나다나엘, 세베대의 두 아들과 이름이 나타나지 않은 두 사도) 중 한 사람이 확실하다. (4) '예수께서 사랑하시는 그 제자'는 최후의 만찬 때 주님 곁에 앉았던 사람이자, 베드로가 머릿짓을 한 사람이다(13:23~24). (5) 그는 예수님의 열두 제자 중 하나인 것이 분명하다. 왜냐하면 오직 그들만이 최후의 만찬에 주님과 함께했기 때문이다(참조, 막 14:17; 눅 22:14). (6) 모든 복음서에서 요한이 베드로와 매우 친숙한 관계로 나타나는데, 특히 가까웠던 3인 중 하나로 묘사되고 있다(참조, 요 20:2~10; 막 5:37~38; 9:2~3; 14:33). 그러나 요한의 형제인 야고보는 AD 44년에 사망했으므로 저자가 될 수 없다(행 12:2). (7) '또 다른 제자'(요 18:15~16)도 '예수께서 사랑하시는 그 제자'를 지칭한 것으로 보인다. 왜냐하면 20장 2절에서도 그렇게 불렸기 때문이다. (8) '예수께서 사랑하시는 그 제자'는 십자가 옆에도 있었다(19:26). 19장 35절도 바로 그를 지칭한 것으로 보인다. (9) "우리가 그 영광을 보았다"(1:14)는 저자의 주장은 직접 눈으로 목격한 증인의 주장이다(참조, 요일 1:1~4).

위의 모든 사실을 종합해 볼 때 제4복음서의 저자는 세베대라 하는 어부의 아들들 중 하나인 요한임이 확실시된다.

외적 증거

외적 증거란 교회 내에서 전통적으로 전해 내려왔던 증언을 뜻한다. 폴리캅(Polycarp, AD 69~155년경)은 그가 요한과 접촉했음을 말했다. 리용의 감독이었던 이레네우스(Irenaeus, 130~200년경)는 폴리캅으로부터 그러한 사실을 들은 후, "주님의 사도이며, 그분의 품에 기대었던 요한이 아시아의 에베소에 있는 그의 거처에서 복음서를 기술했다"(『이단을 반박함』[*Against Heresies*] 3.1)라고 증언했다. 폴리크라테스(Polycrates), 알렉산드리아의 클레멘트(Clement of Alexandria), 터툴리안(Tertullian)과 그 외의 교부들도 이러한 전승을 받아들였다. 단지 유세비우스(Eusebius)만이 마태와 요한이 자신들의 이름으로 두 복음서를 기술했다는 독특한 주장을 했다(『교회사』[*The Ecclesiastical History*] 3.24.3~8).

저작 장소

바울이 에베소에 있는 교회를 세우고 수년간 사역한 후에 그곳에 왔다는 전승이 유력하다(참조, 유세비우스의 『교회사』 3.24.1). 요한계시록 1:9~11도 이 전승을 지지해 준다. 즉 요한이 소아시아 해안에서 떨어진 한 섬, 밧모에 유배되어 있을 때 아시아의 일곱 교회에 편지를 보냈는데 그중 첫 번째가 에베소에 보낸 것이었다. 그러므로 이 제4복음서의 저작 장소가 에베소라 하는 설은 상당한 설득력을 가진다.

연대

요한복음의 저작 연대는 아마도 AD 85~95년간이라 추정된다. 몇몇 비평가들은 이 책의 영지주의적 작품과의 유사성, 상당히 발전된 신학적인 내용들을 근거로 AD 150년을 그 저작 연대로 주장하고 있다. 그러나 고

고학적 증거가 이 복음의 요한 저작을 뒷받침하며(예, 요 4:11; 5:2~3), 단어 연구(예, 쉰크론타이[συγχρῶνται], 4:9)와 사본의 발굴(예, P52) 그리고 사해사본 등 모든 제반 증거들이 강력하게 요한의 초기 저작설을 뒷받침해 준다. 그러므로 오늘날에는 보수적 성향이 아닌 학자들도 AD 45~66년 저작설을 주장하고 있으며, 그보다 더욱 연대를 앞당기려고 하기도 한다. 그러나 이 복음서가 본래부터 교회 내에서 '4번째 복음'으로 불렸다는 것과, 초대교회 교부들이 이것을 요한의 노년 시절에 저작되었다고 믿었다는 점들을 고려할 때 85~95년 설이 가장 합당하다. 요한복음 21장 18, 23절에서 요한이 베드로보다 더 오래 살았음을 암시하는 점이 더욱 위의 주장을 뒷받침해 준다.

목적

요한복음의 목적은 20장 31절에 나타났듯이 이 글을 읽는 모든 이들이 예수님을 믿을 수 있도록 그분의 기사(signs)를 기록하는 데 있었다. 그러나 이외에도 또 다른 의도가 있었음이 분명하다. 이에 대해 어떤 이들은 요한이 공회 유대주의(Synagogue Judaism)나 영지주의, 혹은 세례 요한의 추종자들을 반박하려 이 복음서를 기술했다고도 주장하며, 또 다른 이들은 다른 복음서들을 보충하려는 데 그 목적이 있다고도 한다. 아무튼 요한의 복음서는 명백한 복음적 목적을 가졌기에 (다른 복음서들과 같이) 교회사 전반을 통해 다양한 목적으로 크게 선용되어 왔다는 것이 결코 우연한 일이 아니다.

제4복음서의 탁월성

많은 학자들은 제4복음서에 관한 저서들의 서론에 '제4복음서의 문제점'

이라는 항목을 넣고 있다. 사실상 제4복음서는 현대 신약사에서 큰 문젯거리가 되어 왔다. 그러면 무엇이 문제란 말인가? 오래전이지만 어떤 이는 공관복음서(마태, 마가, 누가)의 예수님은 역사적일 뿐 신적인 성격이 없으며, 제4복음서의 예수님은 오직 신적일 뿐이지 역사성이 없다는 주장을 했다. 그러나 이것은 근거 없는 주장임이 너무 명백하다. 왜냐하면 요한복음은 말씀이라는 전적인 신성이 육신이 되었다(1:1, 14)는 명백한 선언으로 시작해 "나의 주님이시요 나의 하나님이시니이다"(20:28)라는 도마의 고백으로 마무리를 짓고 있기 때문이다. 즉 예수 그리스도의 '신성'(Deity)과 '역사성'(실제로 이 땅에 사셨던 한 사람으로서의)이 동시에 기록되어 있다. 그러므로 많은 비평가들에게 실제로 문제가 되는 것은 교회의 주된 영광이 과연 무엇인가 하는 것이다.

사실 공관복음서 저자들 역시 몇몇 이들의 주장과는 반대로 요한과 마찬가지로 신적인 메시아를 나타내고 있다. 그러나 요한복음이 그 점을 더욱 명확히 묘사하고 있으며, 이러한 기독론은 교회를 엄청나게 풍성하게 해 주었다. "말씀이 육신이 되었다"(1:14)는 증언은 초대교회 교부들의 묵상과 연구의 핵심이 되었다. 요한은 하나님이 육신으로 나타나신 성육신(Incarnation)을 복음서의 기초로 소개했는데, 이것을 제4복음서의 '탁월성'으로 생각해야지 '문젯거리'로 삼아서는 안 된다.

요한의 독특한 묘사

요한복음을 다른 세 복음서와 비교할 때 우리는 요한의 표현이 독특함을 쉽게 간파하게 된다. 그는 예수님의 족보, 탄생, 수세(受洗), 유혹, 비유, 변모, 주의 만찬, 겟세마네에서의 번뇌, 그리고 승천 등을 기록하지 않았다. 예수님에 대한 소개는 예루살렘에서의 그분의 사역, 유대 민족의 절기, 개인적인 대화를 통해 개개인들과 접촉하시는 모습(예, 3~4장; 18:28~19:16)과 그분의 제자들에 대한 사역(13~17장)에 강조점을 두고 있다. 이 복음서의 주요 부분은 예수님이 하나님의 아들, 즉 메시아이심을 선포하는 7가지 기적(혹은 기사[signs])이 기록된 '기적의 기록'(Book of Signs,,2:1~12:50)에 포함되어 있다. 이 '기적의 기록'은 그러한 기적들의 의미를 설명하시고 선포하시는 예수님의 위대한 가르침도 함께 담고 있다. 예를 들면 5천명을 먹이신(6:1~15) 후에 예수님은 하늘에 계신 아버지께서 이 세상의 삶을 위해서 주시는 생명의 떡이라고 당신 자신을 나타내셨다(6:25~35). 제4복음서의 또 다른 독보적 표현은 "나는 ~이다"라는 형식을 빌려 당신 자신을 표현하신 예수님의 연속된 자기 선언에서 찾을 수 있다(참조, 6:35; 8:12; 10:7, 9, 11, 14; 11:25; 14:6; 15:1, 5).

이 복음서의 또 다른 특징은 그 관점에 있다. 복음서들은 결코 전기를 목적으로 쓴 책이 아니다. 사실 모든 복음서 저자들은 방대한 자료들 가운데서 자신의 저술 목적에 부합하는 것만을 선택했다. 만약 마태, 마가, 누가에 의해 인용된 예수님의 말씀을 큰 소리로 모두 읽는다고 하더라도 단지 3시간이면 족한 양이다. 그러나 예수님의 사역 기간이 3년이었다는 점을 고려한다면 3시간 정도의 연설량은 극히 일부분에 불과한 것이다. 즉 복음서 저자들은 어떤 특정한 기적들이나 비유들은 기록했지만 다른 것들은 배제했던 것이다. 복음서의 핵심은 예수님의 죽음과 부활의 기쁜 소식이다. 그리하여 복음은 '개론이 덧붙여진 수난사'라고 불릴 정도였다. 즉 복음서 저자들은 많은 사역을 하고 돌아가신 그분의 실체를 가장 잘 나타내는 데 필요한 설명(예, 막 1~10장)과 함께 그리스도의 죽음(예, 막 11~16장)에 그 초점을 두었다.

다음의 사실들은 요한이 공관복음서와 깊은 관계를 맺고 있음을 보여 준다. 즉 세베대의 아들 요한이 '예루살렘의 초대교회에서 베드로와 함께 동역했다는 사실(행 3:1~4:23; 8:14; 12:1~2)과 요한이 예루살렘 교회에서 '기둥같이 여김'(갈 2:9)을 받았다는 증언, 그리고 예루살렘 교회가 사도들과 예수님의 형제인 야고보와 베드로와 요한에 의해 주도되어 있다는 사실(행 3:1; 4:3~21; 8:14~24; 15:7~11, 13~21)들이 그것이다. 이 초대교회 시절에 사도들의 설교와 가르침의 특정한 핵심이 발전되었다. "그들이 사도의 가르침을 받아 … 오로지 … 힘쓰니라"(행 2:42)는 기록과 후에 이러한 자들이 오천 명에 이르렀다는 사실(행 4:4)로 미루어, 많은 무리가 회개한 후에 일정한 가르침의 확립이 요청되었을 것이다. 그것은 구약의 예언을 성취하신 예수님의 메시아 되심, 그리고 특별히 그분의 사역과 수난에 그 중심을 두었을 것이다. 예수님이 말씀하신 모든 계명들이 그 가르침의 핵심적인 내용을 차지했을 것이다(마 28:20).

매우 강력한 교회 전통에 따르면 마가의 복음은 베드로의 설교와 직접적으로 관련되어 있다고 한다. 사도행전 10장 36~43절이 이 전통을 뒷받침해 주는 듯하다. 왜냐하면 많은 이들이 이 베드로의 설교에서 마가 특유의 윤곽을 느낄 수 있기 때문이다. 베드로의 설교가 근본적으로 마가복음의 윤곽과 내용을 닮고 있기 때문에 수년 동안 베드로와 함께했던 요한 역시 그 내용에 상당한 친밀감을 갖고 있을 것이다.

초대교회 사도들이 행한 예루살렘에서의 설교와 가르침의 핵심은 베드로의 후기 사역을 도왔던 마가에 의해 기록되었다. 이 수년간(아마 20년쯤) 예루살렘에 머문 요한은 그 후 소아시아로 떠났고 결국 에베소에 정착했다. 요한이 복음서를 기록할 때, 그는 하나님의 영에 의해 초대 예루살렘 교회의 핵심적인 내용을 풍부하게 포함시킬 수 있었다. 그리하여 예수님에 대한 요한의 독특한 묘사는 공관복음서와 비교할 때 93퍼센트

요한복음에 나타난 예수님의 7가지 표적들

1. 가나에서 물로 포도주를 만드심(2:1~11)
2. 가버나움에서 왕의 신하의 아들을 치유하심(4:46~54)
3. 예루살렘의 베데스다 못가에서 환자를 치유하심(5:1~18)
4. 갈릴리 바닷가에서 5천 명을 먹이심(6:5~14)
5. 갈릴리 바다 위를 걸으심(6:16~21)
6. 예루살렘에서 맹인을 치유하심(9:1~7)
7. 베다니에서 죽은 나사로를 일으키심(11:1~45)

요한복음에 나타난 예수님의 "나는 ~이다" 선언

1. "나는 생명의 떡이다"(6:35).
2. "나는 세상의 빛이다"(8:12).
3. "나는 양의 문이다"(10:7; 참조, 9절).
4. "나는 선한 목자다"(10;11, 14).
5. "나는 부활이요 생명이다"(11:25).
6. "나는 길이요 진리요 생명이다"(14:6).
7. "나는 참포도나무다"(15:1; 참조, 5절).

의 원자료를 포함하고 있다. 요한은 그의 기록이 자신이 말할 수 있는 것 중 아주 적은 한 부분임을 그 기록에 분명히 밝히고 있다(요 20:30~31; 21:25).

(복음서들 간의 상호연관성을 더욱 깊이 연구하려면 마태복음과 마가복음의 개론을 참조하기 바람)

사본

이 제4복음서의 헬라어 사본은 전체 신약성경의 사본이 그러하듯이 아주 양호한 상태이다. NIV 성경을 읽는 이들은 흠정역(KJV)과 비교할 때

몇몇 군데에서 눈에 띄는 변화가 있음을 눈치 채게 될 것이다. 이것은 1611년에 흠정역이 출판된 이후, 새로운 사본들과 본문 전승에 관한 새로운 이론들의 등장으로, 비록 완전하지는 않으나 KJV 시대보다는 더욱 더 실제에 가까운 내용을 파악하게 되었다는 사실을 뜻한다. 특별히 요한복음 5장 3절하~4절(NIV에서는 관주에 있음)과 7장 53절~8장 11절(NIV에서는 본문과 차이를 두고 있음)에서 이러한 변화가 두드러진다. 이 문제에 대해서는 주해에서 다시 다룰 것이다.

구조와 주제

요한복음에서 핵심 단어는 '믿다'(피스튜오[πιστεύω])로서 98번이나 쓰였다. 그러나 명사 형태, 즉 '믿음'(피스티스[πίστις])은 등장하지 않는다(그러나 종종 NIV에서는 헬라어 동사를 put ⋯ faith in의 명사적 형태로 옮겨 놓았다). 헬라어 동사 피스튜오(πιστεύω)는 주로 현재 시제와 분사 형태로 쓰였다. 이 사실을 통해 요한이 예수님을 향한 적극적이며 생동감 넘치는 계속적인 신뢰를 표현하려 애썼다는 것을 분명히 알 수 있다.

이 책은 다음과 같이 나눠 볼 수 있다. 서론(1:1~18), 기사들의 기록(1:19~12:50), 고별 시의 가르침들(13~17장), 수난과 부활(18~20장), 후기(21장).

신학적인 설명으로 시작되는 서론은 예수님의 말씀과 행함이 곧 육신으로 나타나신 하나님의 말씀과 행함이었다는 것을 독자들이 이해할 수 있도록 도와준다. 기사들의 기록은 아들 안에서 아버지의 영광을 계시해 주는 7가지 기적들을 기록하고 있다. 이 기적들은 그에 대한 교훈적 강화와 함께 결국에는 2종류의 반응들을 초래한다. 신앙의 반응과 죄 속에서 더욱 깊어 가는 불신앙의 반응이 바로 그것들이다.

　　예수께서 공생애 사역을 마감하실 무렵에는 대부분의 사람들이 광적일 정도로 불신앙을 나타냈다(12:37). 예수께서는 고별 시의 가르침을 통해 장차 임할 죽음과 그를 따르는 이들의 장래 사역에 대해 준비시키셨다. 불신앙의 정점이 수난사에서 잘 나타나고 있고, 이와 대조되는 제자들의 신앙은 부활에 관한 기록에서 명백하게 드러나고 있다. 후기에서는 그의 제자들을 향한 주님의 계획을 보여 줌으로써 이 복음서를 마무리하고 있다.

F. 예수님의 친구들(15:11~17)

G. 세상이 미워함(15:18~16:4)

H. 성령의 사역(16:5~15)

I. 변화에 대한 예언들(16:16~33)

J. 예수님의 중보(17장)

IV. 예수님의 수난과 부활(18~20장)

A. 예수님의 체포(18:1~11)

B. 종교적 심문과 베드로의 부인(18:12~27)

C. 군중들의 심문(18:28~19:16)

D. 십자가에 달리심(19:17~30)

E. 장사(19:31~42)

F. 빈 무덤(20:1~9)

G. 마리아에게 나타나신 예수님(20:10~18)

H. 제자들에게 나타나신 예수님(20:19~23)

I. 도마에게 나타나신 예수님(20:24~29)

J. 이 책의 목적(20:30~31)

V. 후기(21장)

A. 예수께서 바닷가에 나타나심(21:1~14)

B. 예수께서 베드로에게 다짐 받으심(21:15~23)

C. 요약(21:24~25)

Ἐν ἀρχῇ ἦν ὁ λόγος, καὶ ὁ λόγος ἦν πρὸς τὸν θεόν, καὶ θεὸς ἦν ὁ λόγος. οὗτος ἦν ἐν ἀρχῇ πρὸς τὸν θεόν.

πάντα δι' αὐτοῦ ἐγένετο, καὶ χωρὶς αὐτοῦ ἐγένετο οὐδὲ ἕν. ὃ γέγονεν ἐν αὐτῷ ζωὴ ἦν,

καὶ ἡ ζωὴ ἦν τὸ φῶς τῶν ἀνθρώπων· καὶ τὸ φῶς ἐν τῇ σκοτίᾳ φαίνει, καὶ ἡ σκοτία αὐτὸ οὐ κατέλαβεν.

Ἐγένετο ἄνθρωπος, ἀπεσταλμένος παρὰ θεοῦ, ὄνομα αὐτῷ Ἰωάννης· οὗτος ἦλθεν εἰς μαρτυρίαν, ἵνα μαρτυρήσῃ

περὶ τοῦ φωτός, ἵνα πάντες πιστεύσωσιν δι' αὐτοῦ. οὐκ ἦν ἐκεῖνος τὸ φῶς, ἀλλ' ἵνα μαρτυρήσῃ περὶ τοῦ φωτὸς

The Bible Knowledge
Commentary 22

John
주해

주해

Ⅰ. 서론(1:1~18)

4복음서 모두 역사적인 배경 안에서 예수님의 위치를 설정함으로써 시작하고 있다. 그러나 요한복음은 매우 독특한 형식으로 진행된다. 마태복음은 아브라함과 다윗으로 이어지는 예수님의 족보로 시작했고, 마가는 세례 요한의 설교로, 누가는 데오빌로에게 보내는 헌사와 그에 이어지는 세례 요한의 탄생에 대한 예언으로부터 시작한다. 그러나 요한은 신학적인 서론으로 시작한다. 마치 그는 "나는 당신들이 예수님을 그분의 가르침과 행하심을 통해 생각하기 원합니다. 그러나 예수님이 성육신하신 하나님이시며 그의 말씀과 행하심은 곧 하나님의 그것임을 깨닫지 못한다면 당신들은 결코 예수님의 기쁜 소식을 온전히 이해할 수 없을 것입니다"라고 이야기하는 것처럼 보인다.

서론에는 후에 더욱 깊이 발전될 혹은 다시 소개될 이 복음서의 많은 주요 주제들이 포함되어 있다. 그 주요 주제들은 '생명'(4절), '빛'(4절), '어둠'(5절), '증언'(7절), '참'(9절), '세상'(9절), '독생자'(14절), '아버지'(14절), '영광'(14절), '진리'(14절) 등이다. 이외의 또 다른 두 가지 주요 신학적 주제들은 '말씀'과 '은혜'인데, 이들은 요한복음 가운데 오로지 이 신학적 서론에서만 등장한다. '말씀'(Logos)은 이 복음서 내의 다른 곳에서도 나타나지만 기독론적인 칭호로서는 오직 이곳에만 나타난다.

A. 영원과 시간 안의 말씀(1:1~5)

1:1 사람들이 생각할 수 있는 태초에 … 말씀이 존재했나. 말씀이라고 빈역된 로고스(λόγος)는 '말, 메시지' 혹은 '단어'를 뜻하는 일반적인 헬라어 단어이다. 로고스는 유대 지혜문학과 철학에서 뿐만 아니라 헬라 철학의 가르침에서도 광범위하게 쓰였다. 그래서 요한은 독자들에게 친숙한 이 단어를 선택했던 것이다. 그러나 자신의 독자적인 의도에 따라 그 의미는 다르게 사용되었다. 이에 대한 분명한 설명이 서론에서 전개된다.

　말씀이 삼위일체 안에서의 영원한 교제라는 특별한 관계성 안에서 하나님과 함께 계셨다. '함께'라고 옮겨진 헬라어 전치사 프로스(πρός)는 여기에서 '~와 동반해'(in company with. 참조, 1:2; 살전 3:4; 요일 1:2)라는 뜻으로 쓰였다. 이어 요한은 "이 말씀은 곧 하나님이시니라"고 덧붙였다. 여호와의 증인들은 이 구절을 "이 말씀은 하나의 신(a god)이었다"로 옮겨 놓았다. 그것은 전적으로 틀린 해석이며 또한 논리적으로는 다신론(polytheism)을 뜻한다. 또 어떤 이들은 "이 말씀은 신적(divine)이었다"라고 옮기기도 하나, 그것 역시 모호하고 예수님을 올바로 이해하는 데 걸림돌이 될 뿐이다. 이 구절을 바로 이해할 수만 있다면 삼위일체 교리의 명확한 이해에 큰 도움을 받을 수 있다. 그 말씀은 영원하며 또한 성부 하나님과 관계를 맺고 있으니 곧 그 말씀은 하나님이시다.

1:2 그 말씀은 항상 성부 하나님과 함께 관계를 맺어 왔다. 그리스도께서는 어떤 특정한 때부터 존재하기 시작했거나, 하나님과 관계를 맺기 시작하신 분이 아니다. 성부 하나님과 말씀이신 아들은 영원한 과거부터 상호 간의 사랑의 교제 안에서 존재해 오셨다. 성부와 성자는 모두 하나님이시다. 그러나 두 하나님(two Gods)은 아니다.

1:3 왜 '그 무엇'(something)이 존재하는가? 이것은 철학에서 아주 중요한 문제이다. 이에 대한 기독교의 답은 하나님이다. 그분은 영원하시며 만물의 창조자이시다. 그리고 말씀은 창조의 대행자(the agent)였다(참조, 고전 8:6; 골 1:16; 히 1:2). 모든 피조물은 성부와 성령과의 관계하에 말씀에 의해 지은 바 되었다. 요한은 특별히 말씀의 사역에 강조를 두었다. 그 말씀은 성부를 계시하기 위해서(요 1:14, 18) 오셨다. 그리고 이 계시의 사역은 하나님을 계시해 주는 창조를 통해 시작되었다.

1:4 생명은 인간에게 있어서 가장 중요한 재산이다. 그 생명을 잃는다는 것은 굉장한 비극이다. 요한은 이에 대해 다음의 사실을 확증했다. 생명이 그리스도 안에 있다는 것은 인간의 영적·육체적 생명이 그분으로부터 온다는 것이다(생명에 대한 요한의 가르침에 대해서는 다음을 참조, 5:26; 6:57; 10:10; 11:25; 14:6; 17:3; 20:31). '생명'의 근원(참조, 11:25)이신 예수님은 동시에 **사람들의 빛**이시기도 하다(참조, 8:12). 빛은 성경에서 일반적으로 하나님의 상징으로 쓰인다. 이에 반해 어둠은 죽음, 무지, 죄, 즉 하나님과 분리된 것들을 뜻한다. 일찍이 이사야는 구원의 임함을 어둠에 거하던 백성이 큰 빛을 볼 것으로 묘사했다(사 9:2; 참조, 마 4:16).

1:5 빛의 속성은 밝히는 것이며 **어둠을 몰아내는 것**이다. 이 구절에서는 어둠이 의인화되었다. 어둠은 결코 빛을 압도할 수가 없다. 이로써 요한은 복음을 요약했다. (1) 빛이 어둠의 영역을 침범할 것이다. (2) 지도자인 사탄과 그의 추종자들이 그 빛에 저항할 것이다. 그러나 그들은 그 힘을 당해 낼 수 없을 것이다. (3) 결국은 그 말씀이 어둠의 저항에도 불구하고 승리할 것이다.

B. 세례 요한에 대한 증언(1:6~8)

1:6 영원한 말씀과 더불어 한 **사람**이 역사의 무대에 등장한다. 그 이름은 요한이다. 그 사람은 이 복음서의 저자는 아니지만 세례 요한으로 널리 알려진 예수님의 위대한 선지자였다. 그가 하나님으로부터 보내심을

받은 사람이었다는 사실이 그의 존재 의미의 핵심이었다. 구약의 예언자들과 같이 그도 특별한 사역을 위해 하나님으로부터 사명을 받았고 준비된 사람이었다.

1:7 '증언'(명사형 마르튀리아[μαρτυρία]와 동사형 마르튀레오[μαρτυρέω])이라는 단어는 이 복음서 내에서 매우 중요한 것이다(참조, 15, 32, 34절; 3:11, 26; 5:31~32, 36~37; 18:37; 19:35 등; 5:33~34의 주해와 함께 기록된 도표를 볼 것). 세례 요한은 사람들을 위해 성부 하나님의 계시자이신 예수님의 진리를 부연해 가르치는 자로서 보내심을 받았다. 죄에 속한 백성은 너무도 깊은 어둠에 빠져 있어서 무엇이 빛인가를 알려 줄 어떤 사람이 필요하다. 이런 의미에서 요한의 목표는 모든 사람이 예수님을 믿게 하려 함에 있었다.

1:8 세례 요한은 위대했지만, 그는 빛이 아니었다. 몇몇 증거들은 세례 요한이 일으킨 운동이 그의 사후에 뿐만 아니라 심지어 예수님의 죽으심과 부활하심 이후에도(4:1. 참조, 막 6:29; 눅 5:33) 계속되었다는 사실을 암시하고 있다. 예수님이 부활하신 지 20년 후에(참조, 행 18:25; 19:1~7) 바울은 에베소에서 세례 요한의 제자들 12명을 만났다. 만다이 분파(a Mandaean sect)는 아직까지 바그다드 남쪽에 존재하며, 비록 기독교에 적대적인 태도를 갖고 있기는 하나 그들의 조상이 세례 요한과 관계를 맺었음을 주장하고 있다.

1:9 이 구절은 '퀘이커의 본문'(the Quaker's text)이라 불려 왔다. 그러나 그것은 그들의 그릇된 해석과 '내적 빛'(inner light)에 너무 강조점을 둔 편견에 기인한 것이다. '와서'(에르코메논[ἐρχόμενον])라는 단어는 모든 사람과 연결될 수도 있고(NIV 관주에서와 같이) 참빛이신 그리스도와 연결될 수도 있다(NIV 본문). 그러나 성육신을 암시하는 후자가 더욱 타당하다.

그리스도께서는 각 사람에게 비추는 빛이다. 이것은 결코 만인구원설이나 일반 계시 혹은 내적 조명을 뜻하는 것이 아니다. 그보다는 그리스도께서 구원 사역에 있어서나 혹은 죄와 임박한 심판과 관련해 사람을 깨우치시는 사역(3:18~21; 9:39~41. 참조, 16:8~11)에 빛으로서 비추시는 (포티제이[φωτίζει]) 것을 뜻한다.

1:10 '세상'(코스모스[κόσμος])은 하나님께 반역해 결국은 사탄의 지배 아래 있는 사람들과 그들의 사회를 뜻한다(참조, 14:30). 이제 말씀이 성육신해 그 사람들 가운데 오셨으나 그들은 그들을 지으신 이를 **알지 못했**다(참조, 사 1:2~3). 그를 **알아보지**(에그노[ἔγνω]) 못한 것은 하나님의 속성이 사람들에게는 '숨겨진' 것이기 때문이 아니라, 죄로 인한 무지와 인식 능력의 상실에 기인한 것이다(요 12:37).

1:11 어떤 의미에서 이 구절은 성경에서 가장 슬픈 구절 중 하나라고 할

수 있다. 말씀이 자기 땅에 오셨으나 환영받지 못했다. 즉 예수께서 자기 백성에게 오셨으나 그 백성 이스라엘이 그를 배척했던 것이다. 그들은 그분을 성부께서 보내신 계시(The Revelation)로 인정하지 않았고 그분의 명령 또한 듣지 않았다. 이미 오래전에 이사야가 "우리가 전한 것을 누가 믿었느냐"(사 53:1)라며 이러한 유대 백성의 불신앙을 예언한 대로였다.

1:12 그러나 모든 세계가 믿지 않은 것은 아니었다. 어떤 이들은 예수님의 초대를 받아들였다. 하나님은 이렇게 예수님을 성부 하나님의 뜻의 계시로서, 또한 죄를 대속해 주는 희생양으로서 받아들이는 **자**들에게는 하나님의 자녀가 되는 권세를 주셨다. 헬라어 엑수시안($\dot{\epsilon}\xi o \upsilon \sigma \dot{\iota} \alpha \nu$)을 power로 옮긴 KJV의 번역보다는 right로 옮긴 NIV의 번역이 적절하며, 테크나($\tau \dot{\epsilon} \kappa \nu \alpha$)를 sons로 옮긴 KJV보다는 NIV의 children이 본문에 가깝다. 사람들은 자연적으로 하나님의 자녀가 되는 것이 아니고 새롭게 태어나는 은혜를 입음으로써 자녀가 될 수 있다.

1:13 새로운 탄생은 **혈통**으로나 사람의 뜻(문자적으로는 '육신의 뜻,' 즉 자녀를 원하는 인간의 욕망), 혹은 **육정**에 기인한 것이 아니다. 즉 하나님의 자녀의 탄생은 자연적인 것이 아니라 중생을 통해서 하나님으로부터 비롯된 초자연적 역사이다. 사람이 예수님을 영접하고 그분께 믿음으로 응답하고 복종하지만 중생의 '근본 원인'(the cause)은 성령님의 신비한 사역이다(3:5~8).

1:14 말씀(로고스[λόγος]. 참조, 1절)**이 육신이 되셨다.** 영원한 말씀이자 하나님이신 그리스도께서 사람으로 이 땅에 오셨다. 결코 '겉모양'으로만 사람의 형태를 취한 것이 아니라 우리와 같은 사람이 되셨다(참조, 빌 2:5~9). 즉 그리스도의 신성에 인성이 부가되었다. 그러나 '육신'이 됨으로써 그리스도께서 변화하신 것은 아니다. 아마도 '되었다'(에게네토[ἐγένετο])는 '그 자신 안에 취했다'(took to Himself)나 '~로서 등장했다'(arrived on the scene as) 등의 의미로 이해되어야 할 것이다.

이 구절에서 '육신'은 죄(sinfulness)나 약함(weakness)을 뜻하는 것이 아니라 인간의 본성(nature)을 의미한다. "우리 가운데 거하시매"라는 어구는 구약에서 하나님이 이스라엘과 함께 거하심을 상기하게 한다. '거하시매'로 옮겨진 에스케노센(ἐσκήνωσεν)은 스케네(σκηνή : 장막)에서 유래한 것이다. 하나님이 장막에 출현하셨던 것처럼(출 40:34) 예수님도 사람들 가운데 거하셨다.

"우리가 그의 영광을 보니"는 저자가 그 사건의 목격자임을 자연스럽게 나타내 준다. '그의 영광'이란 예수님의 삶, 기적, 죽음, 부활 안에서 나타난 독특한 영광과 존귀를 뜻한다. '독생자'(모노게누스[μονογενοῦς]. 참조, 요 1:18; 3:16, 18; 요일 4:9)라는 표현은 보통의 인간들이 하나님을 믿은 후에 그의 자녀가 되는 것과는 전혀 다른 의미에서 예수님의 하나님의 아들(The Son of God) 되심을 나타내고 있다. 예수님의 아들 되심은 그분이 아버지와 같은 본질을 가지고 있고 또한 영원하다는 면에서 독특하다. 말씀이 나타내는바, 하나님의 영광스러운 계시는 은혜와 진리가 충만한 것이었다. 즉 그것은 은혜와 신뢰에 가득 찬 계시였다(참조, 요 1:17).

1:15 세례 요한이 예수께 대해 지속적으로 증언했다. "증언하여 외쳐"로 옮겨진 동사들은 현재 시제로서 위의 사실을 확증해 준다. 물론 예수님은 요한보다 젊었으며 사역도 늦게 시작하셨다. 그러나 그분의 선재(先在)하심(또한 그의 본성)으로 인해 요한은 그가 나보다 앞선 분이라고 증언했다.

1:16 육신이 된 말씀은 하나님이 그 백성에게 주시는 영적 혜택의 총집합인 은혜(카린[χάριν])의 원천이다. '우리가 다'라는 표현은 저자인 요한을 포함한 모든 기독교인들을 가리킨다. 그의 충만함으로 인해 마치 파도가 계속 해변에 밀려오듯 은혜 위에 은혜가(카린 안티 카리토스[χάριν ἀντὶ χάριτος], 문자적으로는 '은혜의 자리에 은혜가'[grace in place of grace]) 기독교인들에게 온다. 기독교인의 생활은 다른 은혜에 대치해 끊임없이 임해 오는 하나님의 또 다른 은혜의 명백한 증거를 계속해서 받아들이는 것이다.

1:17 구약시대의 섭리는 하나님이 그의 종 모세로 말미암아 율법을 주신 것이었다. 그 어떤 민족도 이러한 특권을 갖지 못했다. 그러나 교회의 영광은 예수 그리스도로 말미암아 하나님의 은혜와 진리가 계시되었다는 점에 있다(참조, 14절).

1:18 "하나님을 본 사람이 없으되"(참조, 요일 4:12)라는 증언이 이의를 불

러 일으킬 수도 있다. 일찍이 이사야는 "만군의 여호와이신 왕을 뵈었음이로다"(사 6:5)라고 하지 않았던가? 그러나 하나님은 그 본질에 있어서는 보이지 않는다(딤전 1:17). "어떤 사람도 보지 못하였고 또 볼 수 없는 이"(딤전 6:16)라 했다. 그러므로 여기에서는 "아무도 하나님의 본질적 모습을 본 사람이 없다"라는 의미로 해석되어야 한다. 하나님이 그의 현현(顯現)이나 신인동형론적 측면에서 묘사될 수는 있으나, 그의 내적 본질과 본성은 오직 예수 그리스도 안에서만 나타난다. '독생하신 하나님'(모노게네스 데오스[μονογενὴς θεός])이라는 표현은 문자적으로 '유일한 하나님'이라고도 옮길 수 있다. 아마도 요한은 말씀이 하나님이시라는 1절의 증언으로 돌아감으로써 서론을 마무리하려는 듯하다. 18절은 그리스도의 신성을 강조하는 또 다른 구절이다. 아들이 **아버지 품속**에 있다고 함으로써 아버지와 아들의 유대를 잘 나타내고 있다(참조, 말씀이 '하나님과 함께' 계셨다. 1~2절). 더 나아가 그 아들은 아버지를 **나타내셨다**(엑세게사토[ἐξηγήσατο]). 그 아들은 그 아버지의 '해석'(exegete)이다. 그러므로 그 사역의 결과로서 보이지 않는 하나님의 본성(참조, 4:24)이 아들 안에서 (참조, 6:46) 나타나게 된다.

II. 세상에 자신을 나타내시는 예수님(1:19~12:50)

이 부분은 요한복음의 주요 부분으로서 이스라엘 민족을 향한 예수님의 대중 사역을 묘사하고 있다. 이 부분은 일명 '표적의 책'(book of signs)이라 불리기도 하는데, 그것은 예수님이 메시아이심을 가리키는 7가지 기적들을 묘사하고 있기 때문이다. 그러한 표적들과 함께 그 기사의 의미를 설명해 주는 말씀과 두 개의 개별적인 긴 대화들(3~4장)이 함께 이 부분에 등장한다.

A. 예수님의 초기 사역(1:19~4:54)

1. 예수님에 대한 초기 증언들(1:19~34)

a. 요한의 첫 번째 증언(1:19~28)

1:19 공관복음서에 나타난 바와 같이 세례 요한의 사역이 끼친 영향력이 매우 커서 예루살렘에 있던 관계자들이 그를 조사하기로 결정했다(저자는 유대인이라는 표현으로 그 성의 지도자들을 지칭했다). 그리하여 제사장들과 레위인들이 요한의 세례에 대해 또한 그 자신에 대해 주장하는 것이 무엇인가를 물으러 왔다.

1:20~21 "나는 그리스도(즉 메시아)가 아니라"('메시아'라는 칭호의 이해

를 위해 40~41절의 주해를 보라). 이것이 요한의 고백이었는데, 그것은 '드러내어 말한다'는 헬라어 동사의 반복으로 더욱 강조되고 있다. 흥미로운 것은 그들의 질문에 대한 요한의 답이 점점 짧아진다는 것이다. "나는 그리스도가 아니라"(20절), "나는 아니라"(21절), "아니라"(21절). 그는 자신에 대해서는 말하기를 원치 않았다. 왜냐하면 그의 역할은 다른 이를 향한 것이었기 때문이다. 확실히 요한은 엘리야와 비슷한 유형의 활동을 했다. 홀연히 역사의 전면에 부상한 것이나 심지어 옷을 입은 모습까지 엘리야와 비슷했다.

엘리야가 그 시대에 그러했던 것처럼 요한 역시 그의 백성을 하나님께 되돌아오게 하려 했다. 더욱이 말라기는 메시아가 오시기 전에 엘리야가 돌아올 것이라 예언했다(말 4:5). 그러므로 많은 이들이 요한은 엘리야일 것이라 생각했다. 또한 신명기 18장 15절(그리스도에 관해. 참조, 요 1:45)에 근거해 그 선지자일 것이라고 추측하기도 했다. 어떤 사람들은 올 '선지자'가 메시아와는 다른 이일 것이라는 그릇된 이해를 하고 있었다(24절; 7:40~41).

1:22~23 요한은 자신이 사람들이 예상하는 어떠한 예언사도 아니라고 대답했다. 그러나 그의 사역이 구약에 묘사되어 있다고 설명했다. 예수님은 말씀(로고스[λόγος])이시고, 그는 그 소리(포네[φωνη])였다. 요한의 역할은 예비하는 것이었고, 그 일은 광야에서 행해졌다(이사야 40장 3절의 인용에 대한 이해를 위해서는 마태복음 3장 3절의 주해를 보라).

1:24~25 바리새인들은 유대 종교의 주요한 분파였다. 그들은 6천 명가량 되었고 가장 큰 영향력을 행사했다. 그들은 율법에 대해 엄격한 해석

을 세웠고 많은 구전 전승들을 포용했다. 그들은 AD 66~70년에 걸친 유대 전쟁에서 살아남은 유일한 소수 집단으로서, 그들의 가르침이 탈무드적인 유대주의를 형성했다. 이러한 배경을 가진 그들이 세례자에게 던진 질문은 본질적으로 "너는 아무런 공식적 직함을 가지고 있지 않은데 어찌하여 세례를 주느냐?"는 것이었다.

1:26~27 요한은 그의 세례 사역이 오로지 예비적이라는 것을 알고 있었다. 그리하여 그는 그들이 알지 못하는 다른 한 사람이 오실 것이라 했다. 오시는 그이는 너무 위대해서 요한은 그분을 위해 자신이 어떠한 비천한 봉사도 할 자격이 없다고 했다(그의 신발끈 푸는 일조차도).

1:28 요단 강 건너편 베다니가 어디인지는 지금 알려져 있지 않다(이곳은 예루살렘 근처의 마르다, 마리아와 나사로가 살던 베다니와는 다른 곳이다). AD 200년경에 그곳을 찾았던 오리겐(Origen)조차도 그 장소를 확인할 수 없었다. 아마도 여리고의 반대편쯤이라 추정될 뿐이다.

b. 요한의 두 번째 증언(1:29~34)

1:29 요한의 두 번째 증언은 예수님의 제자들이 처음으로 부름 받아 믿음에 이를 즈음에 시작되었다(참조, 29, 35, 43절의 '이튿날,' 그리고 2:1의 '사흘째 되던 날'). 요한은 예수님을 하나님의 어린양이라 했다(참조, 1:36; 벧전 1:19). 여기에서 일반적으로 구약의 희생 제사가 연상된다. 그러나 속죄일에 온 민족의 죄를 대신한 속죄 제물은 염소였다(레 16장). 양은 일반적으로 매일 드리는 봉헌 제물로 쓰였지 대속 제물로는 쓰이지 않았다.

아마도 요한은 이때 유월절 양(출 12장)에 대한 기록과 메시아가 양과 같다고 한 이사야의 언급(사 53:7)을 염두에 두고 있었던 것 같다. 요한은 성령님에 의해 세상 죄를 위해 죽으실 희생물로서의 예수님을 보았던 것이다(참조, 사 53:12).

1:30~31 요한은 그가 예수님에 대해 전에 했던 말들을 반복한다(15, 27절). 이제 요한의 명성은 그가 나보다 먼저 계심이라는 선재하심으로 인해 그 우위성이 확연히 드러난 예수님의 명성으로 대치된다. 그러나 왜 요한이 나도 그를 알지 못하였다고 했을까? 마리아와 엘리사벳이 친척 관계였기에(눅 1:36) 요한과 예수님도 가까운 인척 관계였지만, 그들이 유년 시절이나 혹은 청소년기에 교제를 나누었다는 기록은 없다. 요한은 예수께서 아버지의 뜻에 의해 계시될 때까지는 오실 그이가 예수님이라는 것을 알 수 없었다. 요한이 알고 있었던 것은 오로지 **물로 세례를 베푸는 것**으로써 그를 위한 길을 예비해야 한다는 것뿐이었다. 하나님이 그의 사람을 그의 때에 맞춰 이스라엘에 보내실 것이기에…:

1:32 예수님의 수세(受洗) 장면은 요한복음에 기록되어 있지 않으나 공관복음서의 자료들이 이곳에 반영되었다고 추정된다(서론에 나오는 요한의 독특한 묘사를 보라). 제4복음서에서는 **성령이 비둘기같이 내려오심**을 예수님의 수세와 연관짓고 있지는 않다. 중요한 것은 눈에 보이지 않는 성령님이 **하늘로부터** 와서 비둘기와 같은 형상으로 자신을 나타내셨다는 것이며, 요한은 이 성령님이 예수님 위에 머무르는 것을 보았다(참조, 사 11:2; 막 1:10).

1:33 요한은 하나님으로부터(요한을 보내신 그이) 성령님이 내려와 머무는 사람이 곧 그 성령으로 세례를 주는 이인 줄 알라고 하셨다. 물로 씻김을 받는 것과 성령님에 의해 씻김을 받는 것은 다른 차원에 속한다. 후에 예수께서 부활하신 지 50일째 되는 오순절에 일어난 성령세례의 역사는 새로운 시대(행 1:5; 2:1~3), 교회시대, 즉 '성령의 시대'(참조, 고전 12:13)를 열었던 것이다.

1:34 요한의 증언은 "그가 하나님의 아들이시다"라는 것이다. 예언된 다윗 왕은 하나님의 아들이었고(삼하 7:13), 메시아로서의 왕은 유일한 하나님의 아들이다(시 2:7). '하나님의 아들'이라는 칭호는 복종의 개념이나 메시아적인 왕의 개념을 넘어 예수님의 본질적 속성을 암시하고 있다. 제4복음서에서 이 칭호가 결코 일반 신자들에게는 쓰이고 있지 않음이 그 증거이다. 그들은 오로지 '자녀들'(테크나[τέκνα]. 예, 요 1:12)이라 불렸다. '아들'(휘오스[υἱός])은 오로지 예수님을 위해서만 쓰였다.

2. 예수님의 제자들(1:35~51)

a. 예수님의 첫 제자들(1:35~42)

1:35~36 '이튿날'은 일련의 사건들이 계속해서 일어났던 두 번째 날을 뜻한다(참조, 29, 35, 43절; 2:1). 이렇게 구체적인 연대기적 표현을 한 이유는 저자가 요한의 제자들이 어떻게 예수님을 따르게 되었는가 하는 문제를 묘사하는 데 특별한 관심을 가지고 있었기 때문인 것으로 추정된다. 35~36절에 걸쳐 나타난 동사의 시제는 특이하다. 예수께서는 거니시

고(현재 시제) 요한은 섰다(과거 시제). 이제 하나님의 경륜적 행위가 요한의 세례로부터 예수님의 사역으로 옮겨지게 된 것이다. 그리하여 요한은 자기 제자들에게 예수님을 하나님의 어린양으로 소개했다(참조, 29절의 주해).

1:37 요한의 두 제자가 그의 말을 듣고 예수님을 따랐다. '따르다'라는 말은 여기에서 이중적 의미를 가진 것으로 보인다. 하나는 문자적인 의미대로 걸어서 예수님의 뒤를 따랐다는 것이며, 또 다른 하나는 바로 그날 그분께 충성을 맹세하는 제자가 되었다는 것이다.

1:38 그 제자들이 예수님께 제일 처음 들은 말은 무엇을 구하느냐는 질문이었다. 어떤 의미에서 이것은 예수께서 문자 그대로 단순한 질문을 던지신 것이고, 제자들은 예수께서 어디 사시는가를 알고 싶다고 답한 것이라 해석할 수도 있다. 그러나 저자는 그 이상의 의미를 함축시키고 있는 것으로 보인다. 예수님의 질문의 참뜻은 "너희는 인생에서 무엇을 추구하고 있느냐?"일 수 있다. '계시다'로 옮겨진 메노(μένω)라는 동사는 저자 요한이 즐겨 사용한 단어였다. 여기에 처음 등장한 이래, 요한복음에만 40회, 요한일서에 23회, 요한이서에 3회, 총 66회 쓰였다(신약성경 전체에는 112회 등장한다). 이 단어는 보다 더 신학적인 관심에서 '남다, 계속하다, 거하다'(예, 요 15:4~7)의 뜻으로 많이 쓰였다.

1:39 예수님의 초청 내용은 "와서 보라"는 것이었다. 누군가 한 사람이 먼저 와서 그를 봐야만 했다. 여기서 예수님이 머무르고 계신 곳을 그 두 제자가 보았다는 말은 깊은 신학적인 의미를 내포하고 있다.

두 제자가 그날 예수님과 함께 지낸 때는 **열 시**쯤이었다. ‘열 시’는 오후 4시 또는 오전 10시를 가리키지만, 공식적인 로마 시간법으로 보아 오전 10시를 가리키는 것으로 보는 것이 좋을 듯하다(참조, 4:6; 19:14의 주해).

1:40~41 예수를 따르는 두 사람 중 하나였던 안드레가 예수님이 메시아이심을 최초로 선포한 사람이 되었다. 히브리어 ‘메시아’는 헬라어로는 그리스도(크리스토스[χριστός])로 ‘기름 부음 받은 자’라는 의미이다. ‘기름 부음 받은 자’라는 개념은 제사장들과 왕들에게 기름을 부었던 구약의 관습에서 나온 것이다. 이것은 성령의 상징이기도 했으며, 또한 후에 오실 자를 가리키기도 했다(참조, 사 61:1). 또한 ‘메시아’라는 칭호는 미래의 다윗 왕을 가리키는 데도 사용되었다(참조, 마 1:1; 요 6:15). 자기의 형제 시몬을 그리스도께 데려온 안드레의 행위는 교회를 위한 위대한 봉사의 행위였다. 안드레는 요한복음에 두 번 더 나타나는데(6:4~9; 12:20~22) 그때마다 누군가를 예수께로 인도하곤 했다. 이름이 밝혀지고 있지 않은 또 다른 사도는 세베대의 아들이며 야고보의 형제인, 이 책의 저자 요한이라는 것이 거의 공통된 견해이다. 마가복음 1장 16~20절에는 어부들이었던 두 쌍의 형제들(시몬과 안드레, 야고보와 요한)이 예수로부터 부름 받는 장면이 묘사되어 있다.

1:42 예수께서는 시몬을 보시고(참조, 47절) 그의 성격과 운명을 통찰하시고 그에게 아람어로 게바라는 이름을 주셨다. 베드로는 반석을 뜻하는 게바를 헬라어로 옮긴 것이다. 시몬이라는 히브리 이름은 아마도 시므온(Simeon)이었을 것이다(행 15:14; 벧후 1:1. 참조, NIV 관주). 왜 이름을 시몬에서 게바로 바꾸었는지에 대한 설명이 여기에는 없다. 그의 이름

은 하나님이 그를 통해 이루시려는 것을 가리킨다고 보는 것이 일반적인
이해이다. 즉 그는 교회의 초창기에 마치 바위와 같은 든든한 교회의 초
석이 될 것으로 기대되고 있었던 것이다(참조, 마 16:18; 눅 22:31~32; 요
21:15~19; 행 2~5장; 10~12장).

b. 빌립과 나다나엘을 부르신 예수님(1:43~51)

1:43~44 첫 제자들은 비록 갈릴리 출신이기는 했으나, 예수께서는 그
들이 세례 요한과 함께 거했던 유대에서 그들을 부르셨다. 이제 북쪽 갈
릴리로 가시는 길에 그분은 빌립을 그의 제자로 부르셨다. 빌립의 고향
은 갈릴리 바다의 북동쪽에 위치한 벳새다였다(참조, 12:21, 갈릴리 벳새
다). 안드레와 베드로 역시 그곳 출신이었다. 벳새다는 정치적으로 헤롯 빌
립의 통치 아래에 있었던 작은 마을이었다(요세푸스, *The Antiquities of the
Jews* 18.2.1). 빌립은 헬라식 이름이었으나 그것이 곧 그의 국적을 뜻하는
것은 아니다.

1:45 빌립이 나다나엘에게 전한 증언의 핵심은 모세와(신 18:18~19. 참
조, 요 1:21, 25) 선지자들이 예언했던(사 52:13~53:12; 단 7:13; 미 5:2;
슥 9:9) 그이가 곧 예수님이라는 것이다. 놀랍게도 빌립은 예수를 요셉의
아들이라 불렀다. 당시 제자들은 그렇게 믿고 있었을 것이다. 그러나 나다
나엘은 곧 그분이 '하나님의 아들'임을 깨달았다(요 1:49).

1:46 나다나엘은 순간적으로 의아해했다. "나사렛에서 무슨 선한 것이 날
수 있느냐." 메시아가 온다면 예루살렘이나 헤브론 혹은 그 외의 전통 있

고 명망 있는 도시에 오실 것이지 어찌 보잘것없는 나사렛에 오시겠는가? 사실 예수님의 낮아지심은 오늘날까지도 많은 사람들에게 수수께끼로 남아 있다. 도대체 어떻게 **로고스**가 사람이 될 수 있단 말인가? 빌립은 이에 대해 논쟁을 벌일 만큼 우둔하지 않았다. 그는 그저 따뜻이 그의 친구를 예수께 초대할 뿐이었다. "와서 보라." 그는 그러면 나다나엘의 의문이 풀릴 것임을 알고 있었던 것이다.

1:47 예수님은 초자연적인 예지로써(참조, 42절) 나다나엘이 그 속에 야곱과 같은(참조, 51절; 창 28:12), 간사한 것(돌로스[δόλος])이 없는 참이스라엘 사람이라 하셨다.

1:48 나다나엘은 어떻게 예수께서 자기를 아시는지 의아해했다. 예수께서는 빌립이 그분께 오기 전에 나다나엘이 무엇을 하고 있었는지를 정확히 알고 있었다고 말해 주셨다. 그는 무화과나무 아래 있었다. 그것은 안정과 여유를 의미하는 표현이었다(참조, 왕상 4:25; 미 4:4; 슥 3:10). 아마도 여기에서의 무화과나무는 묵상의 장소였을 것이다(참조, 요 1:50~51의 주해). 시편 139편은 인간의 모든 세세한 삶의 부분에 대한 하나님의 지식을 주제로 하고 있다.

1:49 예수님의 초자연적인 예지는 나다나엘을 움직여 그로 하여금 예수님께 하나님의 아들이시요 이스라엘의 임금이시라는 고백을 하게 했다. 그렇다고 나다나엘이 삼위일체나 성육신을 온전히 이해한 것은 아니었다. 그보다는 메시아적인 관점에서(참조, 시 2:6~7) 예수님을 하나님의 아들이라 이해한 것이었다. 즉 다윗의 후손인 미래의 왕은 하나님의 영을 소유

함으로써(사 11:1~2) 초자연적인 예지를 갖게 될 것이라는 전통적 메시아관에 입각한 것이었다.

1:50~51 예수께서는 나다나엘에게 더 큰 일을 볼 것이라는 약속을 하셨다. 아마도 이것은 2~13장에 걸쳐 행하신 기적들을 가리키는 것으로 보인다. 51절의 말씀을 1장 48절과 연결해서 생각해 보면, 나다나엘이 야곱의 생애, 특별히 창세기 28장 12절에 기록된 사건에 대해 묵상하고 있지 않았느냐는 추정이 가능하다. 야곱은 천사들이 사다리를 타고 오르락내리락 하는 것을 보았으나 나다나엘은 하나님의 사자들이 인자 위에 오르락내리락 하는 것을 볼 것이라고 예수께서 말씀하셨다. 즉 야곱이 하늘의 메시지를 이 땅에 전하려는 천사들을 보았던 것같이, 나다나엘은(또한 다른 사람들도. 1장 50절의 주체는 단수이나 1장 51절은 복수임) 하늘과 이 땅을 연결하는 거룩한 전달자이신 예수님을 볼 것이다. 이제는 인자가 사다리를 대신해 이 땅과 하나님을 연결시킨다(참조, 단 7:13; 마 26:64). 아마도 예수께서는 이 표현을 통해 당신 자신이 새로운 '벧엘', 즉 하나님이 거하시는 장소(창 28:17; 요 1:14)인 것을 밝히고 있다고 보인다.

사람의 아들로서 예수님은 하늘을 떠나 이 세계로 오셨나. 예수께서는 이 '인자'라는 용어를 80번이나 사용하셨다. 그것은 그분의 인간 되심과 고난과 '이상적 인간'이신 그분의 사역을 대변해 준다. "진실로 진실로 너희에게 이르노니…"라는 표현은 요한복음에 25번 나오는데, 아주 중요한 핵심으로 독자의 관심을 집중시키려는 의도에서 쓰였다(1:51; 3:3, 5, 11; 5:19, 24~25; 6:26, 32, 47, 53; 8:34, 51, 58; 10:1, 7; 12:24; 13:16, 20~21, 38; 14:12; 16:20, 23; 21:18). 흥미롭게도 이렇게 '진실로'(Amen)가 두 번 반복되는 형식은 공관복음에서는 찾아볼 수 없다.

3. 첫 번째 기적(2:1~11)

요한복음에서 소개된 예수님의 첫 번째 기적은 오직 제자들과 몇몇 하인들 그리고 아마도 예수님의 모친에게만 알려진 다소 한정된 성격을 띠고 있었다. 만약 마태가 이때까지 제자로 부름을 받지 못하고 있었다면, 그것은 왜 이 기적이 공관복음서에는 기록되지 않았느냐는 문제에 대한 좋은 해답이 된다. 4복음서 가운데 오로지 요한복음에만 이 기사가 소개되어 있다. 요한은 특별히 '표적'(세메이온[σημείων]. 11절)이라는 단어를 사용함으로써 유사한 기적들과는 다른 차원으로, 즉 그 기적이 의미하는 것의 심각성으로 주의를 돌리고자 했다. 기적은 '경이'(테라스[τέρας]), '능력'(뒤나미스[δύναμις]), '기이한 사건'(파라독소스[παράδοξος])으로도 묘사되었다.

물로 포도주를 만드신 기적은 예수께서 행하셨던 35가지 기적들 중 가장 첫 번째 것이었다(도표를 참조하라).

예수님의 기적들						
순서	기적	장소	마태	마가	누가	요한
1	물로 포도주를 만드심	가나				2:1~11
2	왕의 신하의 아들을 고쳐 주심	가버나움				4:46~54
3	회당에서 귀신을 쫓아내심	가버나움		1:21~28	4:33~37	
4	베드로의 장모를 고쳐 주심	가버나움	8:14~15	1:29~31	4:38~39	
5	많은 물고기를 잡음	갈릴리 바다			5:1~11	
6	문둥병자를 고쳐 주심	갈릴리	8:2~4	1:40~45	5:12~15	
7	중풍병자를 고쳐 주심	가버나움	9:1~8	2:1~12	5:17~26	
8	베데스다 못에서 38년 된 병자를 고쳐 주심	예루살렘				5:1~15
9	손 마른 사람을 고쳐 주심	갈릴리	12:9~13	3:1~5	6:6~11	

10	백부장의 하인을 고쳐 주심	가버나움	8:5~13		7:1~10	
11	과부의 아들을 살리심	나인			7:11~17	
12	눈과 귀를 멀게 한 귀신을 쫓아내심	갈릴리	12:22~32		11:14~23	
13	폭풍을 잠잠하게 하심	갈릴리 바다	8:18~27	4:35~41	8:22~25	
14	가다라에서 귀신을 쫓아내심	가다라	8:28~34	5:1~20	8:26~39	
15	혈루증 앓는 여인을 고쳐 주심	가버나움	9:20~22	5:25~34	8:43~48	
16	야이로의 딸을 살리심	가버나움	9:18~26	5:22~43	8:41~56	
17	두 맹인을 고쳐 주심	가버나움	9:27~31			
18	귀를 멀게 한 귀신을 쫓아내심	가버나움	9:32~34			
19	5천 명을 먹이심	벳새다 근처	14:13~21	6:32~44	9:10~17	6:1~14
20	물 위를 걸으심	갈릴리 바다	14:22~33	6:45~52		6:15~21
21	수로보니게 여인의 딸로부터 귀신을 쫓아내심	두로	15:21~28	7:24~30		
22	귀먹고 어눌한 자를 고쳐 주심	데가볼리		7:31~37		
23	4천 명을 먹이심	데가볼리	15:32~38	8:1~9		
24	벳새다의 맹인을 고쳐 주심	벳새다		8:22~26		
25	벙어리 귀신 들린 아이를 고쳐 주심	헤르몬산	17:14~21	9:14~29	9:37~42	
26	물고기의 입에서 돈을 꺼냄	가버나움	17:24~27			
27	날 때부터 맹인 된 자를 고쳐 주심	예루살렘				9:1~7
28	18년간 병들었던 여인을 고쳐 주심	베뢰아(?)			13:10~17	
29	고창병 든 자를 고쳐 주심	베뢰아			14:1~6	
30	나사로를 일으키심	베다니				11:1~44
31	10명의 문둥병자를 고쳐 주심	사마리아			17:11~19	
32	맹인 바디매오를 고쳐 주심	여리고	20:29~34	10:46~52	18:35~43	
33	무화과나무를 저주하심	예루살렘	21:18~19	11:12~14		
34	말고의 귀를 고쳐 주심	예루살렘			22:49~51	
35	많은 물고기를 잡음	갈릴리 바다				21:1~13

2:1 '사흘째 되던 날'은 빌립과 나다나엘을 부르신 후 사흘째 되던 날을 뜻하는 것으로 보인다(참조, 1장 29, 35, 43절의 '이튿날'이라는 표현이 나타내는 일련의 나날들). 유대 지방의 여리고 근처에 있던 베다니로부터(1:28) 갈릴리 가나에 이르는 데는 약 이틀이 걸린다(가나가 나사렛 근처인 것은 확실하나 정확한 소재는 불분명하다). "예수의 어머니도 거기 계시고." 요한은 그녀의 이름을 밝히지는 않았다(참조, 2:12; 6:42; 19:25~27). 그의 복음서 전체를 통해 요한은 결코 그의 이름이나 예수님의 어머니 이름을 나타내지 않았다(예수님의 어머니는 그 사랑하시는 제자 요한의 집으로 갔다. 19:27).

2:2~3 동양의 혼인 축제는 며칠간 계속되는 것이 보통이다. 그 축제는 혼인이 이루어지기 직전 신랑이 신부를 그 자신의 집이나 혹은 부모의 집으로 동반하고 들어오는 순서로 이어졌다. **포도주가** 떨어졌을 때 마리아는 예수께서 이 문제를 해결할 수 있다는 희망을 가지고 그분께 왔다. 그렇다면 마리아는 이때 기적을 기대하고 있었을까? 11절로 미루어 그 답은 부정적이다. 그녀는 아직 한 번도 그 아들에 의한 기적을 본 적이 없었다.

2:4~5 "여자여"라는 표현은 현대인들에게 다소 생소하게 들릴 것이나 당시로는 매우 예의바르고 정중한 표현이었다(참조, 19:26). 그러나 "나와 무슨 상관이 있나이까"는 관계의 범주 내에서 일종의 차이점을 나타내는 데 쓰였던 헬라어의 관용적 표현이었다. 귀신들이 예수님과 대면했을 때 이와 같은 말을 했다("우리가 당신과 무슨 상관이 있나이까," 막 1:24; "나와 당신이 무슨 상관이 있나이까," 막 5:7). 마리아는 매우 고통스러운 체험을 해야 했다(참조, 눅 2:35). 즉 예수께서는 이미 하나님 아버지의 뜻

에 헌신했기에 그의 나타나심의 때 역시 아버지의 손에 달려 있다는 사실
이었다. "내 때가 아직 이르지 아니하였나이다." 이와 유사한 증언이 요한
복음에서 5번 나온다(2:4; 7:6, 8, 30; 8:20). 후에는 이와 대조적으로 때
가 되었다는 표현이 3번 나온다(12:23; 13:1; 17:1). 하인들을 향한 마리아
의 지시("무슨 말씀을 하시든지 그대로 하라")는 그 아들에 대한 복종을 나
타낸다. 완전히 이해할 수는 없었으나 그녀는 그를 신뢰했다.

2:6~8 돌항아리 여섯(각각의 항아리 용량이 두세 통 드는) 안에 있던 물
은 식사 전과 혹은 후에 유대인의 정결 예식을 따라 준비되어 있던 것이었
다(참조, 마 15:1~2). 이제 옛 질서와 새것의 차이가 확연히 드러나게 된
다(참조, 요 4:13; 7:38~39).

아마도 그 항아리들이 밖에 놓여 있었기에 그 잔치를 책임지고 있었
던 **연회장**은 그들이 지금 정결 예식에 쓰일 항아리의 물을 마시고 있는지
몰랐을 것이다. 유대인들에게 그것은 도저히 생각할 수 없는 일이었다. 그
러나 하인들은 그 물을 떠 왔고 그 물은 포도주가 되었다.

2:9~10 연회장이 포도수를 맛보고 *그것*이 이전에 마시던 깃보다 훨씬
우수한 것을 알았다. 대개는 맛있는 포도주를 먼저 내고 후에 질이 떨어지
는 것을 냈으나 이번에는 나중 것이 가장 좋은 포도주였다. 이 기적이 시
사하는 바는 유대교에 대한 기독교의 우월성이다. 하나님이 **지금까지** 최
고의 선물인 당신의 아들을 간직하고 계셨던 것이다.

2:11 요한에 의하면, 이 기적의 의의는 그리스도의 **영광**을 드러내는 데
있었다. 심판의 표식으로서 물을 피로 변하게 했던 모세의 사역과는 대조

적으로(출 7:14~24) 예수님은 기쁨을 동반한다. 그분이 행하신 첫 번째 기적은 성령님을 통해 주시는 은혜로운 기쁨을 잘 나타내 준다. 그 기사는 위대한 창조주이며 육신이 되신 말씀으로서의 예수님을 계시하고 있다. 매년 그분은 농업이나 혹은 발효 과정을 통해서 물을 포도주로 변화시키신다. 단지 여기에서는 즉각적으로 그 과정을 단축시키셨을 뿐이다. 450리터의 좋은 포도주는 젊은 부부를 위한 그분의 선물이었다. 변화를 일으키신 첫 번째 기적은 변화(transformation)를 일으키시는 예수님의 사역을 상징적으로 나타낸다(참조, 고후 5:17). "제자들이 그를 믿으니라." 이 처음 믿음은 단련받아야 했고, 로고스이신 예수님의 점진적 계시에 의해 더욱 발전되어 나갔다. 물론 그들은 이 시점에서 그분의 죽음과 부활을 이해할 수는 없었으나(요 20:8~9) 그 능력은 알 수 있었다.

4. 예수님의 가버나움 방문(2:12)

2:12 예수께서 갈릴리 바다의 북서쪽에 위치한 **가버나움**에 가셔서 며칠 계셨던 기간은 곧 그의 생애를 양분하는 막간의 기간이 된다. 가나의 북동쪽에 위치한 가버나움에 가는 것을 '내려갔다'고 표현한 것은 그곳의 해발 고도가 낮기 때문이다. 이후로 가버나움은 예수님의 본거지가 되었다(참조, 마 4:13; 막 1:21; 2:1). 또한 이때부터 예수님이 그 가족(막 3:21, 31~35; 요 7:3~5) 그리고 고향 나사렛(막 6:1~6; 눅 4:14~30)과 거리를 두기 시작하신 것으로 보인다.

5. 예루살렘에서의 첫 번째 사역(2:13~3:21)

a. 성전을 정화하신 예수님(2:13~25)

공관복음서가 성전 정화 사건을 예수님의 사역 중 말기의 것으로 기록하고 있는 데 비해(마 21:12~13; 막 11:15~16; 눅 19:45~46), 요한은 이와 유사한 사건을 초기 사역에 기록했다. 아마도 그 서술상의 차이로 미루어 두 번의 정화 사건이 있었다고 추정된다. 요한은 의심할 바 없이 공관복음서를 의식하고 있었으며 그것을 보충하려는 의도를 갖고 있었다. 첫 번째 정화 사건은 사람들을 놀라게 했으며, 3년 후의 두 번째 사건은 그분의 죽으심의 직접적 원인들 중 하나가 되었다(참조, 막 11:15~18).

2:13~14 유대인들의 관습에 따라(출 12:14~20, 43~49; 신 16:1~8) 예수께서 유월절을 지키시기 위해 **예루살렘으로 올라가셨다**(참조, 요 6:4와 11:55; 12:1; 13:1에 나타난 두 차례의 유월절). 이 절기는 그들을 이집트의 굴레에서 해방시켜 주신 하나님의 은혜를 상기시켜 준다. 참으로 예수님의 사역에 적합한 때였다.

성전 안은 이방인들을 위한 지역으로, 성전 벽으로 둘러싸여 있는 넓은 뜰을 뜻한다(성전의 약도를 참조하라). 아마도 이 지역에서 동물들을 사고파는 것은 이방에서 오는 순례자들의 편리를 도모한다는 명목하에 합리화되고 있었던 것 같다. 그러나 그것이 점차로 악용되기 시작해 순례객들의 행렬이 곧 예루살렘의 주요 수입원으로 간주되기에 이르렀다. 돈으로 인해 예배가 부패하기에 이르렀다. 돈 바꾸는 자들은 순례자들의 외국 화폐를 성전에 사용되는 두로 동전으로 바꿔 주는 편리를 제공한다는 미명하에 엄청난 이윤을 착복하고 있었다.

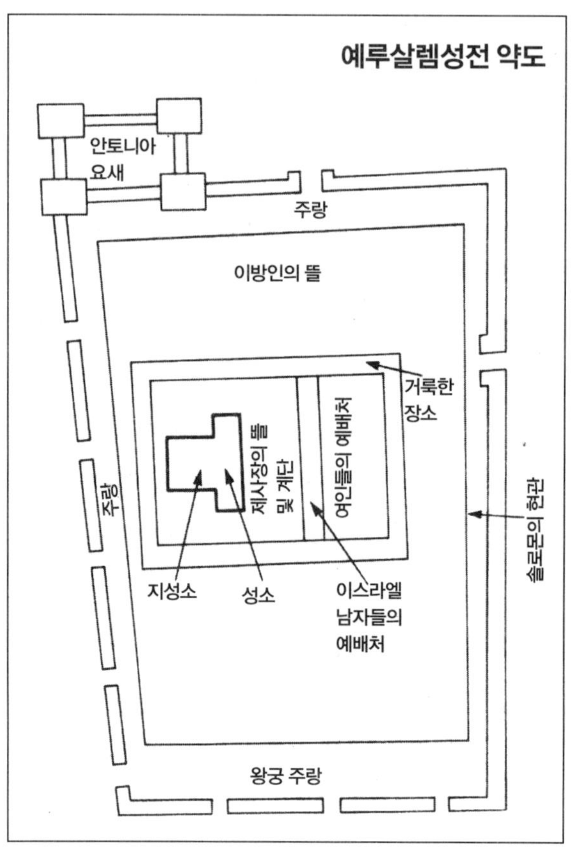

2:15 일찍이 말라기 선지자가 성전에 한 사람이 홀연히 나타나서 민족의 종교를 정화시킬 것이라 예언했다(말 3:1~3). 도덕적인 의분(義憤)에서 예수님은 양과 비둘기 파는 사람들을 내어 쫓으시며 돈 바꾸는 자들의 상을 엎으셨다.

2:16 예수께서는 아버지의 집이 장사하는 집이 된 것에 반대하신 것이지

결코 제사 제도 자체를 반대하신 것은 아니었다. 문제는 제사의 근본 목적이 상실되고 있다는 것이었다. 예수님이 사역 말기에 행하신 성전 정화는 더욱 격렬했다. 그때에는 성전 지역을 '강도의 소굴'(눅 19:46. 참조, 렘 7:11)이라고까지 칭하셨다. 예수께서는 자주 하나님을 '나의 아버지'라 부르셨다. 오로지 예수를 통해서만 아버지를 알 수 있다.

"아버지 외에는 아들을 아는 자가 없고 아들과 또 아들의 소원대로 계시를 받는 자 외에는 아버지를 아는 자가 없느니라"(마 11:27).

2:17 예수님의 제자들은 의인이 하나님의 성전에 대한 헌신으로 인해 고난을 받으리라는 시편 69편 9절 말씀을 기억하고 있었다. 결국 하나님을 향한 **열심**이 그분을 죽음으로 이끌었다.

2:18~19 유대 관원들 혹은 상인들이었으리라고 추정되는 유대인들은 예수께 도대체 무슨 권리로 기존 제도에 도전하는지 그 권리의 증거를 요구했다("유대인은 표적을 구하고…," 고전 1:22). 예수께서는 그들의 이러한 요구에 직접적 대응을 피하시며 이해하기 어려운 말을 하셨다. 공관복음서의 비유 사용에서 나타났듯이, 예수님은 이렇게 다소 수수께끼 같은 말씀을 던지심으로써 그를 반대하는 자들을 어리둥절하게 해 다음에 하실 말씀에 주의를 집중시키곤 하셨다. "이 성전을 헐라"는 말씀은 명령형의 형태이나 의미상으로는 역설적 혹은 조건적이다. 예수께서 심문당하실 때에도 그가 성전을 헐어 **사흘 동안**에 **지을** 수 있다는 말을 했다는 것이 고발의 한 항목이었다(마 26:60~61). 이와 유사한 고발이 스데반에게도 행해졌다(행 6:14).

2:20~21 헤롯 대왕은 스룹바벨의 성전이 솔로몬의 성전보다 못하다는 이유에서 성전을 다시 짓기로 했다(학 2:3). 이 헤롯 성전을 BC 20년(혹은 BC 19년)경에 짓기 시작해 AD 27년(혹은 28년경)에 완성했으니 46년이 걸린 셈이다. 그러나 전체적인 세부 공사는 계속되어서 AD 63년경에야 완성되었다. 유대인들이 말한 것은 성소가 46년에 걸쳐 완성되었다는 것을 뜻했거나, 혹은 성전 건축에 속한 구간 공사가 46년 만에 끝났음을 뜻했을 것이다. 그런데 어떻게 삼 일 동안에 다시 짓겠다고 하느냐는 것이 유대인들의 물음이었다. 그것은 절대로 불가능하리라! '네가'로 옮겨진 헬라어는 강조형이다. 이것은 예수님에 대한 그들의 경멸을 나타내 준다. 물론 예수님이 말씀하신 성전은 죽으신 지 삼 일 만에 부활할 자기 육체를 가리킨 것이었다.

2:22 심지어 예수님의 제자들도 처음에는 예수님의 이 수수께끼 같은 말씀을 이해할 수 없었다. 그것은 부활의 빛 아래서만 밝혀질 수 있는 것이었다. 그들은 아직 그분이 죽으셔야 한다는 것을 알 수 없었으며 메시아의 고난과 죽으심을 예언하고 있는 성경(사 52:12~53:12; 눅 24:25~27)도 이해하지 못하고 있었다.

2:23 예수님은 유월절에 예루살렘에 계시면서 요한이 상세히 묘사하지 않은 표적들을 행하셨다. 이 기적들(아마도 치유에 관한 것)은 많은 사람들을 신앙으로 이끌었다.

"그의 이름을 믿었다"는 것은 그들이 그분을 신뢰했다는 것을 말한다. 이것은 다음 절이 암시하듯 구원에 이를 만한 믿음을 뜻하는 것은 아니었다. 그들은 단지 그분을 위대한 치료자로 믿었을 뿐이지 결코 죄로부터 그들을 구원해 줄 구원자로서 믿었던 것은 아니다.

2:24~25 예수께서는 순간적인 열정이나 표적에 의한 신앙이 완전하지 않다는 것을 잘 알고 계셨다. 초기에 그를 따랐던 많은 이들이 그분이 정치적인 메시아로서 역할을 하지 않음을 보고 돌아갔다(참조, 6:15, 60, 66). 그분의 죽으심과 부활과 성령님의 임재 전까지는 신앙의 기초가 완성되지 않았다. 예수님은 초자연적인 예지로 **모든 사람을 아심**으로써 사람들의 도움에 **의탁하지 아니하셨다**. 하나님으로서 그분은 사람 마음의 겉으로 드러난 부분 이상을 볼 수 있었다(삼상 16:7; 시 139; 행 1:24). 요한복음 3~4장이 이 사실을 잘 나타내 주고 있다.

그분은 니고데모의 필요를 알고 계셨고, 또 사마리아 여인의 과거에 대해서도 이야기하셨다(요 4:29). 2장과 3장은 이러한 맥락에서 확연히 연결되고 있다(참조, '사람의 속에'[2:25]와 '~라 하는 사람이 있으니'[3:1]).

b. 니고데모와의 만남(3:1~21)

3:1 니고데모는 이스라엘의 가장 이상적인 인간상을 대표하고 있다. 그는 선생이었고(10절) 바리새인이었으며 유대 공의회인 산헤드린의 관원이기도 했다. 산헤드린은 종교적인 문제에 대한 결단과 로마 통치 아래서의 시민법에 대해 책임을 지는 기능을 하며 70명의 회원으로 구성되었다. 신약성경에는 두 명의 산헤드린 회원들이 호의적으로 묘사되어 있는데, 그 둘은 아리마대 요셉(19:38)과 랍비 가말리엘(행 5:34~39; 22:3)이다. 이 산헤드린이 예수님을 심문했는데(눅 22:66), 후에 니고데모는 예

수님의 말을 들어 보지도 않고 그를 정죄한 바리새인들을 비난했다(요 7:50~51). 또한 그는 아리마대 요셉을 도와 예수님의 시신을 장사 지냈다(19:39~40).

3:2 왜 니고데모는 밤에 예수께 왔을까? 두려워서? 방문하기에 적당한 시간이라서? 많은 무리에게 방해받지 않고 조용히 예수님과 대화를 하기 위해서? 요한은 이에 대해 분명한 답을 하지 않고 있다. 그러나 밤 시간은 제4복음서에서 부정적인 의미로 사용되고 있다(참조, 9:4; 11:10; 13:30; 19:39). 니고데모는 처음에 "랍비여 우리가 당신은 하나님께로부터 오신 선생인 줄 아나이다"라고 말했다. '우리'는 아마도 공의회원 가운데 예수께 호의적이었던 몇몇 사람들을 가리킨 말일 것이다. 또한 '랍비'와 '선생'이라는 칭호들은 한편으로는 예의 바르고 높이는 말같이 보이나, 사실상 그것은 아직도 예수님에 대한 니고데모의 이해가 충분치 않다는 사실을 나타내고 있다. '하나님께로부터'는 헬라어에서 강조의 위치에 있다. '**표적**'은 예수님이 하나님의 사람(하나님이 그와 함께함)이라는 것을 가리킨다. 니고데모는 한 사람의 랍비로서 또 다른 랍비와 이야기를 나누고 싶었던 정도의 마음을 갖고 있었음에 틀림없다.

3:3 그러나 예수님은 니고데모와 같은 수준에 계신 분이 아니다. 그분은 '위로부터'(아노뗀[ἄνωθεν], 31절) 오신 분이다. 그러므로 니고데모도 '위로부터' 거듭나야 한다(3절, NIV 관주, ἄνωθεν). 거듭난다는 것과 '위로부터'(ἄνωθεν은 '위로부터'[19:11]의 의미와 함께 '다시'[갈 4:9]의 뜻도 가진다) 난다는 것은 어둠의 세계에서 하나님의 나라(참조, 골 1:13)로 건져 내는 영적 변이를 말한다. 그 나라는 지금은 눈에 보이지 않지만 결국에

는 이 땅에 나타날 하나님의 권위와 축복의 영역을 뜻한다(마 6:10).

3:4 니고데모도 예수께서 터무니없는 것들(모태에 들어갔다가 두 번째 다시 나는 등의)을 말씀하고 계신 것이 아님은 알고 있었으나 중생의 참의미를 깨달을 수는 없었다.

3:5 물과 성령으로 나야 한다는 예수님의 말씀에 대해 다음과 같은 다양한 설명들이 있다. (1) '물'은 자연 출생을 뜻하고 '성령'은 위로부터의 출생을 뜻한다. (2) '물'은 하나님의 말씀을 뜻한다(엡 5:26). (3) '물'은 거듭남의 필수적 부분으로 세례를 뜻한다(이 견해는 구원은 오로지 믿음에 의해서만 이루어진다는 다른 성경 구절들과 상반되는 것이다). (4) '물'은 성령의 상징이다(요 7:37~39). (5) '물'은 세례 요한의 회개 사역을 뜻하며, '성령'은 그리스도의 성령이 개인에게 적용되는 것을 뜻한다. 이 중 다섯 번째의 견해가 신학적인 견지에서뿐만 아니라 역사적으로도 타당성을 갖는다. 세례 요한은 회개를 강조하는 독특한 사역으로 온 나라를 뒤집어 놓았다(마 3:1~6). '물'은 니고데모에게 그 세례자의 강조를 상기시켰을 것이다. 예수께서는 하나님 나라에 들어가기 위해서는 성령에 의해 다시 태어날 수 있도록 그분께 돌아와야(회개해야) 한다고 말씀하고 계시는 것이다.

3:6~7 세상에는 두 개의 구별되는 영역이 있다. 그 하나는 타락한 인간의 영역(육)이요 다른 하나는 하나님께 속한 영역(영)이다. 타락한 인간은 자신을 다시 태어나게 할 수 없으며 신적인 도움을 필요로 한다. 다만 하나님의 거룩한 영만이 인간의 영을 거듭나게 할 수 있다.

인간들은 이러한 예수님의 말씀을 외면하거나 거역해서는 안 된다. 그들은 반드시 위로부터 거듭나야 한다. 그 필요성은 절대적이다.

3:8 이 구절에는 헬라어 이외의 언어로는 표현하기 어려운 언어유희가 들어 있다. 헬라어 프뉴마($\pi\nu\epsilon\hat{\upsilon}\mu\alpha$)는 바람을 뜻하기도 하고 성령을 뜻하기도 한다. 이를 이용해 성령(프뉴마[$\pi\nu\epsilon\hat{\upsilon}\mu\alpha$])의 활동은 마치 바람($\pi\nu\epsilon\hat{\upsilon}\mu\alpha$)이 부는 것같이 눈에 보이지 않으며 신비로워 사람들이 결코 그것을 통제할 수 없다는 사실이 강조되었다.

3:9~10 니고데모가 어찌 이러한 영적 변화가 일어날 수 있느냐고 물었다. 이에 예수께서는 이스라엘의 선생으로서 니고데모가 마땅히 이것에 대해 알아야 한다고 답하셨다. 일찍이 구약성경의 예언자들은 성령님이 활동하시는 새로운 시대에 대해 이야기했다(사 32:15; 겔 36:25~27; 욜 2:28~29). 그러므로 이스라엘 중 탁월한 선생의 위치에 있는 이로서, 어떻게 하나님이 당신의 주권적 은혜로 사람들에게 새로운 마음을 주실 수 있는가에 대해 알아야 한다는 것이다(삼상 10:6; 렘 31:33).

3:11 그러나 니고데모는 예수께서 말하고 계시는 영역에 대해 무지했다. 이러한 그의 모습은 그 민족의 불신앙과 부족한 지식을 대변하고 있는 것이다. 예언자들과 같이 예수님도 그 민족에게 영적인 것에 대해 이야기해 주셨으나 유대인들은 그 증언을 배척했다. '증언'(testimony: 마르튀리안[$\mu\alpha\rho\tau\upsilon\rho\iota\alpha\nu$])은 요한복음에서 매우 일반적으로 쓰이는 단어이다(참조, 5:33~34).

3:12 거듭남에 대해 기초적 가르침을 땅의 것들을 통한 비유로 알려 주

어도 이해하지 못하는 니고데모가 삼위일체나 성육신, 예수님의 영광 받으심 등의 추상적인 **하늘 일**에 대해서 어떻게 이해하고 또 믿을 수 있겠는가?

3:13 하늘에 올라갔다가 땅에 내려와 하늘에 대해 말한 **자는 없었다.** 그러나 인자(참조, 1:50~51; 단 7:13; 마 26:64)이신 예수님은 유일한 예외이다. 그분은 하늘과 땅 모두에 관계하는 '사다리'이다(참조, 1:50~51의 주해). 그분은 성육신하심으로 '내려오셨고' 승천하심으로 '오르셨다.' 또한 그분은 성육신 전에 **하늘**에 계셨기에 하늘의 신비를 알고 계신다.

3:14~15 하늘로 올라간다는 생각(13절)은 예수님의 **들리심**을 가리키는 것이다(참조, 8:28; 12:32). 모세가 그 민족의 불순종으로 인한 징벌을 면하도록 해 주기 위해 장대에 **놋뱀**을 달아 든 것(참조, 민 21:4~9)같이 예수께서도 백성의 죄로 인해 십자가에 **들리셔야** 한다. 이로써 믿음이 죽음에 직면한 사람들에게 **영생**을 주게 된다.

3:16 이 구절은 요한의 말이든 아니면 예수께서 말씀하신 것이든 상관없이 복음의 핵심을 가장 잘 요약한 하나님의 말씀이다. 인간들을 향한 하나님의 뜻은 사랑이다. 그 사랑은 결코 소수의 사람들이나 어느 특정한 집단에게 국한되는 것이 아니며 오히려 온 **세상**을 위한 것이다. 그 사랑은 값으로 따질 수 없는 귀중한 선물, 즉 그 **독생자**(참조, 롬 8:3, 32)를 주심으로써 잘 나타났다. '독생자'로 번역된 헬라어는 **모노게네**($\mu o\nu o\gamma \epsilon \nu \eta$)로서 요한복음 1장 14, 18절, 3장 18절과 요한일서 4장 9절에 등장한다. 인간 편에서 본다면 그 선물은 단순히 그저 받을 뿐인지 결코 획득하는 것

은 아니다(요 1:12~13). 사람은 그리스도를 신뢰하는 믿음으로써 구원받는다. '멸망'(아폴레타이[ἀπόληται])은 전멸을 뜻하는 것이 아니다. 그보다는 생명과 진리, 기쁨이 되신 하나님으로부터 떨어져 나가 지옥에서 '파멸'이라는 최종 운명을 맞이하는 것을 뜻한다. 그러나 **영생**은 신자들이 지금 현재 소유할 수 있고 또한 영원히 소유할 삶의 새로운 길이다(참조, 10:28; 17:3).

3:17 비록 빛이 그림자를 드리우기는 하나 그 본래 목적은 밝히는 데 있다. 비록 믿지 않는 사람들이 정죄받기는 하나, 하나님이 그 아들을 보내신 목적은 **정죄하시기** 위해서가 아니라 **구원하시려는** 것이다. 하나님은 악인의 죽음을 기뻐하지 아니하시고(겔 18:23, 32) 모든 사람이 구원받기를 원하신다(딤전 2:4; 벧후 3:9).

3:18 구원은 예수님의 십자가 사역의 완전함을 믿음으로써 얻을 수 있다. 그러나 이러한 말씀(로고스[λόγος])의 빛을 거절한 이들은 여전히 어둠에 있다(1:5; 8:12). 이로써 그들은 **벌써** 하나님의 심판 아래 놓여 있는 것이다. 그들은 지금 **정죄받고** 있다. 그들은 마치 하나님의 치료를 거절하고 죄 중에 죽어 가던 이스라엘 사람들과 같다(민 21:4~9). 반면에 그리스도 안에 있는 믿는 이들은 "정죄함이 없고"(롬 8:1), "심판에 이르지 아니할 것이다"(요 5:24).

3:19 사람들이 어둠을 사랑하는 이유는 그것이 그들의 행위를 감추어 주기 때문이다. 그들은 그들의 악한(포네라[πονηρά], 사악. 참조, 악에 대해 다른 단어를 씀, 20절) 행위를 방해받지 않고 계속하기 원한다. 믿는 이들

역시 비록 구원은 받았으나 죄인이다. 그러나 그들은 그들의 죄를 하나님께 고백하며 응답한다(참조, 요일 1:6~7). 궁극적인 의미에서 인간들이 빛이신 하나님보다도 어둠을 사랑하는 것이(요 1:5, 10~11; 요일 1:5) 곧 우상들을 사랑하는 것이다.

"그들이 … 피조물을 조물주보다 더 경배하고 섬김이라"(롬 1:25).

3:20 마치 자연의 빛이 어둠에 가려 안 보이는 것들을 보이게 하는 것처럼, 빛이신 그리스도께서도 '악한' 백성의 행위를 노출시키신다('악'으로 번역된 **파울라**[φαῦλα : 가치 없는]는 요한복음 5장 29절에도 등장한다). 불신자들은 삶의 궁극적 의미와 가치 있는 동기와 목적을 상실해 결국 어두운 운명을 갖게 된다. 그러나 악을 행하는 자마다 빛을 미워한다(또한 어둠을 더 사랑한다, 3:19). 그들은 빛이 임해 그 행위가 가치 없는 것으로 드러날까 봐 두려워한다.

3:21 예수님은 마치 자석과 같다. 그분의 백성은 그분께 모여 와서 그분의 계시를 받아들인다. 비록 빛이 그들의 죄를 꾸짖으나 그들은 회개와 믿음으로 응답한다. 그들은 어둠에서 살던 이전의 삶과는 다르게 산다. 그들의 이 새로운 삶은 예수님과 그분의 말씀을 믿음으로 인한 것이다. 또한 그들의 삶 속에서 활동하시는 성령님이 그들에게 새로운 능력과 목표와 관심을 제공해 주시기 때문이다(고후 5:17; 엡 2:10).

6. 세례 요한의 마지막 증언(3:22~30)

3:22~24 잠시 세례 요한의 사역과 예수님의 사역이 함께 행해진 기간이

있었다. 그러므로 이 당시의 유대 땅은 그 위대한 선포자들이 회개와 하나님의 나라에 관해 선포한 가르침으로 생동감이 넘쳐흘렀을 것이다. 요한과 예수님 모두 제자들이 있어 많은 무리가 그들을 따랐고 또한 두 사람 모두 세례를 베풀었다. 그러나 예수께서 "세례를 베풀었다"(22, 26절)는 말은 그분의 제자들이 베푼 세례를 그분이 감독하셨다는 뜻으로 보인다(4:2). 살렘 가까운 애논의 정확한 위치는 확실치 않으나 아마도 갈릴리 바다와 사해의(또한 세겜에서 동쪽으로 4.8킬로미터 정도 떨어진) 중간쯤일 것으로 추정된다. 두 무리가 세례를 주면서 두 개의 '개혁' 운동 세력으로서 알려지게 되었다. "요한이 아직 옥에 갇히지 아니하였더라"(24절). 이 증언은 제4복음서가 공관복음서를 어떻게 보완해 주고 있는가를 잘 나타내 준다. 그것은 독자들이 다른 복음서들(마 14:1~12; 막 6:14~29; 눅 3:19~20)이나 혹은 일반적인 교회 전승을 통해 요한이 옥에 갇혀 있음을 알았다는 것을 전제하고 있다.

3:25 세례 요한을 열렬히 추종하던 제자들이 자신들의 위치에 대한 **변론**에서 수세에 처하게 되었다. 요한의 제자가(다른 제자들과도. 참조, '그들이,' 26절) 한 유대인으로부터 왜 요한의 무리가 되었느냐는 물음을 받았다. 또한 **정결 예식**에 대해, 당시에는 이미 에세네파와 바리새인들의 세례가 있었는데 왜 유대인들이 요한의 세례라는 또 다른 세례를 받아야 하느냐는 질문을 받았다. 한편 예수님을 따르는 무리는 점점 많아지고 있었다(26절).

3:26 요한의 제자들은 이러한 사실에 대해 화도 나고 질투심도 생겼을 것이다(그들은 요한의 처신에 관심을 가지고 있었고 예수님에 대한 헌신

과는 거리가 멀었다). 그들은 요한이 증언한 예수님이 백성의 집중적인 관심을 받고 있는 사실에 대해 불평했다. 사실상 그들은 훨씬 전부터 **사람들이 다** 요한에게 몰려오기를 기대하고 있었다(막 1:5).

3:27 요한의 위대함이 이 대답에서 나타난다. "하늘에서 주신 바 아니면 **사람이 아무것도 받을 수 없느니라."** 한 사람의 사역에 복 주시는 것은 하나님의 주권에 속하는 일이다. 예수님의 사역이 확장되고 있다는 것은 하나님의 뜻에 의한 것임이 분명하다. 이러한 하나님의 주권에 대한 원리가 신약성경 전반에 걸쳐서뿐만 아니라(예, 고전 4:7) 요한복음에도(참조, 6:65; 19:11) 강조되고 있다.

3:28 또한 요한은 그의 제자들이 자신의 가르침의 핵심을 망각하고 있는 것을 상기시켜 주었다. 즉 그는 약속된 메시아가 **아니요 메시아를 위한 준** 비 사역을 위해 하나님에 의해 보내심을 받은 자라는 것이다(1:8, 15, 20, 23).

3:29~30 예수님의 영향력이 커지는 것을 보며 요한은 자신의 기쁨이 충만해짐을 발견했다. 그는 이러한 사실을 근동 지방의 혼인 관습을 빌려 그 제자들에게 설명해 주었다. **신랑의 친구**는 혼인의 당사자가 아니나 보조자로서 신랑을 대신해 혼례의 모든 절차를 준비한다. 그 수고로움 속에서도 신랑이 그의 신부를 맞기 위해 오는 소리를 들을 때 그는 **기뻐한다.** 이와 같이 세례 요한의 사역은 **신랑 되신** 그리스도의 도착을 준비하는 것이었다. 요한은 물로만 세례를 주었을 뿐이지 성령으로는 아니었다. 그러므로 이제 예수께서 **흥해야** 하겠고 요한은 **쇠해야** 했다. 이것은 단순한 우

연이 아닌 하나님의 질서에 의한 것이었다.

이제 요한은 기꺼이 하나님의 계획대로 진행되는, 예수님의 확장되는 명성을 기쁨으로 받아들이게 되었던 것이다.

7. 전도자 요한의 증언(3:31~36)

NIV 본문에 나타난 인용 부호는 역자의 독자적 판단에 따른 현대적 개역 작업이라 할 수 있다. 헬라어 사본에서는 어떠한 인용 부호도 발견되지 않는다. NIV 자체 내의 관주에서도 제시했듯이 마지막 인용 부호를 36절의 끝 부분에 두는 것보다 30절 다음에 둘 수도 있다. 그것은 아버지와 아들에 대한 신학적 주해가 세례 요한의 증언의 한 부분이라고 보기에는 너무도 세련된 신학적 편린을 보여 주고 있기 때문이다. 이런 의미에서 이 구절들(31~36절)을 전도자 요한의 증언으로 보는 것이 더욱 신빙성이 있다.

3:31 요한은 세례 요한이 그의 제자들에게 말했던(28~30절) 예수님의 우월성에 관한 주제를 전개한다. 예수님은 하늘로부터 오셨기에 그의 말씀은 그 어떤 종교 교사의 가르침보다 뛰어나다. 인간 교사들은 이 땅에 속해 있다는 필연적 한계성을 가지고 있기 때문이다("땅에서 난 이는 땅에 속해"). 그러나 하늘로서 오시는 말씀(로고스[λόγος])은 만물 위에 계시나니, 그분은 으뜸 되는 분이다(골 1:18).

3:32 예수님의 말씀은 하늘에 계신 아버지와의 교제를 통해 비롯된 것이었으나(참조, 1:1, 14) 사람들은 이런 분명하고 믿음직스러운 증언을 부

인했다(참조, 1:11).

3:33 그러나 예수님의 메시지가 모두에게 배척받은 것은 아니었다. 그것을 받아들인 사람은 "하나님이 참되시다"고 확증하게 된다(참조, 21절). 그 증언을 배척하는 것은 곧 하나님을 거짓말쟁이라고 부르는 것이다(요일 5:10).

3:34 예수님이 하나님의 말씀을 하실 때 하나님에 대한 완전한 진리를 알리신다. 성령을 한량없이 받기 때문이다. 구약성경의 예언자들은 성령이 오로지 제한된 시간 안에 특정한 목적을 위해서만 임한다고 했다.

사도 요한은 예수님을 하나님이 보내신 이라 했다. 요한복음에는 이와 같은 표현이 39회 등장한다(17, 34절; 4:34; 5:23~24, 30, 36~38; 6:29, 38~39, 44, 57; 7:16, 28~29; 8:16, 18, 26, 29, 42; 9:4; 10:36; 11:42; 12:44~45, 49; 13:16, 20; 14:24; 15:21; 16:5; 17:3, 18, 21, 23, 25; 20:21). 이러한 사실은 아들의 성육신을 통해 나타난 하나님의 주권과 사랑(참조, 갈 4:4; 요일 4:9~10, 14)과 예수님의 신성과 그분이 하늘로부터 오신 사실을 확증시켜 준다.

3:35 아버지와 아들의 관계는 사랑스러운 친밀감과 완전한 신뢰의 관계이다. 그 아들은 아버지의 목적을 성취하기 위해 모든 권세를 부여받았다(5:22; 마 28:18).

3:36 이제 사람들에게는 두 가지 선택이 남아 있다. 아들을 믿느냐, 아니면 배척하느냐(참조, 16, 18절)이다. 불신앙은 비극적 무지이나 그것은 또

한 의도적인 불순종이다. 하나님의 진노는 제4복음서에서 오직 여기에만 등장한다(참조, 계 6:16~17; 11:18; 14:10; 16:19; 19:15). 악에 대적하는 하나님의 의로운 반응으로서의 '진노'가 불신자들 위에 머물러 있다(메네이 [μένει]). 이 진노는 미래적인 동시에 현재적이다. 끝없는 죄와 불순종은 한없는 징벌을 초래하게 될 것이다(마 25:46).

8. 사마리아에서 예수님의 사역(4:1~42)

a. 사마리아 여인과 예수님의 만남(4:1~26)

4:1~3 예수님과 특정한 사람과의 만남 중 두 번째로 길었던 만남을 소개 하고 있는 이 부분은 헬라어 원문으로는 하나의 긴 문장으로 구성되어 있 다. "주께서 아신지라"(1절. 참조, NIV에서는 3절, When the Lord learned of this)는 헬라어 원문에서 첫 번째 구이다. 그를 따르는 추종자들의 급격 한 증가로 인해 명백해진 예수님의 급격한 부상은 바리새인들의 주의를 끌 기에 이르렀다. 하나님의 계획대로 일하시는 예수님은 그 사역이 어떻게 마 무리될 것인지를 잘 알고 있었다. 그리하여 그 '시간'까지는 조심스럽게 행 동하셔야 했으므로 분쟁으로부터 몸을 피하셨다(7:6, 8, 30; 8:20. 참조, 12:23; 13:1; 17:1). "유대를 떠나사(참조, 3:22) 다시 갈릴리로 가실새…."

사마리아 여인과의 만남은 "친히 사람의 속에 있는 것을 아셨음이니 라"(2:25)는 사실의 또 다른 실례이다. 사마리아 여인은 니고데모와 극적 인 대조를 이루고 있다. 니고데모는 무엇인가를 찾고 있었으나, 그녀는 무 관심했다. 그는 존경받는 지도자였으나, 그녀는 소외자였다. 그는 진지했 으나, 그녀는 경박했다. 그는 유대인이었으나, 그녀는 경멸당하던 사마리아인이었다. 그는 도덕적이었으나(추측건대), 그녀는 비도덕적이었다. 그는 정통에 속했으나, 그녀는 이단에 속했다. 그는 종교적인 교육을 받았으나, 그녀는 무지했다. 그러나 이 '종교인'과 세속 여인의 모든 차이에도 불구하고 그 둘 모두가 거듭나야 했다. 두 사람 모두에게 그리스도께서만 해결해 주실 수 있는 문제가 있었던 것이다.

니고데모와 사마리아 여인의 비교(요 3~4장)		
	니고데모	사마리아 여인
장소	(예루살렘) 유다	사마리아
시간	밤	오후 6시쯤
연유	계획적인 방문	우연
내용	신학적	실제적
접근한 사람	니고데모	예수님
인종	유대인	사마리아인(혼혈인)
사회적 위치	많은 존경을 받는 지도자, 선생	비도덕적이라고 멸시받는 여인
성	남자	여자
태도	예수님을 선생님이라 부를 정도로 정중함	처음에는 적대감, 후에는 존경
형태	니고데모가 사라지고 대화가 독백으로 됨	대화로 끝남
결과	나타나 있지 않음	여인이 회개하고 증언해 사람들이 믿음에 이르게 됨

4:4 "사마리아를 통과하여야 하겠는지라." 그 길이 유대와 갈릴리를 잇는 가장 빠른 길이었으나 유일한 길은 아니었다. 요단 강 동쪽의 베뢰아를 통한 길도 있었다(지도 참조). 예수님 당시의 유대인들은 거의가 사마리아인들에 대한 증오감으로 인해 사마리아를 피하는 동편 길을 택했다. 그러나 예수님은 그 지역의 멸시받는 이들을 만나시기 위해 사마리아를 통과하는 길을 택하셨다. 이 세상의 구원자로서 예수님은 멸시받고 소외된 사람들을 찾아 구원하신다(참조, 눅 19:10).

신약성경 시대의 '사마리아'는 팔레스타인 중부 지역에 위치해 남으로는 유대, 북으로는 갈릴리와 접해 있던 지역이었다. 당시 사마리아는 로마의 지배 아래서 어떠한 독자적 정치 기구도 갖고 있지 못했으며, 그 주민들은 극도로 혼혈화되어 있었고, 그들의 종교는 유대교로부터 변형된 혼합주의의 양상을 띠고 있었다. 그들의 예배 중심지는 그리심 산이었다. 오늘날까지도 그들의 전통을 유지하고 있는 소수의 사마리아인들이 이스라엘에 생존하고 있다.

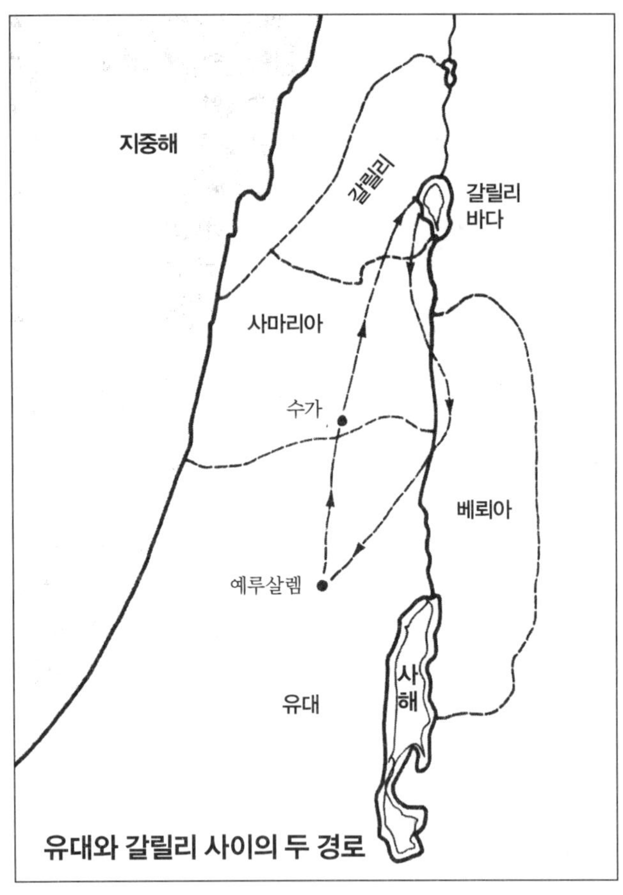

유대와 갈릴리 사이의 두 경로

4:5~6 수가라 하는 동네는 세겜에서 가까웠다. 현재의 아카르(Akar)가 그곳이라는 주장이 지배적이나 텔–바라타(Tell–Balatah)라는 주장도 있다. 수가는 에발 산과 그리심 산 사이에 위치했으며, 수가 근처의 우물은 오늘날에도 야곱의 우물로 알려져 있다. 야곱이 요셉에게 준 땅에 대해서는 창세기 48장 21~22절에 언급되어 있다. 야곱은 그것을 수년 전에 구입했다(창 33:18~20). 예수께서 오랜 걸음에 피곤하여 우물곁에 그대로 앉으셨다. "때가 여섯 시쯤 되었더라." 이 시간을 로마 시간법으로 환산하면 오후 6시쯤이다(참조, 요 1:39; 19:14의 주해). 예수께서는 진정한 인간이셨기에 갈증과 피곤과 고통과 배고픔을 느끼셨다. 물론 동시에 신성의 모든 요소(전지, 전능 등)도 소유하신다.

4:7~8 제자들이 먹을 것을 사러 동네에 갔을 때에 예수께서 놀라운 일을 행하셨다. 생면부지의 사마리아 여자에게 말을 건네셨던 것이다. 사마리아인들의 동네와 떨어진 장소에서 혼자 있는 유대인 남자로부터 물을 좀 달라는 말을 들은 그 여인은 깜짝 놀랐다. 그 당시의 일반적 통념은 개방된 장소에서 남자와 여자 사이의 대화는 물론이고 유대인과 사마리아인 그리고 특별히 이방인들과의 대화를 금하고 있었다. 대부분의 유대교 랍비라면 이 관습을 어기느니 차라리 갈증을 참았을 것이다.

4:9 그 여자는 놀랍고 이상스러워 "어찌하여 사마리아 여자인 나에게 물을 달라 하나이까"라고 되묻지 않을 수 없었다. 왜냐하면 유대인은 사마리아인과 상종하지 않았기 때문이다. NIV 관주는 헬라어 단어 쉥크론타이(συγχρῶνται : 어울리다[associate] 혹은 함께 사용하다[use together])의 또 다른 의미로 번역 가능성을 제시한다. 유대인들은 "사마리아인들이 사용

하던 접시들을 사용하지 않는다." 이 번역이 올바른 것일지도 모른다. AD 66년에 기록된 랍비 율법은 사마리아 여인들이 끊임없이 생리를 해 항상 부정하다고 묘사하고 있다. 그러므로 사마리아 여인의 그릇으로 물을 마신 사람은 부정해진다는 결론이 나오게 된다.

4:10 그 여인의 주의를 집중시키시고 호기심을 자극하신 예수께서 이번에는 수수께끼 같은 말씀을 하심으로써 그녀로 하여금 생각하게 만드셨다. 그가 하신 말씀은 마치 "네가 진정으로 내가 누군지 안다면 너의 놀라움은 한없을 것이다. 그러면 사실은 내가 아닌 네가 도움을 요청해야 할 것이다"라고 하신 것과 같다. 그때 그녀는 적어도 세 가지를 생각했을 것이다. (1) 그는 누구인가? (2) 하나님의 선물이란 무엇인가? (3) 생수는 무엇인가? '생수'는 어떤 의미에서 흐르는 물을 뜻할 수도 있겠으나 또 다른 의미로는 성령님을 뜻한다(렘 2:13; 슥 14:8; 요 7:38~39).

4:11~12 그 여인은 '생수'를 그저 우물에서 얻을 수 있는 물로 오해했다. 그리하여 야곱의 우물은 깊은데 어떻게 예수께서 생수를 얻겠느냐고 물을 수밖에 없었다. 오늘날 고고학자들의 연구 결과 이 우물은 팔레스타인 지방에서 가장 깊은 우물 중 하나임이 확인되었다. "당신이 야곱보다 더 크니이까." 헬라어의 의미로 본다면 이 질문은 부정적인 답을 예상하며 던진 것이다. 그녀로서는 예수님이 야곱보다 위대한 이라고는 도저히 생각할 수 없었다. '우리 조상 야곱'이라는 그녀의 주장은 야곱이 민족의 뿌리라고 주장하는 유대인들의 관점을 고려할 때 흥미롭다. 그 우물은 참으로 위대한 전통을 간직하고 있었다. 그러나 이제 그 여인은 '도대체 저 사람이 무엇을 가지고 있는지'가 궁금했다.

4:13~14 예수께서 드디어 수수께끼 같은 말씀을 통해서 진리를 밝혀 설명하기 시작하셨다. 야곱의 우물에서 난 이 물은 잠시 동안 육신의 갈증을 충족시킬 뿐이다. 그러나 예수께서 주시는 물은 필요와 욕구를 끊임없이 충족시켜 줄 것이다. 더욱이 그 생수를 마시는 자는 그 속에서 생수의 강이 흘러나올 것이다(참조, 7:38~39). 그 샘물은 많은 수고를 들여야 얻는 우물의 물과 대조를 이룬다. 예수께서는 누구나 믿는 자에게는 구원을 주시는 성령님에 대해서 이야기하셨다.

4:15 그 여자는 이러한 의미 깊은 말씀을 제대로 이해하기에는 죄가 너무도 많고 물질주의에 깊이 빠져 있었다. 그녀가 이해할 수 있었던 것이라고는 그녀가 그러한 샘물을 얻을 수만 있다면 **목마르지도 않고** 더는 물을 긷는 힘든 일을 할 필요가 없을 것이라는 정도였다.

4:16~18 그녀가 진리를 받아들일 수 없었기에(고전 2:14) 예수께서는 이 여인의 가장 근본적인 문제를 다루기 시작하셨다(분명히 이 여인은 지금까지 예수께 물을 드리지 않았다. 그분은 그 여인의 영적 욕구를 충족시키기 위해 당신의 육적 욕구를 잊어버리셨던 것이다). 예수께서 여인에게 "네 남편을 불러오라"고 하셨다. 이것은 예수께서 그녀에 대한 모든 것을 알고 있다는 것을 보여 주기 위함이었다(참조, 요 2:24~25). 그녀의 결혼 기록들을 예수님은 낱낱이 알고 계셨다. 그것은 그녀가 죄 중에 살고 있다는 것을 바로 나타냈다. 이렇게 예수께서는 간단한 몇 마디 말씀을 통해 그녀의 죄인 된 삶과 구원받을 필요성을 밝히셨다.

4:19~20 그녀의 반응은 참으로 흥미롭다. 그녀는 예수께서 그저 지나

가던 한 유대 랍비가 아니고 초자연적인 지식을 가진 하나님의 선지자임에 틀림없다고 고백한다. 하지만 죄를 자백하고 회개하는 대신에 매우 난해한 지적인 문제를 던짐으로써 관심을 딴 곳으로 돌리려 했다. 그녀는 이렇게 생각했다. '과연 이 사람이 해묵은 이 논쟁을 해결할 수 있겠는가?' 사마리아인들의 종교는 하나님이 정해 주신 예배 장소가 그리심 산이라고 주장했고, 유대인들은 예루살렘의 성전이라고 주장했다. 과연 어느 편이 맞는가?

4:21 "때가 이르리라"(참조, 23절)는 말씀은 하나님의 경륜 아래서 새롭게 예배를 드릴 새로운 시대의 개막을 뜻하는 예수님의 임박한 죽음을 가리키고 있다. 교회시대에 이르러서는 성령님의 역사로 인해 더 이상 그리심 산이나 시온 산 위의 성전들만이 예배의 중심지가 될 수는 없게 되었다.

4:22 그러나 예수님은 사마리아 종교의 혼합성과 오류에 대해 확고히 입장을 밝히셨다. "너희는 알지 못하는 것을 예배하고…." 그들은 인류 구원을 위한 수단이 되지 못했다. 그러나 이스라엘은 하나님으로부터 선택받은 큰 특권을 가진 민족이었다(롬 9:4~5). "구원이 유대인에게서 남이라"는 예수님의 말씀은 모든 유대인들이 구원받을 것이고 그들 모두가 특별히 경건하다는 의미가 아니었다. "구원이 유대인에게서 난다"는 것은 아브라함의 후손인 예수님을 통해서 구원이 이루어진다는 의미를 내포하고 있다.

4:23 메시아가 오심으로 예배의 새로운 질서의 때가 시작되었다. 참되게

예배하는 자들은 예수께서 하나님의 진리이시며(3:21; 14:6) 아버지께 이르는 유일한 길이라는 것(행 4:12)을 깨닫는 사람들이다. 진리로 예배한다는 것은 예수님을 통해서 하나님께 예배드리는 것이다. 영으로 예배한다는 것은 하나님이 백성에게 계시해 주시는 새로운 영역 안에서 예배하는 것을 뜻한다. 아버지께서는 백성이 거짓이 아닌 진리 아래 살기를 원하시므로 참으로 예배하는 자들을 찾으신다. 모든 사람들이 예배하는 자이나(롬 1:25) 많은 이들이 그들의 죄로 인해 눈이 어두워 계속적으로 가치 없는 세상 것들에 그들의 믿음을 두고 있다.

4:24 "하나님은 영이시니"를 "God is Spirit"으로 옮긴 NIV의 번역이 "God is a Spirit"으로 옮긴 KJV의 번역보다 적절하다. 하나님은 결코 많은 영 중 어떤 하나의 영이 아니다. 이 증언은 하나님의 보이지 않는 본체에 대한 선언이다. 그분은 결코 어떤 한 장소에 국한해 존재하지 않는다. 그러므로 하나님께 대한 예배는 하나님의 보이지 않는 본체를 나타내는 분(예수 그리스도. 1:18)을 통해서만, 또한 신자들에게 왕국의 새로운 영역을 열어 주는 거룩한 영의 능력에 의지할 때만(참조, 3:3, 5; 7:38~39) 가능하다.

4:25 사마리아인들도 메시아의 오심을 기대하고 있었다. 그러나 그들은 모세오경을 제외한 구약을 무시했기에 그 메시아가 다윗의 후손에서 나올 것이라고는 생각하지 않았다. 신명기 18장 15~18절로부터 그들은 그들의 모든 문제를 해결해 줄 모세와 같은 인물을 기대하고 있었던 것이다. 이제 사마리아 여자는 예수께서 하시는 말씀 중 일부를 이해했다. 그녀는 메시아께서 모든 것을 알려 주실 그날을 매우 고대해 왔다.

4:26 예수님 자신이 "내가 그라"고 하신 자기 선언은 독특한 말씀이다. 갈릴리와 유대에서는 대부분의 경우(참조, 6:15) 그 정치적인 여파를 우려해 당신 자신의 직위를 감추시고 '인자'라는 칭호를 사용하셨다. 그러나 사마리아 여인과의 만남에서는 민족주의적인 열심당들의 반란의 위험은 문제가 되지 않았다.

b. 제자들을 위한 예수님의 가르침(4:27~38)

4:27~30 그 여자는 당신 자신을 밝히신 예수님의 말씀으로 인해 흥분해서, 또한 제자들이 돌아왔기 때문에 마을로 들어갔다. 너무도 기뻤던 나머지 그녀는 물동이도 잊었다. 이제 그녀에게는 새로운 신앙을 나누는 일이 더욱 중요했던 것이다. "내가 행한 모든 일을 내게 말한 사람"이라는 말에 온 동네가 특별한 관심을 보이면서 술렁였다. 아마도 그 동네에서 예전에 그녀와 관계를 맺었던 사람들도 이 이야기를 듣고 '그 사람이 우리에 대해서도 알까?' 하고 궁금해했을 것이다. "이는 그리스도가 아니냐?" 그녀가 그들에게 물었다. 문자적으로 옮긴다면 "이 사람이 메시아일 수는 없다. 그렇지?"이다. 이 질문은 사실 부정적인 답을 기대하며 던진 것이다. 그녀는 동네 사람들이 그녀에 대한 평판 때문에 그녀의 교리적 확신에 동의하지 않을 것임을 감안해 이러한 질문을 했던 것이다. 예수께서 호기심을 불러일으켜 그녀의 관심을 끌었듯이 그녀도 호기심을 불러일으켜 동네 사람들의 관심을 끌었다. 그리하여 결국 그들이 나서서 이 일을 알아보게 되었다.

4:31~32 제자들이 예수님과 이야기하면서 무엇인가가 일어났다는 것

을 감지했다. 조금 전까지 그분은 배가 고프고 시장했다. 그러나 지금은 먹고 마실 것들이 중요하지 않게 되었다. 그들은 예수께 음식을 권했으나 예수께서는 그들에게 "내게는 너희가 알지 못하는 먹을 양식이 있느니라"는 또 하나의 수수께끼 같은 말씀을 주셨다.

4:33~34 제자들의 오해가 예수님으로 하여금 당신 말씀에 대한 설명을 불가피하게 만들었다. 평상시와 같이 물질적인 관점에 한정해 생각하는 제자들에게 예수께서는 "나의 양식은 나를 보내신 이의 뜻을 행하며 그의 일을 온전히 이루는 이것이니라"고 하셨다. 이것은 예수님께 육적인 양식이 필요 없다는 것이 아니고 그보다 큰 그분의 열정과 소망이 하나님의 뜻을 행하는 데 있다는 뜻이다(참조, 5:30; 8:29). 그분은 사람이 빵으로만 사는 것이 아니요 "여호와의 입에서 나오는 모든 말씀으로"(신 8:3) 사는 것임을 잘 알고 계셨다. 그분은 물질이 아닌 영적인 일에 우선순위를 두셨다. 이것이 꼭 이루어져야 할 아버지의 일이다(참조, 요 17:4).

4:35 농부들은 그들이 씨를 뿌리고 곡식이 익을 때까지 기다린다. "넉 달이 지나야 추수할 때가 이르겠다"는 말은 아마도 그 지방의 속담일 것이나. 그러나 영적인 영역에서는 더 이상 기다림은 없다. 예수께서 오셨기에 이 날이 바로 기회의 날인 것이다. 이제 요구되는 것은 영적인 소망과 감각이다. 이러한 상태에서 제자들이 주위를 둘러보면 영적 기갈에 허덕이는 많은 백성을 보게 될 것이다. 흰옷을 입고 동네를 나서고 있는 **사마리아인들**(30절)을 추수하게 된 밀밭으로 암시한 것으로 보인다.

4:36~38 추수하는 자로서 제자들은 백성을 그리스도의 신앙으로 이끄

는 엄청난 특권을 가졌다. '뿌리는 자'라는 표현은 아마도 구약의 예언자들이나 예비 사역을 했던 세례 요한을 가리킨 것으로 보인다. 뿌리는 자와 거두는 자 모두가 삯을 받는다. 영생에 이르는 열매를 모으는 예수님의 제자들의 사역은 곧 삶과 죽음의 문제에 관계된 것이다(고후 2:15~16).

고대 세계에 있어서 추수기는 기쁨의 시기였다(룻 3:2, 7; 사 9:3). 이와 같이 구원의 때 역시 큰 기쁨이 있는 시기이다(참조, 눅 15:7, 10, 32). 제자들에게는 이러한 구원이 이루어져 가는 과정의 마지막을 보는 것이 더 큰 기쁨이다(요 4:38). 뿌릴 때는 즉각적인 성취가 아무것도 없기에 어려운 때이다. 세례 요한은 회개하라고 온 나라를 흔들어 놓았으나 오순절 성령 강림 전에 죽었다. 그러나 바로 그날에 제자들은 수천 명의 사람들이 예수님을 믿게 되었던 것을 큰 기쁨 가운데 직접 보았다.

c. 사마리아인들의 회개(4:39~42)

4:39 사마리아인들 사이에 일어난 작은 부흥 운동은 하나님의 구원 사역이 포괄적이라는 관점에서(3:16. 참조, 행 1:8)뿐만 아니라 이스라엘의 원천적인 반대(1:11)와 비교할 때 괄목할 만한 것이다. 비록 어떤 관점에서 본다면 필요없는 것일 수도 있지만("나는 사람에게서 증언을 취하지 아니하노라"[5:34]) 그 여자의 증언은 효과적이었다. 사람 안에 있는 것을 아시는 것과 한 사람의 삶에 대한 종합적인 지식을 갖고 있다는 것이 그분의 신성을 나타내 준다(시 139; 요 1:47~49; 2:24~25).

4:40~41 그 여인의 증언으로 인해 많은 사마리아인들이 예수님과 개인적으로 만나게 되었다. 그래서 예수께서 이틀을 더 유하시게 되었다. '유하

다'(메노[μένω]: 남다, 동행하다)라는 단어는 요한 신학의 대표적 단어이다(참조, 3:36; 6:56; 15:4 등. 1:38의 주해). "예수의 말씀으로 말미암아 믿는 자가 더욱 많아." 말씀(Words)으로 번역된 헬라어는 단수(His word)이다. 이제 예수님의 메시지가 그들로 하여금 믿음을 갖게 해 주었다. 이렇게 개인의 증언과 예수님의 메시지가 하나님의 구원의 수단이 되었다.

4:42 그러나 남의 증언에 기초한 신앙은 간접적인 것일 뿐이다. 참 신앙은 자기 자신의 체험과 예수님과의 만남으로 인도한다. "우리가 친히 듣고." 이것이 보다 합당한 기초이다. 예수께서는 모든 사람이 구원받는다는 만인구원설(Universalism)의 입장에서가 아니라, 당신의 빛을 모든 이들에게 비추신다(1:9)는 면에서 세상의 구주시다. 그 빛은 이스라엘 나라에만 한정된 것이 아니고 '각 나라와 족속과 백성과 방언'을 위한 것이다.

9. 왕의 신하의 아들(4:43~54)

4:43~45 사마리아에서 이틀간의 사역을 마친 후 예수님과 그의 제자들은 북쪽에 위치한 갈릴리로 계속 이동했다. "친히 증언하시기를 선지자가 고향에서는 높임을 받지 못한다." 이러한 속담 같은 예수님의 말씀이 마태복음 13장 57절과 마가복음 6장 4절에도 등장하며 요한도 인용했다. 그의 '고향'이 유대인가 혹은 갈릴리인가? 혹은 하늘인가 아니면 배척받으신 이스라엘인가? 전반적으로 갈릴리 사람들은 예수께 호의적이었다. 그러나 거기에서도 그를 살해하려는 시도는 있었다(눅 4:18~30). 아마도 요한은 그의 독자들에게 임박한 배척을 암시하고 있는지도 모른다. 아마도 예수께서 갈릴리에서 받으신 따뜻한 환영에도 불구하고 실제적으로

는 받아들여지지 않는다는 것(참조, 요 2:24~25; 4:48)을 이야기하고 있는 것일 수도 있다. 그들은 예수님이 유월절 명절에 성전을 정화하시고(2:13~22) 기적을 일으키신 것(2:23)에 깊은 인상을 받았다. 그러나 백성의 치유자에 대한 열광이(참조, 막 5:21, 24하) 곧 그분에 대한 그들의 신앙을 의미하는 것은 아니었다(막 6:1~6).

4:46~47 '왕의 신하'라는 사람의 신원은 확실치 않다. 갈릴리인일 수도 있고 유대인일 수도 있다. 백부장 혹은 헤롯 궁전의 관리일 수도 있을 것이다. 그러나 예수께서 그를 표적과 기사를 구하는 사람들 중 하나로 포함시켰다는 점을 고려한다면 아마도 그는 유대인이었을 것이다(48절. 참조, 고전 1:22). "그의 아들이 병들었다." 의심할 바 없이 지금까지 그는 백방으로 아들의 치료를 위해 힘써 왔다는 것을 알 수 있다. 그의 지위와 돈을 가지고 풀지 못하는 이 문제로 인해 결국 그는 그 치유자가 그의 아들을 죽음에서 건져 주실 것이라는 희망을 가지고 가버나움으로부터 32~40킬로미터나 떨어진 가나로 달려갔다.

4:48 예수께서 그에게 하신 말씀은 날카로웠지만 필요한 것이었다. 이적에만 의지하는 신앙은 완전한 신앙이 아니다(참조, 2:23~25). 많은 사람들은(너희는) 표적(세메이아[σημεῖα])과 기사(테라타[τέρατα])가 없으면 예수님 믿기를 주저한다. 예수님에 대한 신앙은 절대적으로 필요하나 모든 신자들에게 가시적인 징조가 주어지는 것은 아니다(참조, 마 16:1~4; 고전 1:22).

4:49 신하는 지금 자신의 입장을 신학적으로 변론할 감정적 여유가 없었

다. 그가 할 수 있는 일은 죽음 직전에 있는 그의 **아들**에게 자비를 베풀어
달라고 호소하는 것뿐이었다.

4:50 이 신하의 절박한 요청에 대한 예수님의 조용한 응답이 새로운 위
기를 몰고 왔다. "가라 네 아들이 살아 있다." 만약 진실로 그 신하가 예수
께서 가버나움에서 무엇인가를 하실 수 있다고 믿었다면 그는 지금 가나
에서도 그분이 하실 수 있다는 것을 믿어야 한다. 그는 **예수**께서 하신 말
씀을 믿고 갔다.

4:51~53 내려가는 길에 그 신하는 한 걸음 한 걸음마다 예수님의 약속
을 생각했을 것이다. 그때 **그** 종들이 오다가 만나서 아이가 살아 있다는 좋
은 소식을 전했다. 그 신하는 **낫기 시작한** 때를 물었다. 이 치유는 결코 우
연한 것이 아니었다. 예수께서 그에게 약속하셨던 바로 **그때**에 그 치유가
일어났던 것이다. 그때는 로마 시간으로 저녁 7시를 가리키는 **일곱** 시였
다. 이제 그 신하의 신앙이 자라서 **그 온 집**이 신앙을 갖게 되었다. 이 사건
의 교훈은 예수님의 능력이 멀리 떨어진 곳에서도 기적을 일으킬 수 있다
는 것이다. 그분의 말씀은 역사로 이루어지는 힘을 가진다. 사람들은 진
심으로 그 말씀을 믿어야 한다.

4:54 갈릴리에서의 두 이적(물로 포도주를 만드시고[2:1~11] 왕의 신하
의 아들을 고쳐 주심)은 예수님이 약속된 그분이라는 것을 나타내 준다.
그러나 두 이적 모두 숨겨진 일면들이 있었다. 오로지 결혼식장에서는 제
자들과 몇몇 하인들만이 그 기적을 보았고, 왕의 신하의 아들이 치유받은
것도 대중 앞에서 행해진 것은 아니었다.

1. 삼십팔 년 된 병자를 고치심(5:1~15)

5:1 그 후에 유대인의 명절이 되어 예수께서 예루살렘으로 올라가셨다. 이 명절에 대한 자세한 설명이 없으나 아마도 유월절이었을 것이다. 예수께서는 이외에도 3번 유월절에 참석하셨다(2:23; 6:4; 11:55). 요한은 왜 예수께서 예루살렘에 계셨는지 그 이유를 설명하는 것에만 관심을 가졌던 것 같다.

5:2 성전의 북쪽에 베데스다라 하는 못이 있었다(그 못의 위치를 보여 주는 지도를 참조하라). 양문(The Sheep Gate) 곁에 있던 이 못의 발굴 작업의 결과 묻혀 있던 5개의 행각이 드러남으로써 제4복음서의 증언의 정확성을 확증했다. 실제로 그 못은 연이은 두 개의 못이었다.

5:3상 '많은 병자'는 이 세계의 비참한 영적 상황을 반영한다.

5:3하~4 초기의 사본들은 이 못의 물이 '움직이는'(7절) 이유를 설명하기 위해 후에 삽입되었다고 보이는 이 부분을 삭제했다. 사람들은 천사가 내려와서 그것을 움직이게 한다고 믿었다. 그 지방 전승에 따르면, 제일 먼저 그 물에 들어가는 사람은 병이 낫는다. 그러나 성경 어디에서도 많은 병자들에게 비참한 경쟁의 상황을 조장하는 이러한 미신적인 것을 가

르치지 않는다. AD 400년까지 현존했던 어떤 헬라어 사본도 이 부분을 포함시키고 있지 않다.

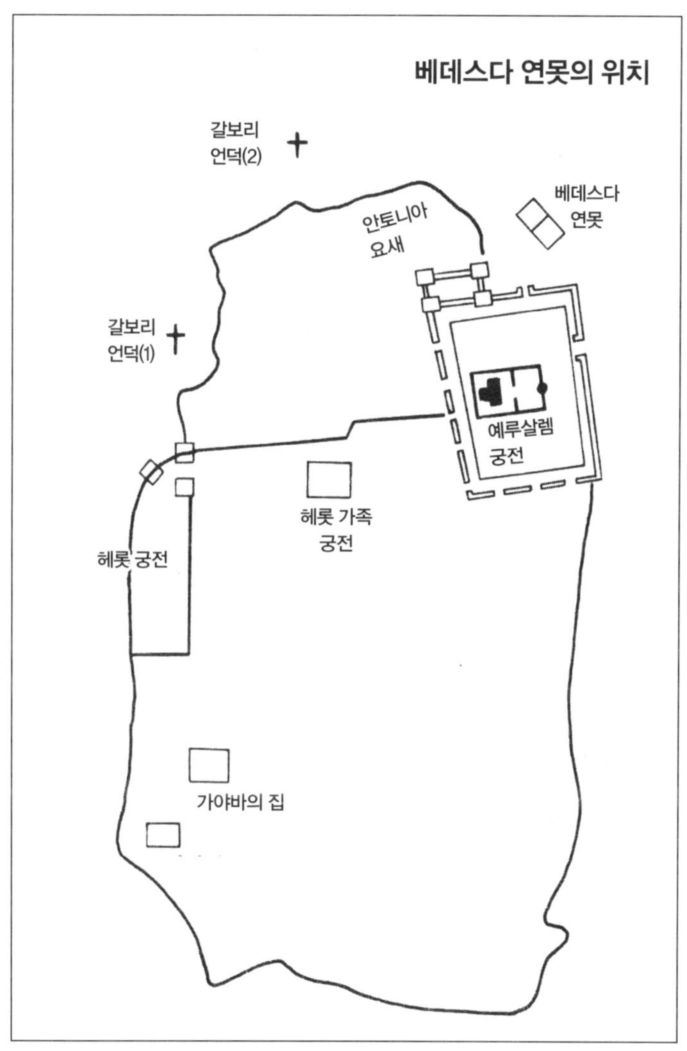

5:5 예수께서 서른여덟 해 동안 앓아 왔던 한 사람을 명절 기간 중에, 그것도 안식일(9절)에 선택하셨다. 요한은 그의 질병이 무엇이었는지 또는 선천적인 **병자**였는지는 말하지 않는다. 경우가 어떠하든 확실한 것은 그에게 소망이 없었다는 것이다.

5:6 '아시고'라는 말은 예수께서 누구에게서 이야기를 들으셨다는 것을 뜻하지 않는다. 그것은 그분의 지식으로 상황을 인식하셨다는 것을 뜻한다(헬라어 단어는 그누스[γνοὺς]: 아시고. 참조, 1:48; 2:24~25; 4:18). 다소 이상하게 보이는 "네가 낫고자 하느냐"라는 예수님의 질문은 그 사람의 주의를 당신께 모아 그의 의지를 자극하고 소망을 불러일으키기 위한 의도에서 비롯된 것이다. 영적인 영역에서 볼 때 인간의 큰 문제는 병든 자신을 깨닫지 못하고 있는 것(참조, 사 1:5~6; 눅 5:31)과 치유받는 것조차 원치 않는다는 것이다. 사람들은 비록 잠깐이지만 그들의 죄 중에 행복을 느낀다.

5:7 그 사람은 자신의 열망이 부족한 것이 아니라 나을 방법이 부족하다고 대답했다. 그는 힘도 없고 친구도 없어서 그 못의 물이 움직일 때에 어찌할 수 없었으며, 나름대로 시도해 보았으나 허사였다.

5:8 "예수께서 이르시되 일어나 네 자리를 들고 걸어가라." 그 명령은 명령을 수행할 수 있도록 해 준다. 죽은 나사로가 그러했듯이(11:43) 예수님의 말씀은 그 뜻을 성취하신다. 이것은 회개에 대해서도 시사해 주는 바가 크다. 사람들이 하나님을 믿으라는 그분의 명령에 복종했을 때 하나님은 말씀을 통해 그 안에서 역사하신다.

5:9~10 하나님의 초자연적 능력이 그 사람의 즉각적인 치유로 명백하게 나타난다. "그 사람이 곧 나아서 자리를 들고 걸어가니라." 오랫동안 쇠퇴했던 근육이 완전히 회복되었다. 일찍이 이사야는 메시아의 날에 양이 "사슴같이 뛸 것"이라고 예언했다(사 35:1~7). 이제 예루살렘에 그 메시아가 오셨다는 명백한 증거가 나타났다.

안식일은 예수님과 그의 반대자들과의 갈등 중 가장 핵심적인 문제였다(참조, 막 2:23; 3:4). 모세의 율법은 제칠 일에 모든 일을 멈출 것을 규정했다. 후에 유대 종교지도자들에 의해 부수적인 법들이 매우 복잡하고 부담스럽게 추가되었다. 이러한 인간적 전통들이 종종 하나님의 율법의 원래 의도를 가리게 되었다. "안식일이 사람을 위하여 있는 것이요"(막 2:27), 사람들이 휴식을 가지며 예배와 기쁨의 시간을 가지기 위해 있는 것이다. 유대인의 완고한 전통에 따른다면(구약성경 자체가 아닌), 안식일에 의도적으로 공공의 장소에서 사적인 장소로 무엇인가를 옮기는 사람은 돌로 쳐 죽임을 당해야 한다. 그러므로 이 경우에 있어서도 병 나은 사람이 자리를 들고 움직였으므로 그의 생명이 위험에 처하게 되었다.

5:11 위기를 느낀 그 사람은 자신은 단지 명령을 따랐을 뿐이라며 선동을 어긴 것에 대한 책임을 모면하려고 했다.

5:12~13 관계자들의 관심은 자연히 그 병자에게 전통에 어긋난 명령을 내린 사람의 정체에 쏠렸다. 그러나 그 사람은 그가 누구인지 알지 못했다. 믿음 없이 치유가 이루어졌을 때의 전형적 현상이다. 그 병자는 그의 간구에 대한 예수님의 은혜의 행위에 의해, 또한 하나님의 영광을 나타내기 위해 선택되었다. 그때 예수께서는 거기 사람이 많으므로 피하셨다(참조,

8:59; 10:39; 12:35). 그리하여 잠시 동안은 노출되지 않으실 수 있었다.

5:14~15 후에 예수께서 성전에서 그를 만나셨다. 이것은 예수께서 무엇인가를 이야기해 주기 위해 그를 찾아다니셨다는 사실을 뜻한다. 그러나 이 사람은 예수께 감사하게 생각하지도 않은 듯하다. 그의 이러한 행위가 그를 더욱 나쁘게 만들었다. 예수님의 경고("더 심한 것이 생기지 않게 다시는 죄를 범하지 말라")는 그 사람의 병이 특정한 죄 때문임을 뜻하는 것은 아니다(참조, 9:3). 이 경고는 지난 38년의 비극적 삶도 지옥의 비참함에는 비할 수 없다는 것이다. 예수께서는 단순한 육신의 치료에 관심을 두신 것이 아니었다. 죄에서 그의 영혼을 치유하는 것이 더욱 중요했다.

2. 강화(5:16~47)

5:16 예수께서 안식일에 일을 하셨다. 요한은 예수께서 삼십팔 년 된 병자를 고치신 것(5:1~15) 말고도, 안식일에 맹인을 고치신 것도 기록했다(9장). 이삭을 자른 것(막 2:23~28), 손 마른 사람을 고치신 것(막 3:1~5), 십팔 년 동안 몸을 제대로 펴지 못하고 살았던 여인을 고쳐 주신 것(눅 13:10~17)과 고창병 든 사람을 고쳐 주신 것(눅 14:1~6) 등의 모든 일들이 안식일에 일어났다. 이 구절에서 보듯 안식일에 대한 예수님의 신학 혹은 철학은 반대자들과는 달랐다. 이 논쟁의 상대방들은 군중들이 예수께로 쏠림에 따라 점차로 위신이 떨어지게 되었다. 이에 대한 그들의 반응은 예수님을 반대하고 죽이려는 박해로 나타났다(요 5:16, 18; 7:19, 25).

5:17 하나님은 창조 사역의 제칠 일에 안식하셨다(창 2:2~3). 그러나 예

수께서는 자신의 안식일 활동을 정당화하기 위해 하나님의 계속적인 일하심을 지적했다. 하나님은 우주를 유지하시고 생명을 낳게 하시고 심판을 내리신다. 그러한 분의 아들이 은혜와 자비의 사역을 안식일에 행하는 것이 잘못된 것은 아니다. '내 아버지'라는 말에 유의해야 한다. 예수께서는 '너의 아버지'나 '우리 아버지'라고 하지 않으셨다. 반대자들은 신성을 주장하는 이러한 그분의 발언을 간과하지 않았다.

5:18 안식일에 관한 논쟁만으로도 그들이 예수님을 미워하기에 충분했지만, 하나님을 '내 아버지'라고 한 예수님의 주장은 그들의 분노를 일으키기에 충분했다. 그들에게 하나님은 그 어떤 것과도 비견될 수 없는 존재였다. 이러한 그들의 사고에서 본다면 예수님의 주장은 참람한 신성모독이었다. "하나님과 동등으로 삼는다"는 것은 그들에게 두 개의 신, 즉 다신교를 의미하는 것이다. 자신을 하나님과 동등으로 삼는다는 것은 교만한 자기 독립 선언이었다. 탈무드에는 자신들이 하나님과 동등하다고 했기에 교만한 자로 규정된 네 사람이 등장한다. 이방 왕인 히람, 느부갓네살, 바로와 유다 왕 요아스가 그들이다.

5:19 예수께서는 자신이 아버지로부터 독립된 존재도 아니며 또한 적대적이지도 않음을 설명해 주셨다. 그의 행위는 자신이 주도한 것이 아니다. 아버지께서 지시하시고 또한 그 아들을 보내셨다. 그 아들의 행위는 아버지를 따르며 둘은 항상 함께 일하신다(참조, 1:51의 "진실로 진실로 너희에게 이르노니"에 대한 주해).

5:20 아들은 어떠한 면에서든 아버지와 대적하거나 독립적이지 않다. 그

들의 관계는 끊임없는 사랑이다. 아들은 단순히 하나님의 뜻의 일부를 수행하는 것이 아니다. 그는 아버지의 모든 사역들을 온전히 밝혀 준다. 아버지에 의해서 아들은 육신의 병을 고치는 것, 그보다 더욱 놀라운 일을 행할 것이다.

5:21 신성의 특징 중 하나는 삶과 죽음을 주관하는 권세이다(이스라엘의 왕이 나아만에게 물었다. "내가 사람을 죽이고 살리는 하나님이냐"[왕하 5:7]). 예수님의 '큰' 일 중 하나는(요 5:20) 생명을 주시는 것이다. "아들도 자기가 원하는 자들을 살리느니라." 마치 그분이 많은 병자들 가운데서 한 사람을 선택해 고쳐 주듯이 살리신다는 것은 영적(영원한) 생명과 부활한 몸을 포함한다. 나사로의 다시 살아남(11장)은 그 둘을 잘 나타내 준다.

5:22 살리시는 아들의 능력은 인류를 심판하는 그의 권세와 짝을 이룬다(참조, 27절). 아버지는 이러한 종말론적 특권을 예수님의 손에 넘겨주셨다.

5:23 예수님과 아버지의 하나 됨은 너무 완벽해서 하나님에 대한 공경 역시 예수님께 연결된다. 하나님이신 아들을 배척하거나 공경하지 아니하는 것은 아버지이신 하나님을 배척하고 공경하지 않는 것과 같다.

5:24 예수께서는 19~23절에서 언급된 하나님과 하나 됨 그리고 신적인 특권을 소유했기에, 그의 말씀과 아버지를 신뢰하면 현세에서 **영원한 생명**을 소유하게 된다(참조, 3:36). 미래에 어떠한 심판도 없을 것이다("**심판**

에 이르지 아니하나니"[참조, 3:18; 롬 6:13; 8:1]. 왜냐하면 그는 이미 한 영역, 사망에서 다른 영역, 즉 생명으로 옮겨졌기 때문이다[참조, 엡 2:1, 5]). "사망에서 생명으로"라는 문구는 다른 곳에서 오직 한 번(요일 3:14) 사용되었다.

5:25 예수님의 살리시는 능력은 무덤에서 사람을 일으키며(11:43), 무덤 속에 있는 모든 자(5:28~29)나 영적 죽음에 있는 모든 사람들(24절)을 영생으로 이끌 수 있다("때가 오나니"라는 표현은 요한복음 4장 23절, 5장 25, 28절, 16장 32절에 4번 나타난다).

5:26~27 이제 예수님의 강화는 하나님의 두 가지 중심적 특권으로 돌아간다. 생명(21, 24~26절)과 심판(참조, 22, 24~25, 27절)이다. 예수께서는 아버지께서 주셨기에 그 둘을 모두 가지신다. 이 주심은 영원한 것인 동시에 일시적인 것이다. 말씀이신 자신 안에서 그리스도께서는 아버지의 영원한 선물로서 생명을 가지셨으며(1:4) 성육신 속에서 **심판하는** 권한 역시 받으셨다. 인자로서(참조, 단 7:13) 그에게 권위가 주어졌던 것이다.

5:28~29 예수께서는 청중에게 믿는 자들이 지금 사망에서 생명으로 옮겨진다는(24절) 선언을 "**놀랍게 여기지 말라**"고 하셨다. 왜냐하면 미래에는 그분의 명령에 따라 우주적인 몸의 부활이 있을 것이기 때문이다. 이 우주적인 부활은 다니엘 12:1~2에 명확히 언급되어 있다. 그 외의 다른 구절들은 생명으로의 부활, 즉 '첫 번째 부활'이 단계적으로 일어날 것이며(휴거된 교회와 환란 날의 마지막 때에 임할 예수님의 재림 시에 핍박받던 성도들), **심판받을** 이들의 부활은 천년왕국의 마지막에 있을 것임을

보여 준다. 요한복음 5장 28~29절은 본 복음서 안에서 명백하게 종말론을 가르치고 있는 몇 안 되는 구절 중 하나이다. '선한 일을 행한 자'와 '악한 일을 행한 자'(타 파울라[τὰ φαῦλα]: 가치 없는 것들. 참조, 3:20)라는 말은 선행에 의한 구원과 악행으로 인한 심판을 암시할 수도 있으나, 요한의 신학을 전체적으로 고려해 볼 때 그러한 가능성은 배제된다(참조, 3:17~21; 6:28~29). 진실로 다시 태어난 사람들은 전혀 다른 삶을 살아간다. 그들은 그분께 복종하고(14:15), 그분과 동행하며(15:5~7), 그 빛 아래서 걷는다(8:12; 요일 1:7). 그들은 대속 제물로서 그들의 죄에 대한 심판을 제거해 준 하나님의 양(羊)에 의해 구원받는다. 구원은 그리스도를 믿는 믿음에 의한 것이다. 심판은 그 하나님의 아들을 배척하는 것에 기인한다(요 3:36).

5:30 이 구절은 전환적인 의미를 가진다. 아버지와 아들의 하나 됨에 대한 내용을 담은 부분(19~30절)의 결론을 맺고 있다. 아버지와 떨어져서는 아들이 아무것도 스스로 할 수 없는(참조, 19절) 사실의 지적과 함께 시작된 부분의 결론이다. 그가 행한 모든 것이 그러하듯 그의 **심판**은 아버지의 의지의 표현에 기인한다. 그는 아버지의 완전한 대변자이자 유능한 대행자이다. 예수님의 뜻은 곧 아버지의 뜻을 행하는 것이다(참조, 4:34; 8:29). 그것은 곧 그가 아버지와 같은 본성을 가지셨다는 것을 보여 준다.

5:31~32 이 강화의 사상은 아버지와 예수님의 하나 됨에서 예수님에 대한 아버지의 증언으로 옮겨 간다. 요한복음 5장 31절과 8장 14절은 상호 모순처럼 보인다. 그러나 그것들은 다른 주제들을 말하고 있다. 5장 31

절에서 예수님의 요점은 만약 그가 자신에 대해 증언한다면 이러한 증언은 유대 당국자들에게 받아들여지지 않을 것이라는 점이다. 그들은 단지 그것을 자기를 내세우는 교만한 외침으로 볼 것이다. 그러나 다른 배경에서 본다면(8:14) 자기 증명은 완전히 유효한 것이다. 왜냐하면 자기 자신의 경험을 온전히 잘 아는 것은 자신이기 때문이다. 예수께서는 자신이 독립적인 자기 증명을 추구하지 않았음을 확인하셨다. 그분은 아버지의 뜻을 받아들여 아버지가 자신을 인증하시는 것에 만족했던 것이다.

요한의 글에 나타난 '증언'(Testimony)과 '증언하다'(Testify)의 등장 횟수					
	복음서	서신	계시록	합계	신약성경 전체
명사	14	7	9	30	60
동사	33	10	4	47	76
합계	47	17	13	77	136

5:33~34 이미 기록했듯이(참조, 1:7) 목격이나 증언은 요한복음에 있어서 중요한 개념이다. 위의 도표가 그 주제에 대한 다양한 글들 안에서의 요한의 강조를 잘 나타내고 있다. 세례 요한의 역할은 증언을 하는 것이었다. 훌륭한 증언은 알고 있는 진리를 그대로 말하는 것이다. 예수님에 대한 요한의 증언은 지속적인 성격을 가졌다('증언하였느니라'는 헬라어로 완료 시제이다). 예수님은 **사람의 증언**이 필요하지 않으셨다. 그러나 요한의 증언은 사람들에게 도움이 되었다. 왜냐하면 어둠 속에 있는 그들에게 그가 빛을 가리켜 주었기 때문이다. 요한의 사역은 **너희로 구원을 받게 하려 함**을 목적으로 한 것이었다. 그의 위대한 사역은 오로지 하나님의 어린 양이신 예수님을 가리키는 선도적인 사역이었을 뿐이다.

5:35 "요한은 켜서 비추이는 등불이라." 즉 그는 진정한 빛은 아니었다(1:9). 유대 백성은 오로지 한때 그의 사역에 흥분하고 즐거워했을 뿐이다. 잠시 동안 그들은 메시아 시대의 동이 텄다고 생각했다. 비록 설교는 자극적인 견책을 포함하고 있었으나 그의 메시지는 대중으로부터 열광적인 환영을 받았다. 그들이 이스라엘은 견책을 받는 정도일 테지만 그들의 대적들은 멸망을 당할 것이라고 생각했기 때문이다.

5:36 비록 세례 요한이 하나님을 위해 위대한 증언을 했으나 그는 어떠한 이적도 행하지 않았다(10:41). '기사들'은 하나님이 그 아들에게 위탁하신 특별한 일들이었다. 그러한 기적들은 구약성경에 예언되어 있다(사 35:5~6). 예수님의 **역사**(役事)는 하나님이 그분과 함께하시고 그분을 통해 역사하신다는 분명한 발현이었다(참조, 니고데모의 말[요 3:2]; 예수님의 논리[막 3:23~29]; 전에 맹인이었던 사람으로부터의 교훈[요 9:30~33]).

5:37~38 예수님의 증인은 아버지이시다. "아버지께서 친히 나를 위하여 증언하셨느니라." 그러나 언제 어떻게 아버지께서 이러한 증언을 하셨고 또 하시는가? (1) 예수님의 수세 시(마 3:17), (2) 변형 시(마 17:5), (3) 승리의 입성 시(요 12:28), (4) 예수님의 사역 속에서(3:2), (5) 사람들의 생각이나 마음속에(6:45) 그 가능성들이 포괄되어 있다. 그러나 아마도 예수께서는 자신을 진리로서 사람들의 양심 속에 뿌리내려 주시는 하나님의 내면적 사역을 말씀하고 계신 것 같다(6:45; 요일 5:9~12). 예수님의 반대자들은 하나님에 대해 무지한 자들이다. 그들에게는 하나님에 대한 어떠한 소망도, 또한 그분과의 어떠한 교제도 없었다. 그 말씀은 구원의 메시지

이다. 이 메시지는 그들에게 받아들여지지 않았다. 즉 그들 안에 거하지 (메논타[μένοντα]: 메노[μένω]에서 유래) 않는다. 왜냐하면 그들은 예수님을 배척했기 때문이다.

5:39~40 유대의 종교지도자들은 매우 열심히 구약을 연구했다. 그들은 만약 본문의 말씀을 이해할 수 있다면 장차 임할 세계에서 자신의 몫을 얻을 것이라고 믿었다. 그들은 율법에 무지한 자들은 저주 아래 있다고 간주했다(7:49). 오늘날에도 이와 유사하게 성경 공부를 하나님에 대한 지식과 경건으로 인도하는 도구보다는 그 자체를 목적으로 삼는 사람들이 많이 있다. 어떤 의미에서 유대 학자들의 마음에는 하나의 너울이 씌어 있었다(고후 3:15). 그리하여 그들은 예수님이 약속된 그분이시라는 것을 알 수 없었다. 그분은 구약성경의 희생제사 제도의 완성이며, 진실로 의로운 야웨의 종, 오실 선지자, 인자, 다윗 계통의 왕이며, 하나님의 약속된 아들이요, 위대한 대제사장이시다. 이러한 명백한 계시에도 불구하고 그들은 **영생을 얻기 위하여 예수께 오기를** 거절했다(참조, 요 3:19~20).

5:41~42 아마도 유대인들은 예수께서 그 지도자들에게 공식적으로 인정받지 못해서 화가 났을 것이라고 생각했을 것이다. 그러나 예수께서는 그러한 생각을 부인하셨다. 그들은 자신들이 예수님의 마음을 안다고 생각했지만, 그와는 반대로 그분이 그들을 알았고 그들의 불신앙의 근본 원인을 꿰뚫고 계셨다(참조, 2:24~25). 그들 속에 **하나님을 사랑하는 것이 없었다**(즉 하나님의 사랑이 아닌 하나님을 향한 사랑). 크고 첫째 되는 계명은 하나님을 사랑해야 한다는 것이다(출 20:4; 신 6:5). 가장 큰 죄는 그

분을 배척하고 '피조물'을 사랑하고 경배하는 것이다(롬 1:25).

5:43~44 그들에게 하나님을 향한 사랑이 없음은 두 가지 사실에서 명백하다. (1) 그들은 아버지의 '대리인'인 그리스도를 배척했다. 보냄 받은 사자를 모욕하고 배척하는 것은 곧 보내신 자를 배척하는 것과 같다. (2) 그들은 거짓 선생들이나 선지자들을 받아들였다. 이것은 바로 그들이 진리와 연합되어 있지 못함을 나타내 준다. 더욱이 그들은 **유일하신** 하나님의 호의와 뜻은 무시하면서 죄인인 인간들에게서 인정과 용납을 받으려는 욕망을 가지고 있었다. 그들은 하나님이 아닌 사람에게로 향하는 잘못된 목표를 추구하고 있었기에 진정한 신앙과는 거리가 멀었다.

5:45~47 예수께서는 구원자로서 오셨지 결코 심판자로 오시지 않았다(참조, 3:17). 그러므로 그분은 백성을 **고발하지** 않으신다. 그들이 따른다고 주장하는 **모세가** 그들을 심판할 것이다. 왜냐하면 그들이 모세가 세운 언약을 파괴하고 모세가 **기록했던** 분을 알아보지 못했기 때문이다. '너희가 바라는 자'는 곧 구원이 율법을 지키는 선한 행위에 의해 올 것이라고 생각하는 이들을 가리킨다. 만약 유대인들이 진정으로 모세를 믿었다면 그들은 그리스도를 믿었을 것이다. 왜냐하면 모세가 그분에 대해 기록했기 때문이다. 여기에서 예수께서는 어떠한 특정 구절(참조, 창 3:15; 22:18; 49:10; 민 24:17; 신 18:15)이나 특정한 유형들(예를 들어, 유월절, 만나, 반석, 제사나 대제사장)을 언급하지 않으셨다. 단지 그분은 명백히 구약이 자신을 가리킨다고 하셨다. 모세의 계시가 배척되었기에(참조, 눅 16:29~31) 예수님의 말씀 역시 배척받았던 것이다. 후에 예수께서는 이사야도 자신에 대해 기록했다고 말씀하셨다(요 12:41).

C. 갈릴리에서의 계시(6:1~7:9)

1. 땅과 바다에서 일어난 예수님의 기사(6:1~21)

a. 5천 명을 먹이심(6:1~15)

5천 명을 먹이신 기적은 4복음서 모두에 기록된 유일한(예수님의 부활 사건을 제외하고) 기사이다. 이것 하나만으로도 그 중요성을 짐작할 수 있다. 이 기사의 의미의 심각성은 주님의 긴 강화에 의해 설명된다(22~71절). 참으로 그 기적은 놀라운 것이었으며, 사람들의 메시아 대망이 절정에 이르도록 했다. 그러나 그 결과는 그분을 따르던 많은 무리가 더 이상 그분을 따르지 않게 되었다(66절).

6:1~2 '그 후에'라는 시점은 명확하지는 않으나 헤롯이 세례 요한을 죽였고(막 6:14~29. 참조, 요 3:24), 제자들이 갈릴리에서 전도를 했고(막 6:7~13, 30~31) 무리가 예수께 관심을 갖고 모여들자 헤롯이 예수님을 찾으려 했다는(눅 9:7~9) 공관복음서의 기록들로부터 다음의 추측이 가능하다. 즉 요한복음 5장과 6장의 사건들 사이에는 6개월쯤의 간격이 있었으리라는 추정이다. 1~2절로 미루어 예수께서는 휴식을 위해 그 제자들과 함께 갈릴리 바다의 북동쪽으로 가셨던 것으로 보인다. 그 호수는 헤롯 안티파스에 의해 세워진 호수 서안에 위치한 동네의 이름을 따서 디베랴 바다(참조, 21:1)로 불리기도 했다. 그러나 큰 무리가 이 '한적하고'(참

조, 마 14:13; 막 6:32) '외진 곳'(마 14:15)에 모여들었다.

6:3~4 산이 언급된 것은 아마도 모세의 시내 산 경험(참조, 31~32절)과의 평행을 의식한 것으로 보인다. "유월절이 가까운지라"는 표현의 요점은 신학적인 것에 있으며, 연대기적인 의미는 이차적이다. 사람들은 피와 살과 양들과 무교병과의 연관하에서 생각을 하고 있었던 것이다. 그들은 자신들을 로마의 굴레로부터 구원해 줄 새로운 모세를 갈망하고 있었다. 이것이 예수께서 언급하신 두 번째 유월절이었고(참조, 2:13, 23), 또 그분이 적어도 다른 한 번의 유월절을 언급하셨기에(13:1. 5장 1절은 이름이 밝혀지지 않은 유대인들의 명절을 언급한 것이다) 예수님의 사역은 3년간 지속되었다고 판단할 수 있다. 그러므로 6장의 사건들은 예수께서 십자가에 달리시기 1년 전쯤에 일어난 것들이다.

6:5~6 예수께서 빌립에게 "우리가 어디서 떡을 사서 이 사람들을 먹이겠느냐"라고 물으신 것은 정보를 얻기 위한 것이 아니고 제자들을 교육시키기 위한 계획의 일부분이었다. 빌립은 가장 가까운 마을인 벳새다(1:44) 출신이므로 그 지방에 관해 잘 알고 있었을 것이다. 예수님의 질문에 대한 답은 인간적으로 말해서 수천의 사람들이 이 늦은 시간에 근처의 작은 마을에서 양식을 얻는다는 것은 불가능하다는 것이다. 요한은 후에 이 사건을 상기하면서 그것은 예수께서 빌립을 시험하고자 함이었다고 기록했다. 하나님은 결코 사람들이 악행을 하도록 유혹하지 않으신다. 그들의 신앙이 성숙되도록 시험하실 뿐이다(참조, 창 22:1~18; 약 1:2, 13~15; 벧전 1:7).

6:7 필요한 돈은 엄청난 액수였다. 문자적으로는 2백 데나리온인데, 한 데나리온이 하루 품삯이었으므로 2백 데나리온은 8개월 치 품삯이었다. 설혹 양식을 구할 수 있었다 하더라도 제자들에게는 그만한 큰돈이 없었다. 제자들은 예수님의 사역에 호응하는 사람들로부터 도움을 받았다(참조, 막 6:7~13).

6:8~9 빌립과는 대조적으로 안드레는 그 수단을 찾아내려고 무리 속으로 갔다(참조, "가서 보라"는 예수님의 명령, 막 6:38). 그러나 그가 찾은 것은 작은 소년의 점심이었다. 인간의 무능이 예수님의 긍휼과 능력을 나타낼 수 있는 배경을 조성하게 되었다. 그 보리떡은 엘리사 선지자가 보리떡 20개로 100명을 먹였던 사건(왕하 4:42~44)을 상기시킨다. 그러나 예수님은 엘리사보다 훨씬 위대한 분이다.

6:10~11 선한 목자이신 예수님은 그 '양 떼'들을 푸른 초장에 앉히셨다(참조, 시 23:2). 마가복음 6장 40절에 따르면, 그 사람들을 50명 혹은 100명씩 집단별로 앉히셨다. 그것은 무리를 헤아리기 쉽게 해 분배를 용이하도록 하기 위함이었다. 거기에는 5천 명의 성인 남자들이 있었으며 그 외의 여성들과 어린이들도 있었다(마 14:21). 그러므로 아마도 만 명 이상의 사람들이 음식을 먹었을 것이다. 그 지역은 외진 곳이었고 또한 유월절 기간이었기에, 예수님은 광야에서 기적적인 양식을 필요로 하는 백성과 함께 있었던 모세와 비견된다. 요한은 그 기적 자체를 묘사하지는 않았다. "예수께서 … 축사하신 후에." 이 장을 놓고 많은 사람들이 이야기하는 바와 같이, 이것이 명확히 성만찬을 암시하고 있다고 보기는 어렵다. 경건한 유대인들에게서 식사 전과 후의 감사는 일반적인 표준이었다.

예수께서 음식을 나눠 주실 때에(제자들의 도움을 받아[막 6:41]) 기적적인 증가가 일어났다.

6:12~13 "그들이 배부른 후에"라는 언급은 기적이 일어났음을 강조하려는 요한의 의도를 보여 준다. 어떤 학자들은 이것이 단지 성례전적인 혹은 상징적인 식사라 주장하며 기적이라는 것을 배제하려 하고, 또 어떤 이들은 그 '기적'은 백성의 나눔에 있었던 것이라고 주장한다. 그러나 이러한 합리화들은 요한의 증언의 명백한 의미와는 동떨어진 것이다. 제자들이 **열두** 바구니의 부스러기들을 모은 것은 그분이 그들의 필요보다 더욱 많은 것을 주시는 분이라는 것을 보여 주려는 교육 중 한 부분이다. 후에 그분은 제자들의 영적 우둔함을 지적하셨다(참조, 막 8:17~21). 비록 그 제자들이 무리보다는 예수께 가까이 있었으나 그들 역시 영적인 맹인 상태에 있었던 것이다(막 6:52).

6:14~15 이 표적(세메이온[σημεῖον])을 보자 사람들은 그와 같은 한 선지자가 일어날 것이라는 모세의 예언을 상기하게 되었다(신 18:15). 모세는 백성을 먹였고 또한 그들을 억압으로부터 이끌어 냈다. 예수께서도 백성을 먹이셨으며 그 백성을 증오스러운 로마의 억압에서 이끌어 내실 수 있었다. 백성은 그분의 표적을 보았으나 그 의미를 깨닫지는 못했다. 그들은 그분을 붙잡아 **임금으로 삼으려** 했다. 이 사건은 예수님의 인기가 높았다는 것과 그분을 향한 큰 유혹을 나타내 준다. 그분이 십자가 없이 왕국을 소유할 수 있었는가? 아니다. 물론 예수님의 왕국은 아버지로부터 그분에게 주어질 것이다(참조, 시 2:7~12; 단 7:13~14). 아버지의 뜻은 다른 방향에 놓여 있다. 그분은 통치하는 유다의 사자가 되시기 전에 반드

시 세상 죄를 지는 양이 되셔야 한다(요 1:29).

b. 물 위를 걸으심(6:16~21)

6:16~17 마가복음 6장 45절에 따르면 예수께서는 무리를 피하시면서 그의 제자들에게 배를 타고 벳새다로 가라고 재촉하셨다. 그들은 벳새다로부터 가버나움을 향해 갔다. 그 두 마을은 갈릴리 호수의 북쪽 끝에 위치했다. 제자들이 바다에 내려갔다. 그곳에 구릉이 많고 동편으로 경사가 졌기 때문이다. 그러나 그들이 바다에서 나갔을 때 이미 해는 졌고 바람에 휘말리게 되었다. 예수께서는 그들의 애씀을 보시며 언덕 위에서 기도하고 계셨다(막 6:45~48).

6:18~19 종종 저녁때에 불던 서쪽 바람이 그들을 바다에서 곤경에 빠뜨렸다. 그들은 그 중심부에서 헤매며 더 이상 전진하지 못하게 되었던 것이다. 그들은 "힘겹게 노를 저었다"(막 6:48). 갈릴리 호수는 갑작스럽고 험악한 폭풍으로 유명하다. 제자들이 노를 저어 십여 리쯤 갔다. 그러므로 이제 그들은 바다의 한복판에 있게 되었다. 그들은 예수께서 바다 위로 걸어오심을 보고 두려워했다. 그들은 그것이 유령이라고 생각했다(막 6:49). 이 사건을 합리적으로 설명하려는 사람들은 예수께서 해변가의 모래 위를 걸으신 것이라고, 또는 큰 판자나 들보 위에 타고 있으셨을 것이라고 추측한다. 그러나 그러한 추측들은 모두 본문에 부합되지 않는다. 이 사건은 '4경,' 즉 새벽 3~6시 사이에 일어났다(마 14:25; 막 6:48).

6:20~21 '내니'로 옮겨진 구절은, 문자적으로 '나다'(I Am)이며, 그것은

강력한 신학적 의미를 가지고 예수님에 의해 사용되었다(8:58). 그러나 여기에서는 예수께서 자신을 확인시키시는 의미로만 쓰인 것 같다. 제자들이 그분을 알아보았을 때 그들은 그분을 배로 영접했다. "배는 곧 그들이 가려던 땅에 이르렀더라"는 말은 아마도 또 다른 기적을 의식하고 쓰인 것일지도 모른다. 육지와 호수에서의 두 표적은 생명을 주는 '양식'의 제공자로서의 예수님과(다음 부분에서 더욱 자세히 전개될 것이다) 당신의 백성을 보호하고 중보해 주시는 구원자로서의 예수님을 계시해 준다. 그분은 그들이 어려운 난관에 처해 있을 때에 개입하셔서 그들을 안전으로 이끌어 주시는 분이다.

2. 신학적 강화(6:22~71)

6:22~25 예수께서 먹이셨던 무리는 아직도 바다의 동쪽 건너편에 있었다. 그들은 예수께서 재촉해 제자들을 그곳에 있던 배에 오르게 하시는 것을 보았다. 그러나 예수께서는 배에 오르지 아니하셨기에 그 무리는 그분이 그 근처에 머무르고 계시리라 생각하고 있었다. 얼마 후 그들은 그분이 거기 계시지 않은 것을 보았다. "디베랴에서 배들이 … 왔더라." 그리하여 무리는 예수님을 찾으러 배들을 타고 가버나움 지경으로 나아갔다. "언제 여기 오셨나이까"라는 무리의 질문이 예수님의 긴 강화를 유발한다(59절). 예수께서는 언제 또는 어떻게 호수를 건너셨는지를 설명하지 않으셨다. 왜냐하면 그분이 바다 위를 걸으신 것은 오로지 제자들만을 위한 사적인 표적이었기 때문이다.

6:26 예수께서는 "내가 진실로 진실로 너희에게 이르노니"(참조, 1:51 주

해)라는 말씀으로 엄중하게 서두를 시작하셨다. 예수께서는 이 강화에서 이 표현을 4번 사용하셨다(6:26, 32, 47, 53). 이것은 당신이 가르치시려는 것의 중요성에 무리의 주의를 끌게 하기 위함이었다. 그분은 그들이 물질적 동기에 치중해 영적인 것에 둔감한 것을 책망하셨다. 그들은 **표적**을 **보았으나** 그것은 그들에게 단순한 식사일 뿐이었다. 그들은 그 의미의 심각성을 깨닫지 못하고 있었던 것이다.

6:27 예수께서 "썩을 양식을 위하여 일하지 말라"고 하신 것은 그분이 게으른 것을 양해한다는 것을 뜻하는 것이 아니다. 그보다는 사람들이 영원히 지속될 것을 위해 노력해야 한다는 것을 말씀하신 것이다. "사람이 떡으로만 살 것이 아니요 하나님의 입으로부터 나오는 모든 말씀으로 살 것이라"(마 4:4). 육적인 **양식**은 잠깐이지만 영적인 **양식**은 **영생**으로 인도하는 것이다. 인자(하늘에 가까이 있는[요 3:13])는 궁극적으로 그리스도 자신이신(6:53) 영적인 양식을 **주실 것이다.** 아버지 **하나님**이 예수께서 진정한 하늘의 '양식'이심을 보증하셨다.

6:28 이제 무리는 예수께서 자신들에 대한 하나님의 요구를 말씀하시고 계심을 알았다. 그들은 예수께서 그것이 무엇인지 가르쳐 주시면 하나님의 요구를 행하리라고 했다. 그들은 자신들이 하나님을 기쁘시게 해 드릴 수 있으며, 그리하여 결국 선한 일을 행함으로써 영원한 생명을 얻을 수 있다고 믿었던 것이다(참조, 롬 10:2~4).

6:29 그들의 질문에 대한 예수님의 답은 그들의 생각과는 전혀 반대되는 것이었다. 그들은 선한 일을 행함으로써 하나님을 기쁘시게 해 드릴 수 없

었다. 하나님이 요구하시는 하나님의 일은 오직 하나이다. 즉 아버지께서 보내신 자를 신뢰하는 것이다. 사람들은 그들의 죄 때문에 결코 선행으로는 구원을 얻을 수 없다(엡 2:8~9; 딛 3:5). 하나님은 사람들이 자신들을 구원하지 못하는 것을 인정하고 그분의 은총을 받으라고 요구하신다(롬 6:23).

6:30~31 이러한 요구에 무리는 표적(세메이온[σημεῖον]. 참조, "유대인은 표적을 구하고"[고전 1:22])을 요구한다고 답했다. 그들은 하나님의 질서를 보고 믿는 것이라 생각했다. 그러나 하나님의 질서는 믿고 보는 것이다(참조, 요 11:40). 그들은 믿음이나 영적인 지각은 갖지 못했으나 예수께서 무엇인가 새로운 것을 선포하시고 있다는 것은 알았다.

사람들은 그분께 모세가 행한 것보다 뛰어난 표적을 요구했다. 그들의 생각은 "만약 당신이 모세보다 위대하다면 그보다 위대한 일을 행하라"는 것이었다. 그 무리가 예수께 표적을 요구한 것은 5천 명을 먹이신 것이 모세가 하늘에서 내린 떡에 비교되지 않는다고 느꼈기 때문이다. 그들은 하늘의 선물인 만나를 기억하고 있었다(출 16장; 민 11:7). 그들은 40년간 온 백성을 먹인 만나에 비하면 예수님의 먹이심은 큰 의미가 없는 것이라 생각했다. 그러나 그들은 두 가지 사실을 생각하지 못하고 있었다. 첫 번째는 40년간 만나를 먹었던 이스라엘 사람 중 많은 사람들이 믿지 않았다는 것이다. 중요한 것은 표적의 규모가 아니고 그 의미의 심각성을 깨닫는 것이다(참조, 눅 16:29~31). 두 번째는 모세와 예수님 모두 하나님의 표적에 의해 보증받았다는 사실이다. 그러므로 양자 모두에 귀 기울여야 하며 믿어야 한다.

6:32 예수께서는 엄중한 계시를 통해("내가 진실로 진실로 너희에게 이르노니." 참조, 26, 47, 53절) 그들의 생각을 세 가지 점에서 바로잡아 주셨다. (1) 모세가 아닌 아버지께서 만나를 주셨다. (2) 그 아버지께서는 과거만이 아닌 그때 당시에도 '만나'를 계속 주셨다. (3) 하늘로부터 주어진 참떡은 만나가 아니요 예수님이시다. 그러므로 모세와 그의 표적의 우월성은 사라져 버린다. 만나는 육신을 위한 음식으로 육신에 유용한 것이다. 그러나 예수께서는 백성의 전 실존을 위한 하나님의 온전한 보살핌이시다. 예수께서는 당신이 하늘로부터 내려오셨다는 것을 반복해 말씀하셨다(32~33, 38, 41~42, 50~51, 58절).

6:33 하나님은 모든 생명의 근원이시다. 그 아들은 그분 안에서 생명을 가지며(1:4; 5:26), 진실하고 지속적인 생명을 백성에게 주시기 위해 세상에 오셨다. 죄는 생명이신 하나님과 백성을 분리시키므로 그들은 영적, 육체적으로 죽는다. 그리스도는 바로 세상에 생명을 주시려고 하늘에서 내려오셨다. 예수님은 진실한 하나님의 떡이시다.

6:34 아직까지 무리는 예수님이 바로 그 떡임을 깨닫지 못했다. 우물가의 여인과 같이(4:15) 그들은 이 좋은 떡을 요구했다. 또한 그들은 40년간 지속되었던 만나와는 달리 그것을 계속(항상) 원했다.

6:35 "나는 생명의 떡이니." 이 말은 그들이 생각하고 있는 두 가지 오류를 바로잡아 주었다. (1) 그분이 말씀하신 음식은 한 인격을 뜻하는 것이며 결코 일용품을 뜻하는 것이 아니다. (2) 누구라도 예수님과 바른 관계에 있으면 일시적이 아닌 영원한 만족을 발견할 것이다. 여기에서의 "나는

~이다”라는 진술은 “나는 ~이다”로 연속되는 일련의 획기적인 계시들 중 가장 처음 것이다(참조, 8:12; 10:7, 9, 11, 14; 11:25; 14:6; 15:1, 5). '생명의 떡'은 생명을 제공하는 떡을 뜻한다. 예수님은 인간들에게 필요한 '떡'이시다. 서양 문화에서는 떡이 선택적인 것이지만 그 당시에는 주식이었다. 예수께서는 “내게 오는 자는 결코 주리지 아니할 터이요 나를 믿는 자는 영원히 목마르지 아니하리라”고 약속하셨다. '결코'는 헬라어 원문에서 강조형이다.

6:36 이때 예수께서 무리의 신앙 없음을 꾸짖으셨다. 그들은 예수님을 직접 볼 수 있는 큰 특권을 가졌으나 **믿지 않았다**. 보았다고 꼭 믿는 것은 아니다(참조, 30절).

6:37 예수께서 그들의 신앙 없음에 대한 궁극적 설명을 하셨다. 아버지께서는 백성의 삶 속에서 주권적으로 역사하신다. 아들에 대한 아버지의 선물이 하나님의 선택이다. 아들은 그의 사역의 효율성을 걱정하지 않으신다. 아버지께서 백성을 예수께로 이끄는 것이기 때문이다. 예수님은 확신을 가지고 계신다. 그러나 사람들 역시 나름대로의 확신을 가지고 있을 수도 있다(참조, “네가 낫고자 하느냐”라는 예수님의 질문에 대한 병자의 응답[5:6~9]). 구원을 얻기 위해 예수께로 오는 사람은 결코 **내쫓음을** 당하지 않는다(참조, 6:39).

6:38~39 예수께서는 당신이 하늘로부터 오셨음을 다시 한번 반복하며 주장하셨다. 그분이 하늘에서 내려온 것은 그분을 보내신 아버지의 뜻을 행하려 함이었다. 아버지의 뜻은 당신께서 주신 이들을 아들이 하나라도

잃어버리지 아니하며, 모든 이들을 부활의 생명으로 일으키는 것이다(참조, 40, 44, 54절). 이 구절은 신자의 영원한 안전을 강력히 보증해 준다.

6:40 이 구절은 바로 전 구절들의 사상을 반복해 강조한다. 구원을 얻기 위해 예수님을 보고 믿는 사람은 안전한 운명을 갖게 된다는 것이다. 하나님의 선언이 그것을 보증했다(참조, 39, 44, 54절).

6:41~42 적대적 불신자들인 유대인들이 예수께서 하늘로부터 오셨다는 선포로 인해 불평했다. 광야에서 그들의 조상들이 그러했던 것처럼 이들도 수군거리며 불평했다(출 15:24; 16:2, 7, 12; 17:3; 민 11:1; 14:2, 27). 그들의 생각은 일견 논리적인 것으로 보인다. 그 부모가 누구인지 알려진 사람은 하늘에서 올 수 없다는 것이다(참조, 막 6:3; 눅 4:22). 그들은 그분의 참근원과 온전한 실체에 대해서는 무지했다. 그들은 그가 요셉의 아들이라 이야기했으나 동정녀 탄생, 즉 성육신에 대해서는 알 수 없었다. 그러나 그분은 말씀(Logos)이시며 하늘에서 내려오신 분이다(요 1:1, 14).

6:43~44 예수께서는 그들의 수군거림을 질책하면서 그들에게 하나님의 사역을 설명해 주고 가르치시는 것 이외에는 그들의 무지를 바로잡을 어떠한 시도도 하지 않으셨다. 그들은 지금 그분을 심판할 위치에 있는 것이 아니다. 하나님의 도움 없이 하나님의 사자를 평가하려는 것은 잘못된 것이다. 하나님의 도움이 없으면 아무도 예수께 올 수 없고 또한 그분을 믿을 수 없다. 아버지께서 이끌지 아니하시면 사람들은 모두 죄와 불신앙에 빠지게 된다. 그들 자신에게는 희망이 없다. 하나님의 이끄심은 소수에

국한되지 않는다. 예수께서는 "내가 … 모든 사람을 내게로 이끌겠노라" (12:32)고 말씀하셨다. 이것은 결코 모든 사람들이 구원받는다는 이야기는 아니며, 유대인뿐만이 아닌 헬라인도(즉 이방인들, 12:20) 구원받게 되리라는 것이다. 구원받은 이들은 또한 부활할 것이다(참조, 6:39~40).

6:45 하나님의 은혜에 의한 구원의 교리를 뒷받침하기 위해 예수님은 구약성경을 인용하셨다. "그들이 다 하나님의 가르치심을 받으리라"는 아마도 이사야 54장 13절의 인용으로 보인다. 물론 예레미야 31장 34절도 같은 사상을 담고 있다. 하나님의 '가르치심'은 사람들로 하여금 예수님에 대한 진리를 받아들이고 그분께 응답하도록 하는 그분의 내적 역사를 가리킨다.

6:46 그러나 하나님의 이러한 비밀스러운 가르침이 하나님과 인간들의 직접적인 신비한 결합을 뜻하는 것은 아니다. 하나님을 아는 것은 하나님의 말씀이신 예수님을 통해서만 가능하다(1:18). 사람이 그분과 대면해 그 말씀을 듣고 그 행위를 볼 때 아버지께서 그 안에서 역사하신다.

6:47~48 이 두 구절이 지금까지의 논쟁에 대한 예수님의 결론적 요약이다. "진실로 진실로 너희에게 이르노니"가 이 부분에서 4번 등장하는데, 이것이 그 세 번째 것이다(참조, 26, 32, 53절). '믿는 자'의 헬라어 원문을 분석하면 현재분사 연계형인데, 그것은 신자란 그의 계속적인 신뢰로 규정되는 것임을 뜻한다. 신자는 현재와 앞으로도 계속될 영생을 가진다. 그리고 예수께서는 "내가 곧 생명의 떡이니라"고 다시 한번 확증하셨다(35절 주해를 보라).

6:49~50 만나는 오로지 한정된 욕구만을 충족시켰을 뿐이다. 즉 그것은 일시적인 육체적 생명만을 제공했다. 결국 이스라엘 사람들은 이것에 싫증을 느끼게 되었으며 종국에는 **죽었다.** 그러나 예수님은 다른 종류의 떡이다. 그 떡을 먹는 사람은 **죽지 아니할 것이다.**

6:51 예수님이 생명의 떡이라면 이 떡을 '먹는다'는 것은 어떤 의미를 가지는가? 많은 주석가들은 예수께서 성만찬을 이야기하고 계신 것이라고 추정한다. 이 구절이 그리스도의 죽음과 연관해서 그리스도의 만찬의 의미를 조명하고 있다고 볼 수도 있다. 그러나 최후의 만찬은 이 장에 기록된 사건이 있은 지 1년이 지난 다음에 일어났기에 그의 살을 먹고 피를 마시는 것을 성찬중시주의(sacramentalism)로 생각해서는 안 된다. 살아 있는 떡을 '먹는다'는 것은 그분께 가는 것(35절), 말씀을 듣는 것(45절), 그분을 보는 것(40절)과 같이 그분을 믿는 것을 뜻하는 화법의 한 형태이다. 이 떡을 먹으면 **영생한다**(참조, 40, 47, 50, 54, 58절). 예수님의 떡에 관한 계시가 한층 발전되어 아버지만이 떡(예수님)을 주는 것이 아니라 예수님도 당신 자신을 주심을 나타낸다. "떡은 곧 세상의 생명을 위한 내 살이니라." 구원은 하나님의 어린양의 희생적 죽음에 의해 온다(1:29). 죽음으로써 생명이 이 세상에 오게 되었다는 것이다.

6:52 종종 그러했듯이 사람들은 예수님의 가르침을 이해하지 못했다(참조, 2:20; 3:4; 4:15; 6:32~34). 예수께서 뜻하신 것에 관해 무리 중에 격렬한 논쟁이 일어났다. 그들의 인식은 물질적 수준에 머물고 있었기에 "어찌 능히 자기 살을 우리에게 주어 먹게 하겠느냐"고 의아해하지 않을 수 없었다.

6:53~54 예수님에 의한 이 계시는 "내가 진실로 진실로 너희에게 이르노니"의 4번째 사용으로(참조, 26, 32, 47절) 그 중요성이 부각된다. 성례전 중심 해석에 치중하는 사람들은 "내 살을 먹고 내 피를 마신다"는 말이 성만찬을 언급한 것이라고 주장한다. 그러나 앞에서도 지적했듯이 이러한 입장에 대한 근본적인 의문이 역사적인 면에서 제기된다. 예수께서는 1년 후에야 성찬 제도를 세우셨다. '그의 피'를 마신다는 것은 또 다른 대담한 형태의 표현이다. 유대인들은 "너희는 … 피를 먹지 말라"(레 3:17. 참조, 레 17:10~14)는 명령을 알고 있었다. 그러나 피는 대속의 수단이었다. 사람의 **생명**을 피가 대속한다(레 17:11). 예수님의 말씀을 들은 이들은 그분의 수수께끼 같은 말씀에 당황하고 의아해했을 것임에 틀림없다. 그러나 예수께서 죽음으로써 인격적으로 당신에게 속해 있는 이들에게 생명을 주시는 대속을 말씀하신 것이라는 점을 이해하게 되면 그 수수께끼는 풀린다(참조, 요 6:63). 그리스도의 죽음에 대한 믿음은 영생(참조, 40, 47, 50~51절)과 몸의 부활(참조, 39~40, 44절)을 낳는다.

6:55 좋은 음식과 음료가 육신의 생명을 지켜 주듯이 **참된**(의지할 만한) 영적 양식과 음료인 예수님은 그를 따르는 이들을 영적으로 지켜 준다. 그분의 살과 피는 그분을 믿는 사람들에게 영원한 생명을 준다.

6:56~57 그리스도를 먹는 사람은 그분과의 상호 교제를 즐기게 된다. 그가 그리스도 안에 거하며(메네이[μένει]) 그리스도께서 그 안에 머무신다. 메노(μένω)는 요한복음에서 신학적으로 가장 중요한 의미를 가진 단어 중 하나이다(참조, 1:38의 주해). 아버지가 아들 안에 '거하고'(14:10) 성령님이 예수님 위에 '거하며'(1:32), 신자들이 예수님 안에 '거하고' 예수

께서 그들 안에 '거한다'(6:56; 15:4). 이러한 '거함'이 뜻하는 바는 다양하다. 믿는 이는 예수님과의 친교와 그분 안에서의 안전을 즐긴다. 그분이 생명을 아버지로부터 가져왔듯이 믿는 이들도 예수님으로 말미암아 생명을 갖게 된다.

6:58~59 예수께서 이러한 생명의 떡에 관한 강화를 가버나움 회당에서 베푸셨다. 그분은 사람들이 강해와 훈계를 들을 수 있는 기회를 가질 수 있는 유대교 회당에서 종종 말씀을 전하셨다(막 6:1~6; 눅 4:16~28; 행 13:15~42). 그곳의 예배는 오늘날 교회의 예배와 같이 형식을 갖춘 것이 아니었다. 보통 '평신도'들이 설교했다. 출애굽기 16장의 만나 사건을 기초로 한 예수님의 강해와 훈계의 결론은 주요 주제들을 반복한 것이다. 모세의 떡은 영원한 생명을 주지 못했다(구원은 율법으로 얻을 수 없다). 하나님은 참된 생명을 주는 하늘로부터 떡을 주셨다. 예수님을 신뢰하는 사람들은 영원한 생명을 소유하게 된다.

6:60 무리가 그분의 가르침을 이해하기 시작하자 곧 그들은 그것을 전적으로 받아들이기 어렵다는 것을 깨달았다. 적대적인 유대인 지도자들 이외에도 갈릴리의 제자 중 여럿도 그분에게서 등을 돌렸다. 정치적 메시아(15절)로서의 예수님에 대한 대중의 열광은 이제 막을 내리게 되었다. 그들은 그분이 로마로부터 그들을 구원하려 하지 않는다는 것을 알았다. 그분은 위대한 치유자일 수는 있으나 그의 말씀은 어려웠다. "누가 들을 수 있느냐?" 즉 "누가 복종하겠느냐?" 이러한 사람들이 어떻게 개인적으로 그분께 속할 수 있겠는가?

6:61~62 예수께서는 청중을 알고 계셨다(참조, 1:47; 2:24~25; 6:15). 수군거리는 줄을 아시고(참조, 41절)"이 말이 너희에게 걸림이 되느냐"고 물으셨다('걸림'은 헬라어 스칸달리제이[σκανδαλίζει]를 옮긴 것임). 바울은 십자가에 달리신 메시아가 유대인들에게 '거리끼는 것'(스칸달론[σκάνδαλον])이 된다고 기록했다(고전 1:23). 인자의 승천 역시 거리끼는 것이다. 그러나 그분의 영화는 그분의 천상적 권위의 입증이다. 그분은 약함 속에서 십자가에 달리셨으나 능력 안에서 다시 일어나셨다(고전 15:43).

6:63 승천 후에 예수께서 성령님을 주셨다(7:38~39; 행 1:8~9). 이 세상에 부어진 거룩한 영은 모든 믿는 이들에게 **생명**(구원)이다. 성령님이 없이는 어떠한 사람(육)도 예수님의 인격과 역사를 온전히 이해할 수 없다(요 3:6; 고전 2:14). 비록 사람들이 예수님의 말씀을 '어렵다'(요 6:60)고 했으나, 실제로 그 **말은 영이요 생명**이다. 예수님의 말씀은 개인 안에서 역사하시는 성령님에 힘입어 영적인 생명을 제공해 준다.

6:64 예수께서 주시는 생명은 반드시 믿음으로만 주어지게 된다. 그 말씀들이 저절로 역사하게 되는 것은 아니다. 처음부터 예수께서는 믿는 자들이 **누구인지**, 믿지 않는 자들이 누구인지를 알고 계셨다. 이것은 그분의 초자연적인 지식을 나타내는 또 하나의 증거이다(참조, 1:47; 2:24~25; 6:15).

6:65 예수께서는 이미 사람들이 신앙으로 오는 데에는 하나님의 도우심이 있어야 한다는 것을 가르치셨다(44절). 여기에서 배교(66절)는 결코 놀

라운 일이 못 된다. 예수님과 함께 남아 있는 신자들이 아버지의 비밀스러운 사역의 증거이며, 그 믿지 못한 무리는 "육은 무익하니라"(63절)는 말씀의 증거이다.

6:66 예수님을 정치적 왕으로 삼으려는 욕망에 대한 거절, 인격적 신앙을 가지라는 그분의 요구, 대속에 관한 가르침, 전적인 인간의 무능성과 오로지 하나님의 사역으로 인한 구원의 강조는 많은 사람들이 받아들이기 어려운 것이었다. 결국 그들은 제자 되기를 포기했다(여기에서의 '제자'는 열두 제자가 아닌 일반적인 의미에서의 추종자를 뜻한다. 이것은 67절에서 명확하게 나타난다).

6:67 "너희도 가려느냐." 그분께서는 그들의 약한 신앙을 격려하기 위해 이러한 질문을 하셨다. **열두 제자**는 많은 사람들이 떠나감에 따라 영향을 받았으며, **예수**께서는 이 기회를 그들의 신앙을 보다 성숙시키는 기회로 삼으셨다. 그들은 예수님이 부활하실 때까지 그분의 말씀을 온전히 이해하지 못했다(20:9).

6:68~69 대변인 격인 베드로가 자신의 신앙을 고백했다. 비록 그 길은 험해 보이나 결국 예수님의 **말씀**이 생명으로 이끌 것임을 그는 확신했다. 다른 어느 누구도 **영생**의 선물을 갖고 있지 않다. "우리가 믿었고 알았나이다"(We have believed and have known)로 번역된 헬라어 구문은 완료 시제이다. 베드로는 **하나님의 거룩하신 자**이신 예수님을 향한 사도들의 헌신을 확신했다. 그 호칭은 평범한 것이 아니다(한 귀신이 예수님을 그렇게 불렀다, 막 1:24). 그것은 예수님의 초월성('거룩하신 자')과 그분이 아버지

를 대표하는 분('하나님의')이심을 암시하고 있다. 그러므로 그것은 예수님을 메시아로 고백하는 또 다른 표현이다. 베드로는 아버지의 특별한 사역에 의해 이것을 알 수 있었던 것이다(참조, 마 16:17).

6:70~71 그때 예수께서 물으셨다. "내가 너희 열둘을 택하지 아니하였느냐." 요한의 복음은 예수님의 열두 제자 선택에 대해서는 기록하지 않고 있다. 그는 독자들이 이미 공관복음서나 상식적인 교회의 전승을 알고 있다고 전제하고 있는 것 같다(참조, 마 3:13~19). 이 선택은 구원을 위한 선택이 아니라 그분의 봉사 사역을 위한 부르심이었다. "그러나 너희 중의 한 사람은 마귀니라"(one of you is a devil). 요한복음 13장 2, 27절에 따르면 유다 안에서 일어난 사탄의 역사와 악마로서의 유다를 동일시하고 있다. 헬라어 원문에는 6장 70절에 부정관사가 없으므로 그 문장은 "너희 중에 한 사람이 사탄(마귀)"(one of you is Satan[devil])이라고 옮길 수 있다. 예수님이 유다(그 부친이 **가룟 시몬**이었기 때문에 가룟 유다라 불렸다)를 알아보신 것은 그분의 전지하심의 또 다른 예이다(참조, 1:47; 2:24~25; 6:15, 61). 후에 다락방에서 다시 한번 예수께서 **열둘 중 한 사람**이 자신을 팔 것이라고 하셨다(13:21). 요한은 유다를 '파는 자'(the traitor, 18:5)라 불렀다. 후에 제자들은 이 예언을 기억하며 그들의 신앙을 더욱 공고히 했다. 유다는 사탄에 넘어간 비극적인 인물이었다. 그러나 악한 선택에 대한 책임은 자신에게 있다.

3. 갈릴리에서의 사역(7:1~9)

이 부분은 예루살렘에서 벌어진 대적들과의 대결을 예비한다. 갈릴리

를 배경으로 한 비교적 모호한 이 사역은 다가올 분쟁을 지연시키는 역할
을 하고 있다.

7:1 '그 후에'의 시점은 모호하다. 6장에 기록된 사건들이 4월에 있는 유
월절 직전에 일어났고(6:4), 장막절(10월 중순)이 가까운 것(7:2)으로 미루
어 갈릴리에서의 예수님의 사역은 6개월쯤 지속되었던 것 같다. 갈릴리는
유대인들이 그분을 죽이려 했던 유대보다는 안전한 곳이었다.

7:2 초막절은 유대인의 3대 명절 중 하나였다. 요세푸스는 그것을 유대인
들의 가장 크고 거룩한 절기라고 했다(*The Antiquities of the Jews* 8.4.1). 수
확의 절기라고도 불렸던 이 절기는 추수를 감사하는 때에 행해졌다. 그것
은 행복한 시간이었다. 경건한 유대인들은 나뭇가지로 만든 초막에서 7일
을 보냄으로써, 광야에서 유리하던 그들의 조상들을 돌보아 주신 하나님
의 섭리를 상기했다. 또한 이 절기는 하나님이 그의 백성과 함께 거하심을
나타내고 있다.

7:3 예수님의 탄생 이후 마리아와 요셉에게서 태어난 아들들, 즉 예수님
의 형제들은 이때에 예수님을 믿지 않고 있었다(참조, 막 3:21, 31~35;
6:3; 요 7:5). 그들은 메시아에 대한 논란이 갈릴리에 한정되어서는 안 되
고, 종교적인 수도인 예루살렘에서 이루어져야 한다는 논리적인 주장을
했다. 유명한 절기인 초막절이 예수님 자신을 메시아로 주장할 수 있는 좋
은 기회가 아니겠는가? 만약 **유대**에서 그 능력을 보여 준다면 예수님은
잃었던 무리를 다시 되찾을 수 있게 될 것이라는 말이다.

7:4~5 예수님의 형제들에게는 그분이 자신의 영광을 나타내지 아니하려는 것이 비합리적으로 보였다. 그들은 진실로 그분이 주장하는 바가 사실이라면 그것을 공적으로 보여 주어야만 한다고 생각했다. 그리하여 그들은 강력하고 멋있는 방법으로 자신을 보여 주어야 한다고 그분께 충고했던 것이다. "자신을 세상에 나타내소서." 그러나 하나님의 방법은 대중 앞에 십자가의 고난을 보여 주시는 것이었다. 요한은 "그 형제들까지도 예수를 믿지 아니함이러라"고 설명했다. 이 슬픈 언급은 후에 다시 반복된다(참조, 1:10~11; 12:37). 예수님의 가족이든 제자이든, 물리적으로 가까이 있다고 하는 것이 곧 믿음을 보장해 주는 것은 아니다.

7:6~7 예수께서는 당신의 때는 다르다고 답하셨다. 그들은 어느 때고 별 의미 없이 예루살렘에 오고 갈 수 있었다. 그들의 때는 늘 준비되어 있었다. 그러나 그분은 항상 아버지를 기쁘시게 하는 분이기 때문에 그분의 행동은 아버지께서 원하시는 때에 행해져야 했다. 그분 말씀에 따르면 아직은 자신을 대중에게 나타낼 십자가의 때가 아니었다. 요한은 여러 번 "예수님의 때가 이르지 않았다"고 지적한다(2:4; 7:6, 8, 30; 8:20). 우리는 예수께서 십자가에 달리시기 바로 직전의 중보기도에서 "아버지여 때가 이르렀사오니…"라는 말씀을 들을 수 있다(17:1. 참조, 12:23, 27; 13:1). 세상은 예수님의 형제들에게는 그리 위험하지 않았다. 왜냐하면 그들도 세상의 일부분이기 때문이었다("세상이 너희를 미워하지 아니하되"). 그러나 예수님은 그 세상에 속하지 않으시기에 미움을 받으신다. 그분은 빛으로 이 세상에 오셔서 아버지에 대한 그들의 죄와 반역을 지적하셨다. 세상은 나름대로 종교와 계획들과 가치들을 갖지만 그리스도께서는 그것이 악하다(포네라[πονηρά])고 증언하셨다. 그래서 예수께서는 아버지의

뜻을 성취하기 위해 이 세상에서 조심스럽게 사셨던 것이다.

7:8~9 "나는 이 명절에 아직 올라가지 아니하노라"(I am not yet going up to this Feast)는 10절과의 연관하에서 의미를 가진다. 대부분의 신약성경의 헬라어 번역본들은 읽기에 어려움이 있다는 이유로 'yet'을 삭제하고 있으나 원문에는 포함되어 있다. "나는 이 명절에 아직 올라가지 아니하노라"(I am not going up to the Feast)는 말씀은 후에 그분이 명절에 올라가신 사실로 미루어 거짓말이 아닌가(10절)? 아니다. 그분은 단순히 그들이 요구하는 대로 '지금 당장' 명절에 올라가지는 않겠다고 하신 것이다. 그 후에 예수께서는 아버지께서 명하신 사역을 행하시기 위해 잠시 갈릴리에 머물러 계셨다. '올라간다'는 것은 신학적인 의미(아버지께로 돌아감)와 함께 지정학적 의미(예루살렘이 고지에 위치함)도 포함하고 있다.

D. 예루살렘으로 돌아오신 예수님과 다시 일어나는 적의(7:10~10:42)

1. 장막절(7:10~8:59)

a. 명절 중의 기대(7:10~13)

7:10 예수님을 죽이려는 음모들로 인해(1, 25절) 예수께서는 은밀히 예루살렘에 들어가셨다. 아직 그분의 메시아 되심을 나타낼 십자가의 때가 아니었기 때문이다.

7:11~13 예수님의 적들이 예수님을 찾고 있었으며, 사람들은 이 화제로 토론하고 있었다. 예수님에 대한 반대가 점점 커져 갔다. 수군거림(문자적으로는 '불평' 참조, 6:41, 61)이 많았다(참조, 광야에서의 이스라엘의 불평). 무리를 미혹하게 한다는 참소는 의미심장한 것이었다. 탈무드 법에 따르면 그것은 돌을 던져 사형시킬 죄에 해당하는 것이기 때문이다. 전체 무리가 모두 유대인이었기에 유대인들을 두려워한다는 표현은 종교지도자들을 두려워한다는 의미이다.

b. 명절의 예수님(7:14~36)

7:14~15 처음 3일간은 아무도 예수님을 보지 못했다. 무리는 예수님이 나타나 자신이 메시아라고 주장할 것으로 생각하고 있었다. 그러나 **명절의 중간**이 되어서야 예수께서 나타나 성전에서 가르치기 시작하셨다. 이때 무리와 함께 그 말씀을 듣던 종교지도자들이 **놀랍게 여겼다**(참조, 막 1:22). 그분의 가르침이 깊고 영적인 통찰이 있었기 때문이다. 그러나 그분은 그 어느 랍비 학파의 문하생도 아니었다. 그들은 어떻게 이런 일이 있을 수 있는가 의아해할 뿐이었다.

7:16~17 유대 종교지도자들은 이 사람이 어떤 전통 있는 학교에서 공부를 했든지 아니면 독학으로 공부했을 것이라고 짐작했다. 그러나 예수님의 답은 이도 저도 아닌 제삼의 것이었다. 그분의 **교훈**은 그분을 보내신 하나님의 것이다(참조, 12:49~50; 14:11, 24). 예수님은 곧 하나님의 가르침이며, 그러므로 예수님을 알려면 하나님의 가르침을 받아야 한다 (6:45). 예수님의 주장을 평가하려면 반드시 하나님의 뜻을 행하려는 열

망을 가져야 한다. 예수님이 인간을 위한 하나님의 뜻이기에 사람들은 그분을 믿어야 한다(6:29). 믿음은 이해의 전제 조건이다. 믿음이 없이는 하나님을 기쁘게 해 드릴 수 없다(히 11:6).

7:18 만약 예수께서 자신의 힘으로 가르쳤거나(스스로 말하는 자) 일종의 천재였다면 그의 사역은 스스로를 높이는 것이 되었을 것이다. 그러나 그분은 **자기 영광**을 구하지 않았다. 인간의 진정한 목표는 하나님을 영화롭게(영광스럽게) 하며 또한 영원히 그분을 즐거워하는 것이다. 예수님은 인간이 마땅히 본받아야 할 모범이 되시는 분이다. 그분의 목적은 그 아버지를 바르게 대표하는 것이다(1:18). 그분은 불의함이 없이 **참되시다**(a Man of truth, 즉 '의뢰할 만한.' 참조, 6:28; 8:26).

7:19 청중은 모세의 **율법**을 자랑하고 있었다(9:28). 예수님은 이러한 그들의 자기만족적 종교를 공격하셨다. 그들은 자신들을 율법의 수행자로 여기고 있었다. 그러나 그들의 마음(속 생각)은 악으로 가득 차 있었다(막 7:6~7, 20~22; 마 5:21~22). 그분은 그들을 아셨고(요 2:24~25), 그들의 미움은 살인으로까지 나아가게 되었다.

7:20 그분의 빛이 그들의 어둠을 질책하자(3:19~20) 그들은 회개하지 않고 도리어 그분이 귀신이 **들렸다**고 그분을 모욕했다. 무리는 세례 요한에게도 같은 말을 했다(마 11:18). 예수님은 그의 형제들에게 "악을 행하는 자마다 빛을 미워함"(3:20)으로 인해 세상이 자신을 미워한다고 말씀하신 바 있다. 하나님이 보내신 예수님을 귀신 들렸다고 비난하는 것은 빛을 어둠이라 하는 것과 같다(참조, 8:48, 52; 10:20). 그들은 자신들이 그

분을 **죽이려** 한다는 그분의 주장을 부인했다. 그러나 사실상 이미 그들은 그 일을 시도하고 있었다(5:18. 참조, 예수님을 부인할 것이라는 사실을 부인한 베드로, 막 14:29).

7:21~23 예수께서 언급하신 한 가지 일(NIV에서는 miracle로 번역했으나 문자적으로는 work임)은 예루살렘을 마지막으로 방문하셨을 때 행하셨던 베데스다 못가에서 병자를 고쳐 주신 일을 뜻한다(5:1~18). 그것은 격렬한 논쟁을 불러일으켰다. 할례는 모세가 받은 종교적인 의식이며, 아브라함은 언약의 표로 할례를 행했다. 그러나 모세는 그것을 레위기 제도의 부분으로 정립한다는 의미에서 이스라엘에게 할례를 주었다. 모세의 율법은 "여덟째 날에는 그 아이의 포피를 벨 것"(레 12:3)을 명하고 있다. 만약 그날이 안식일과 겹친다면 그 아이는 안식일을 어기는 것이 된다. 그래서 유대인들은 안식일에도 할례를 행했다. 그러므로 예수께서는 신체의 일부분을 위한 배려가 인정된다면 안식일에 사람의 전신을 건전하게 한 것(병자를 고치신 것)은 당연히 용납되어야 한다고 주장하셨다. 사실 그들이 그분에게 노여워할 이유가 없는 것이다.

7:24 그들의 문제는 성경을 오로지 피상적으로만 이해한다는 것이다. 그들은 사소한 것을 중요시하고 실제로 중요한 많은 내용들은 놓치고 있었다(참조, 마 23:23; 요 5:39~40). 그들은 **외모로 판단**하고 있었다. 이러한 그들의 피상적 이해는 하나님의 대리인에 대한 그들의 적개심에서 기인한 것이다. 무지 가운데에서 그들은 실수를 했다. 예수께서는 그들에게 **공의롭게 판단**하라고 하셨다. 궁극적으로 이것은 그들을 회개로 이끄는 촉구였다.

7:25~26 그 지방 사람들 중 몇몇 사람들은 그분의 대담한 가르침에 놀랐다. 그들은 그분을 죽이고자 하는 음모를 알고 있었다. 그러나 지도자들은 저희가 행하고자 하는 일을 행하지 아니했다. 왜? 당국자들이 마음을 바꾸었는가? 사람들은 지도력의 부재로 인해 혼란스러워했다. 그들은 그가 미혹하는 자라면 가두어야 할 것이고 만약 메시아라면 받아들여야 한다고 생각하고 있었다.

7:27 그러나 무리는 예수(이 사람)께서 나사렛에서 온 갈릴리의 목수일 뿐이라고 생각했다. 그들은 메시아(그리스도)는 대중 앞에 나타날 때까지 알려지지 않는다고 믿었다. 복음서들의 독자들은 이 아이러니(irony)를 인식하고 있었다. 예수님은 갈릴리 사람 이상의 존재이다. 그분은 베들레헴에서 동정녀의 몸을 빌려 출생하신 말씀(Logos)이시다. 또한 그분은 당신을 나타내실 때까지(십자가와 부활) 비교적 알려지지 않았다.

7:28~29 "외쳐 이르시되"는 엄중한 선언이 시작됨을 나타낸다(참조, 1:15; 7:37; 12:44). 그분은 자신에 대해 그들이 지레짐작하고 있는 지식(7:27)에 아이러니로 답하셨다. 그분은 아버지에게서 왔다. 하나님은 **참되시고**(의뢰할 만하며. 참조, 18절; 8:26). 또한 예수님을 보내신 분이다. 그 대적들은 예수님이나 하나님을 알지 못하나(1:18. 참조, 마 11:27) 예수님은 자신의 근원(요 1:1, 14, 18)을 아실 뿐 아니라 하나님으로부터 보냄 받으셨기에 아버지를 아신다.

7:30 예루살렘 사람들에 대한 예수님의 질책은 그들을 흥분시켜 그분을 잡으려(피아조[πιάζω]. 참조, 32, 44절; 8:20; 10:39) 하게 만들었다. 그러

나 그분을 나타내실 때와 장소는 하나님이 정하시는 것이기에 그때까지 모든 일들은 그 목표를 향해 진행될 것이다. 아버지의 손이 그분 위에 거하므로 예수님께 손을 대는 자가 없었다.

7:31 예수께서 자신을 나타내시고 가르치시자 **무리 중의 많은 사람**이 예수님을 믿으려 했다. 그들은 논리적으로, 그의 표적으로 미루어 그가 예사 사람이 아니라고 생각했다. '분명히 메시아도 **이 사람보다** 더 많은 이적을 행할 수는 없으리라.' 그러나 예수님에 대한 이러한 믿음은 잠정적이었으며, 그분의 대속적 죽음에 대한 믿음과는 거리가 먼 것이었다.

7:32 무리 중 많은 사람들이 예수께로 돌아섰으며, 바리새인들의 전통적 가르침을 저버리려 했다(참조, 막 7:1~23). 유대 전통의 수호자로서(참조, 1장 24~25절의 바리새인에 대한 주해) 바리새인들은 예수님에 대한 조속한 조치가 있어야 한다고 생각했다. 여기에서 '대제사장'으로 번역된 사람들은 주도적 제사장들이며, 단순히 높은 지위의 제사장들은 아니었다. '잡으려고'로 번역된 단어는 7장 30, 44절, 8장 20절, 10장 39절에 나오는 것과 같은 헬라어 피아조(πιάζω)이다.

7:33 예수님을 잡으려는 계획이 진행되고 있었으나 그분은 계속 가르치셨다. 백성은 이제 그분에 대한 태도를 결정하는 데 시간이 조금밖에 없었다. 이것은 당국자들이 아닌 하나님에 의해 결정된다. 그분이 지상의 삶의 계획을 완성하실 때 아버지께 돌아갈 것이다.

7:34 "너희가 나를 찾아도"는 유대 민족이 오랜 세월 동안 메시아를 기다

린 것에 대한 말씀이다. 지금도 그들은 메시아를 기다리고 있으나 예수님이 바로 그 메시아인 것을 알지 못했다. 후에 그들은 그분을 위해 울 것이다(슥 12:10~13; 계 1:7). 지금이 바로 영적인 기회의 때이다. 그때는 올 것이나 그들로서는 이미 늦은 때이다. 그분은 육신을 입으신 채로 불신자들이 올 수 없는(참조, 요 8:21) 곳인 하늘로 가셨다. 그래서 오늘날의 사람들은 예수께서 얼굴과 얼굴을 맞대고 말씀하셨던 그때 사람들이 가졌던 특별한 기회를 갖지 못한다.

7:35 다시 한번 예수님의 말씀이 유대인들에게 수수께끼가 되었다(참조, 15, 31, 41~42절). 예수님이 도대체 어디로 가시기에 유대인들이 그를 만나지 못한다는 것인가? 그들은 이 땅에 속했기에 오로지 이 땅의 생각만을 할 수 있었다(참조, 사 55:8). 당시 유대 민족은 팔레스타인에 거하고 있었으나, 어떤 사람들은 로마제국 전역, 혹은 더 나아가 바빌로니아에 이르기까지 이주해 살고 있었다. 그들은 **헬라인 중에 흩어져** 있었다. 여기에서 '헬라인'은 단순히 그리스나 그리스어를 하는 사람이 아니고 유대인이 아닌 사람, 즉 이방인을 뜻한다(참조, 골로새서 3장 11절의 '헬라인'과 '유대인'). 이제 문제는 예수께서 이방인들을 가르칠 터인가 하는 것이다. 유대인의 깨달음과는 관계없이 이 질문은 예수님이 승천하신 후의 복음 확장을 예언하는 것이다.

7:36 무리는 예수께서 말씀하신 의미를 의아해하면서도 단순히 그들의 질문을 반복했다. 그들은 그분의 말씀을 이해하지 못했던 것이다.

c. 명절의 마지막 날(7:37~52)

7:37 초막절에는 특정한 축제 의식들이 이어졌다. 그중 하나는 축제 기간 동안 매일 성전으로부터 기혼 샘터로 향하는 장엄한 행진이었다. 성가대가 이사야 12장 3절을 노래하는 동안 제사장이 황금잔에 물을 채우면 그들은 제단으로 돌아가서 물을 쏟아부었다. 이 의식은 바위에서 물이 나온 것을 상기시켜 주었다(민 20:8~11; 시 78:15~16). 또한 메시아의 오실 날에 대해 예언적으로 말하는 것이기도 했다(참조, 슥 14:8, 16~19). 축제의 제칠 일, 즉 끝날은 가장 큰 날이었다(참조, 레 23:36). 보통의 랍비들이 가르칠 때에 앉았던 것과는 대조적으로 예수님은 서서 계셨다. "외쳐 이르시되"(참조, 요 1:15; 7:28; 12:44). 그것은 바로 엄중한 선언의 첫 전주였다. "내게로 와서 마시라"는 그분의 제의는 구원의 초대였다(참조, 4:14; 6:53~56).

7:38 "예수님을 믿는 자는 그 배에서 생수의 강이 흘러나오리라." 이것은 바로 그분께서 일생 동안 지속적으로 공급되는, 끊임없는 만족의 원천을 소유하고 계시다는 의미이다(참조, 4:14). 예수께서 "성경에 이름과 같이"라는 말을 덧붙이신 것은 그분의 마음속에 있는 생각과 구약성경의 구절을 일치시킨 것이 아니라, 아마도 시편 78편 15~16절과 스가랴 14장 8절(참조, 겔 47:1~11; 계 22:1~2)을 염두에 두고 하신 말씀으로 추정된다.

7:39 요한은 그 '생수의 강'(38절)이 오실 성령의 선물이라고 설명해 주었다. 믿는 자 안에서 성령은 하나님의 필요를 만족시키며, 중생과 인도와 능력을 제공해 주신다. 가장 초기의 헬라어 사본들에는 NIV의 "up to that time the Spirit had not been given"이 단순히 "for there was not yet Spirit"으로 나왔다(개역성경에서는 후자를 택해 "성령이 아직 그들에게 계시지 아니하시더라"고 옮기고 있다). 그러나 성령께서 이미 구약시대에도 사람들 가운데서 활동하고 계셨으므로, 이것을 절대적인 의미로 받아들여서는 안 된다. 지금 예수께서는 교회시대의 세례와 인치심, 또한 내주하시는 성령님의 특별한 사역을 가리키고 계신 것이다. 그러한 사역은 오순절부터 시작되었다(행 1:5, 8). 예수께서는 자신을 따르는 자들에게 "성령을 보낸다"고 말씀하셨다(요 15:26; 16:7). 그러나 아직은 그분을 믿는 자들에게 영원히 내주하는 "성령이 주어지지 않았다"(참조, 시 51:11). 그것은 예수께서 영광 받으신 후에, 즉 그분의 죽음과 부활과 승천 후에 일어났다. '영광 받으심'과 '영광' 그리고 '영광을 돌린다'는 말은 요한복음에 자주 등장하는 단어들이다(요 7:79; 11:4; 12:16, 23, 28; 13:31∼32; 14:13; 15:8; 16:14; 17:1, 4∼5, 10).

7:40∼41 무리는 예수님의 정체에 대한 논쟁을 계속했다. 어떤 사람은 그분을 모세가 말한 그 선지자로 보았다(신 18:15, 18). 그분이 하나님의 말씀을 백성에게 말해 준 것은 사실이나 모세처럼 시내 산의 장엄한 장면을 그 배경으로 삼지는 않았다. 그러나 예수님은 진실로 예언된 선지자이시다(행 3:22). 그러나 많은 사람들은 예수님을 그러한 분으로 받아들이기를 거절했다. 어떤 이들은 예수님이 메시아이신 **그리스도**라 했으나, 어떤 이들은 그분이 갈릴리 출신이라는 것 하나로 그러한 생각을 배척했다(참조, 요 7:52).

7:42 사무엘과 이사야에 따르면(삼하 7:16; 사 11:1) 메시아는 다윗의 씨

로 출생한다. 미가는 그가 다윗의 고향인 **베들레헴**에서 날 것이라고 예언했다(미 5:2). 예수님은 다윗의 가문에서 **나오셨으며**(마 1:1~17; 눅 3:23~38; 롬 1:3) 베들레헴에서 태어나셨다(마 2:1~6). 그러나 무리는 이러한 사실들에 무지했다.

7:43~44 예수님에 대한 무리의 **쟁론**이 예수님의 체포(피아조[πιάζω], 32, 30절, 8장 20절, 10장 39절에 쓰였던 단어와 같은 것임)를 연기시켜 그 사역을 계속하실 수 있도록 했다. 많은 사람들이 비록 개인적으로 그분께 헌신한 것은 아니었지만 예수님에 대해 호의적인 생각을 가지고 있었다(참조, 7:12, 31, 40~41). 그러므로 그분의 대적들은 폭동이 일어날까 봐 조심하지 않을 수 없었다. 그리하여 당분간은 손을 대는 자가 **없었다**. 후에 두 번 더 예수님에 대한 유대인들의 견해가 갈린다(9:16; 10:19~21).

7:45~46 예수님을 잡으러 보냄을 받았던(32절) 하속들이 빈손으로 돌아왔다. 어찌해 그냥 돌아왔느냐는 질문에 그들은 "그 사람이 말하는 것처럼 말한 사람은 이때까지 없었나이다"라고 대답했다. 문자적으로 그것은 "어떤 사람도 그렇게 말하지 않았다"(Never spoke thus a man)로 옮길 수 있다. 이것은 그분이 범상한 분이 아니며 아마도 사람 이상의 어떤 존재일 것이라고 그 하속들이 느꼈다는 것을 뜻한다. 복음서는 종종 가장 강력한 인상을 주는 교사요 선포자로서의 예수님을 제시한다(예, 마 7:29; 22:46). 비록 예수님은 반대를 받으셨으나 그분의 말씀을 들었던 많은 사람들은 그분께 감동되었다(참조, 요 7:15; 12:19).

7:47~48 “당국자들이나 바리새인 중에 그를 믿는 자가 있느냐”는 바리새인들의 질문은 그들의 자만심을 여실히 드러내고 있다. 그들은 자신들이 철저히 교육받았기에(15절) 미혹하는 자에게 넘어가지 않는다고 생각했다. 그러나 사실상 지도자들 중 다수가 믿고 있었다(12:42; 19:38~39). 바리새인들은 단지 예수님의 큰 명성과 인기를 시기하고 있었던 것이다. “온 세상이 그를 따르는도다”(12:19).

7:49 바리새인들은 대중에게 예수님이 인기가 높은 것은 그들이 무지해서 미혹되었기 때문이라고 설명했다. 바리새인들에 의하면 이 무리는 율법을 알지 못했다. 그들은 율법을 연구하지 않았기에 그것을 지킬 수도 없었다는 것이다. 그리고 율법을 지키지 않아 하나님의 저주 아래 놓이게 되었다는 것이다(신 28:15). 그러나 실제로는 그 무리가 아닌 바리새인들이 예수님 안에 나타난 하나님의 계시를 거절함으로 인해 하나님의 진노 아래 놓였다(요 3:36).

7:50~51 모세의 율법과 랍비들의 법은 피고로부터 정확한 말을 들을 것을 명시하고 있나. 니고네모가 산헤드린이 잘못된 결정을 성급하게 내리는 것을 원치 않는 깨끗한 마음의 소유자로서 등장했다. 그는 이미 개인적으로 예수님과 대화를 나누어 그분이 하나님으로부터 오신 것을 알고 있었다(3:1~3. 참조, 12:42; 19:38~39).

7:52 비록 니고데모가 그 나라에서 존경받는 선생이었지만(3:10) 다른 산헤드린 회원들에 의해 모욕을 받았다. 예수님에 대한 편견과 증오심은 이제 그들의 이성을 마비시키기에 이르렀다. 산헤드린은 니고데모조차 무

식한 갈릴리 사람으로 매도했던 것이다. "갈릴리에서는 선지자가 나지 못하느니라." 이것이 그들의 일관된 주장이었다. 그러므로 구원자로서의 선지자가 갈릴리 사람일 리가 없다는 것이다(참조, 7:41).

7:53~8:11에 대한 주

7:53~8:11 거의 모든 사본학자들은 이 부분이 요한복음의 원본에 속하지 않은 것이라는 견해에 동의한다. 그리하여 NIV는 "가장 초기의 사본 또한 가장 신빙성이 있는 사본들은 요한복음 7장 53절~8장 11절을 포함시키지 않고 있다"고 부연하고 있다. 이 부분의 문체와 단어가 요한복음의 여타 부분과 상이하며, 또한 7장 52절에서 8장 12절로 이어지는 흐름을 끊고 있다. 아마도 이것은 헬라어 사본가들에 의해 첨가된 실제의 구전 전승이었을 것이다(이 부분에 대해서는 "부록, 간음 현장에서 잡힌 여인 이야기"[7:53~8:11]를 참조하라 – 편집자 주).

d. 세상의 벗에 대한 강화(8:12~59)

장막절 기간 중에 가장 큰 장관은 성전 안 여인들의 뜰에 있는 거대한 등불에 점화하는 것이었다(성전 약도를 보라). 그 등의 심지는 제사장들이 입다가 헤진 의복들로 만들어졌다. 그 등은 성전 전체를 밝혔으며, 사람들은 거기에 모여 노래하고 춤을 추었다. 그 등불은 유대인들에게 그 조상들이 광야에서 방황하던 시절에 낮에는 구름 기둥으로 밤에는 불 기둥으로 함께하셨던 하나님을 기억하게 해 주었다(민 9:15~23).

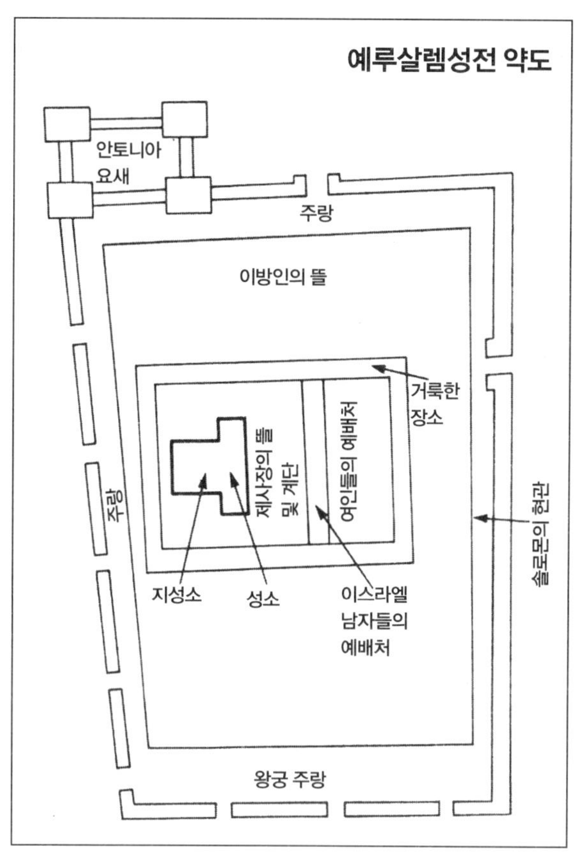

8:12 이 강화는 예루살렘 성전에서 예수님이 대중에게 주신 가르침의 연속이다. 장막절의 절정을 이루는 큰 등불이 타는 가운데 "예수께서 … 이르시되 … 나는 세상의 빛이니…"(참조, 1:4, 9; 12:35, 46)라고 하신 것은 참으로 적절했다. 세상은 악과 죄악, 무지의 상징인 어둠에 싸여 있다(사 9:2; 마 4:16; 27:45; 요 3:19). 성경에서 '빛'은 하나님과 그의 거룩함의 상징이다(행 9:3; 요일 1:5). 예수님은 단순히 많은 빛들 중 하나의 빛이 아닌 유일한 '그 빛'(the Light)이시다. 그분은 온 세상을 위한 '참빛'(요 1:9)이

시다. 예수께서 "나를 따르는 자는…"이라고 말씀하신 것은 누구든지 그분을 믿고 따를 수 있음을 뜻한다(참조, 10:4~5, 27; 12:26; 21:19~20, 22). 지금 예수께서는 구원에 대해 말씀하시고 있는 것이다. 구원을 얻기 위해 그리스도께 오면 전혀 다른 삶을 살게 된다. 믿는 사람은 **어둠에 다니지 아니하고…**, 즉 어둠 안에 거하지 아니할 것이다(참조, 12:46; 요일 1:6~7). 그는 더 이상 악과 무지의 세계에 남지 않는다(요 12:46). 왜냐하면 그는 빛이요 구원이신 그리스도를 소유하고 있기 때문이다.

8:13 다시 한번 바리새인들이 도전했다. 그들은 예수께서 자신을 위해 증언했으므로 그 증언은 **참되지 아니하다**고 주장했다. 자기 자신의 주장은 때로는 용납되기 어렵다. 그래서 율법은 주요한 고발에 있어서는 두 명의 증인들을 세울 것을 요구했다(신 17:6; 19:15; 요 8:17). 랍비적인 전통은 '자기 증언'을 배척했다.

8:14 그러나 어떤 때는 자기 증언만이 유일한 진실일 수 있다. 즉 그 사실을 자기 혼자만 알고 있다면 바로 그가 유일한 증인이 된다. 하나님에 대해서는 하나님만이 **증언하실** 수 있다. 예수님은 하나님으로서 자신의 출생과 운명에 대한 전반적인 지식을 소유하셨기에 자신에 대해 참증언을 할 수 있는 분이시다(7:29). 바리새인들은 자신들이 예수님을 안다고 생각하고 있었으나, 그분의 하늘로부터 오심과 그 운명에 대해서는 완전히 무지의 상태에 있었다(참조, 7:33~34). 그러므로 그들은 그분을 판단할 수 없는 존재들이었다.

8:15 예수께서는 바리새인들이 육체를 따라 판단한다고, 즉 피상적인 겉

모습에 제한되어 있다고 말씀하셨다. 그들은 그분의 신성이 아닌 육신에만 신경을 써서 그분을 잘못 판단했다. 이와 대조적으로 예수님은 사람들을 판단하러 오신 것이 아니고 그들을 구하러 오셨다(3:17). 장차 심판하실 때에는 진리와 법을 기준으로 아버지의 뜻을 따르실 뿐이다(참조, 5:27, 45). 예수님 자신은 **아무도 판단하지 아니하신다.**

8:16 예수님의 판단은 그들의 그것과는 전혀 달랐다. 그들의 판단에는 편견과 한계가 있으나 그분의 판단은 아버지와의 독특한 연합으로 인한 것이었다. 또한 그의 증언은 **혼자** 한 것이 아니었다. 그분은 하나님의 권위로 말씀하셨던 것이다.

8:17~18 '너희 율법'이란 두 사람의 증언을 요구하는 신명기 17장 6절, 19장 15절(혹은 랍비 율법)을 뜻하는 것으로 보인다. 예수님의 경우에 있어서는 하나님이 보증하실 수 있다. 성자 하나님과 아버지 하나님은 율법이 요구하는 증인의 숫자를 만족시킨다. 아버지께서 아들을 **보내셨고** 또한 그분이 행하신 표적들로서 보증해 주셨던 것이다.

8:19 아버지 하나님에 대한 예수님의 가르침은 독특한 것이었으며(참조, 5:18), 유대인들은 그렇게도 가깝게 하나님에 대해 이야기하는 것에 어리둥절했다. 결국 바리새인이 그분에게 묻지 않을 수 없었다. "네 아버지가 어디 있느냐?" 지금 그분은 하나님에 대해 말씀하셨던 것인가, 아니면 (그들이 생각하는 대로) 육신의 아버지를 뜻하신 것인가? 예수님에 대한 그들의 무지는 곧바로 하나님에 대한 무지를 나타내고 있는 것이다. 예수께서는 바로 그 아버지의 계시이시기 때문이다(참조, 1:14, 18; 14:7, 9).

8:20 예수께서는 이 말씀을 성전에서 가르치실 때에 헌금함 앞에서 하셨다. 아마도 이것은 여인들의 뜰에서 일어났을 것이다(8:12의 지도를 보라. 참조, 막 12:41~42). 예수께서는 그곳에 가서 백성을 가르치셨다. 그러나 잡는(피아조[πιάζω]) 사람이 없었다. 왜냐하면 요한이 반복해서 지적했던 것처럼, 예수께서는 아버지의 뜻을 성취하기 위해 하나님의 때에 맞추어 활동하셨기 때문이다(참조, 2:4; 7:6, 30; 12:23, 27; 13:1; 17:1).

8:21 그분의 때가 가까이 다가옴에 따라 그만큼 그분을 믿을 수 있는 기회도 제한되어 갔다. 이제 곧 그분께서는 아버지께 돌아갈 것이고, 그러면 그들은 그곳까지 그분을 따라갈 수 없게 된다(참조, 7:33~34). "너희 죄 가운데서 죽겠다." 단수형으로 쓰인 '죄'는 바로 구원을 주시는 그분을 배척한 것이다(참조, 16:9). 그들은 죄의 힘 아래에서 계속 그 영역에 머무름으로 인해 '죽게' 될 것이다. 육신의 죽음은 하나님과 그들의 영원한 결별의 전주곡이 될 것이다.

8:22 "그가 자결하려는가"라는 질문은 오해인 동시에 역설적인 예언이기도 하다. 그들은 만약 그분이 자살을 한다면 그들의 손이 미치지 못할 것인가의 문제가 궁금했다(이전에 그들은 그분이 다른 나라에 가서 유대인들이 아닌 사람들을 가르치려는 의도를 가진 것으로 생각했다[7:35]). 비록 예수께서 자살하신 것은 아니었으나 그분은 자신의 목숨을 버리셨다(10:11, 18).

8:23 예수께서 하늘로부터 오셨고 자신의 진정한 거처가 그곳임을 밝히셨다("위에서 났으며 … 이 세상에 속하지 아니하였느니라"). 그들은 이곳

에 속했으나("아래에서 났고 … 이 세상에 속하였고") 그분은 속하지 않으셨다.

8:24 예수께서 두 번째로 그들이 그들의 죄(참조, 21절에서는 단수였으나 여기에서는 복수로 쓰임) 가운데서 죽으리라고 말씀하셨다. 만약 그들이 죄인인 것을 부인하면(1:29) 그들은 계속 죄의 영역에 거하게 된다. 만약 그들이 하나님의 계시인 예수님을 배척한다면 그들은 유일한 구원의 희망을 놓치는 것이다. "내가 그인 줄…"은 헬라어로 특정한 문맥들 속에서 하나님의 자기 지칭을 뜻하는 신비적인 "나는 ~이다"(I Am)라는 표현에 속한다(참조, 사 43:10~11[70인역]).

8:25 "나는 ~이다"라는 예수님의 계시는 유대인들을 당혹하게 할 뿐이었다. 또한 그들의 죄를 언급하신 것은 아마도 그들을 분노하게 했을 것이다. "그들이 말하되 네가 누구냐?" 이 질문에 예수께서는 "나는 처음부터 너희에게 말하여 온 자니라"고 답하셨다. NIV에서는 이것을 "Just what I have been claiming all along"이라고 옮겼다(다른 번역본에서는 그것을 의문문이나 감탄문으로 옮겼다).

8:26~27 예수께서는 더 많은 말씀을 하실 수 있었으며 심지어 그 무리를 정죄하실 수도 있었다. 그러나 그분이 오신 목적은 이 세상에 그를 보내신 이의 메시지를 주려는 것이었다. 이 메시지는 그분을 보내신 이가 참되시기 때문에(참조, 7:18, 28) 분명히 진실한 것이다. 요한은 예수께서 아버지에 대해 말씀하고 계신 것을 그 무리가 깨닫지 못했다고 덧붙이고 있다. 그들로서는 예수님을 알아볼 수 없었다(참조, 1:18).

8:28 지금은 그들이 예수님을 알지 못한다. 오직 십자가에 달리심(인자를 든 후에)만이 그들로 하여금 그분의 진실한 존재를 깨닫게 해 줄 것이다. 그분은 모든 사람들이 구원받을 것이라고 말씀하신 것은 아니다. 십자가 는 예수께서 하나님의 말씀이신 것을 사람들에게 계시해 줄 것이며, 그분 께서 가르치신 것은 아버지께서 가르치신 대로의 그것이었다.

8:29 예수님과 아버지의 연합은 사랑과 끊임없는 복종의 연합이다(참조, 4:34; 5:30). 비록 사람들이 배척했으나 그 아버지께서는 그 아들을 포기 하지 않으신다. 예수님은 결코 혼자가 아니며, 심지어 십자가 위에서조차 아버지께서는 그분을 영화롭게 해 주셨다(참조, 16:32; 17:5).

8:30 범람하는 불신앙과 공적인 배척에도 불구하고 예수님의 사역은 많 은 이들을 신앙으로 이끌었다(참조, 7:31). 그러나 이러한 신앙은 연단을 거쳐 더욱 성숙되어야 한다. "많은 사람이 믿더라"는 말씀은 다음 구절과 대조를 이룬다. 비록 수많은 사람들이 예수님께 호응했으나 그들 중 많은 사람들은 떨어져 나갔던 것이다.

8:31~32 '자기를 믿은 유대인들'은 개인적인 헌신 없이 그저 예수님께 관 심을 기울였던 몇몇 사람들을 가리킨다(참조, 6:53). 거듭나지 아니하고 도 회개와 하나님 나라의 메시지를 '믿는' 것은 가능하다. 진리 안에 계속 거하는 것은 제자 됨의 표지이다. 진실로 그들이 그분의 말씀에 거하면 그 들은 구원의 진리를 발견하게 될 것이다. 이러한 구원의 진리를 알게 되면 그들은 죄의 굴레에서 벗어나게 된다.

8:33 그들의 반응은 그들이 그리스도의 말씀을 이해하지 못하고 있음을 나타내고 있다. 비록 로마의 통제 아래 있었지만 그들은 자신들이 아브라함의 자손으로 자유로운 사람들이라고 주장했다. 종이 아닌 그들을 예수께서 어떻게 자유롭게 하실 수 있는가? 그들은 자신들이 죄의 종인 것을 전혀 깨닫지 못하고 있었다.

8:34 이 장에서 세 번째로(34, 51, 58절) 예수께서 "진실로 진실로 너희에게 이르노니"(참조, 1:51의 주해)로 말씀을 시작하셨다. 죄를 범하는 행위 그 자체가 죄를 범한 사람이 죄의 권세 아래 있다는 것을 나타낸다. 여기에서는 죄가 잔인한 우두머리로서 인격화되고 있다. 바울 역시 이와 같은 예를 사용하고 있다(롬 6:15~23).

8:35 아브라함의 종의 아들인 이스마엘이 집에서 쫓겨났듯이(창 21:8~21) 죄에 거한 이들은 위험한 상태에 있다. 그러나 이삭은 집에 속했고 그곳에 거했던 아들이었다. 그들은 과연 이스마엘인가 아니면 이삭인가? 이제 문제가 되는 것은 육적인 족보가 아닌 영적인 친밀성이다.

8:36 예수님은 참아들이요 아브라함의 자손이시다(갈 3:16). 그분은 그 집에 거하시며 그것을 통치하신다(히 3:6). 사람들은 그리스도를 믿어 하나님의 아들이 됨으로써 실제로 **자유롭게** 될 수 있다(갈 3:26).

8:37 육체적인 면에서 본다면 유대인들은 물론 아브라함의 **자손**이다. 그러나 바로 그들이 아브라함의 참아들이신 예수님을 **죽이려** 함으로써 그들이 **영적으로**는 아브라함의 자손이 아님을 스스로 증명했다(참조, 롬

2:28~29; 9:6, 8; 갈 3:29). 그들은 그분의 **말씀**을 배척했던 것이다.

8:38 예수께서는 아버지에게서 본 것을(참조, 28절) 말씀하셨다. 그러므로 그분의 말씀은 하나님의 진리다. 그러나 사람들은 자신들의 아비(사탄, 44절)의 말을 들었으므로 그분의 말씀에 애착을 가지지 못했다. 예수께서 그들의 아비가 누구인지 구체적으로 밝히지 않으셨으나 그 뜻하시는 바는 분명하다.

8:39 예수님의 말씀을 반박하기 위해 유대인들은 **아브라함**이 자신들의 영적인 **아버지**라고 주장했다. 그러나 **예수**께서는 아브라함의 영적인 자손은 **아브라함**이 행한 일들을 할 것이라고, 즉 하나님을 믿고 순종할 것이라고 답하셨다. 그들은 하늘의 사자에게 믿음으로 답해야 하며 그분이 말씀하신 것을 행해야 했다. 이미 세례 요한이 아브라함과의 관계에 지나친 믿음을 갖는 것에 대해 유대인들에게 경고한 바 있다(눅 3:8).

8:40 그러나 그들은 하늘에서 온 선포자를 배척했으며, 나아가 하나님의 말씀을 말한 사람을 죽이려고 했다. “아브라함은 이렇게 하지 아니하였느니라.” 아브라함은 하나님의 명령에 순종했다(참조, 창 12:1~9; 15:6; 22:1~19).

8:41 유대인들의 하는 일은 그와는 달랐으므로 그들의 아비(참조, 38절) 역시 다른 존재임에 틀림없다. 그들이 이러한 예수님의 논리를 피하기 위해서는 육신의 아버지와의 관계를 부정하면서 하늘 아버지와의 관계를 주장하는 길밖에 없었다. 그들이 예수님의 지적을 부인하는 가운데 “우리

가 음란한 데서 나지 아니하였고"라고 한 것은 예수님의 탄생에 관한 중상
모략을 뜻한다고 볼 수 있을 것이다.

8:42 사랑은 가정의 일이다(요일 5:1). 만약 유대인들이 진실로 하나님을
그들의 아버지로 모시고 진정으로 그분을 사랑했다면(헬라어 원문의 문맥
은 이에 대해 부정적이다), 그들은 그분이 **하나님께로부터 나와서 왔다**는
것 때문에 **예수님을 사랑했을** 것이다. 다시 한번 예수께서는 하나님의 대
리자로서의 자신의 위치를 확정하신다. 아버지께서 그분을 보내신 것이다.

8:43 말씀이신 예수께서 사람들에게 말씀하시나 그분에 대한 그들의 근
본적인 적대감이 그들로 그 말을 오해하도록 만들었다. "들을 줄 알지 못함
이로다"는 영적으로 응답하지 못하는 무능력을 뜻한다. NIV에서 "What I
say"로 옮긴 것은 문자적으로 '내 말'(로고스[λόγος])이다. 후에 바울은 "육
에 속한 사람은 하나님의 성령의 일들을 받지 아니하나니 이는 그것들이
그에게는 어리석게 보임이요"(고전 2:14)라고 기록했다.

8:44 마귀는 생명과 진리의 적이다. 그는 거짓말로 인류에게 영적, 육체
적 죽음을 가져왔다(참조, 창 3:4, 13; 요일 3:8, 10~15). 그는 아직도 진
리를 왜곡시키며("진리가 그 속에 없으므로 진리에 서지 못하고 … 그가 거짓
말쟁이요 거짓의 아비가 되었음이라") 진리와 생명의 원천이신(고후 4:4) 하
나님으로부터 사람들을 떨어져 나오게 하려 한다. 유대인들이 예수님의
죽음을 원하며 진리를 버리고 거짓을 품었기에, 그들이 마귀와 그 욕망에
있어서 가족과 같은 유대성을 가진다는 것이 명백해졌다. 그들이 아비라
고 주장한 아브라함과 얼마나 다른가!

8:45 그들과는 대조적으로 예수님은 진리 안에 사시며 또한 그것을 선포하셨다. 이 불신자들은 빛이 아닌 어둠(참조, 3:19~20), 실체가 아닌 거짓을 사랑하기에 예수님을 배척한다.

8:46 예수님에 대한 많은 고발들이 있어 왔다(참조, 7:12하, 20). 그러나 그분은 하나님의 뜻을 행하는 데 헌신하셨으므로("나는 항상 그가 기뻐하시는 일을 행하므로"[8:29]) 예수님과 죄의 어떤 연관도 불가하다. "누가 나를 죄로 책잡겠느냐?" 이러한 사실로 미루어 그들은 그분이 하늘로부터 오셨다는 사실을 인정했어야 한다. "어찌하여 나를 믿지 아니하느냐"는 예수님의 두 번째 질문이 다음 절에서 응답된다.

8:47 하나님께 속하는 것이 그분의 말씀을 들을 수 있는 기초이다. 하나님의 말씀을 듣는 것은 귀로 들을 수 있는 소리를 분별하는 것이 아니라 하나님의 명령에 순종하는 것이다. 예수님의 말씀을 듣고도 하나님의 말씀이 아니라고 부인하는 것은 그들이 하나님께 속하지 아니하였다는 명백한 증거이다(문자적으로는 "하나님의 것이 아닌").

8:48 사마리아인들은 유대인들이 이교도라고 여기는 혼혈인이었다(참조, 4:4의 주해). 예수님을 사마리아 사람이라 부른 것은 이교도나 잘못된 예배에 함께하는 사람을 뜻하는 모욕적인 표현이다. 귀신이 들렸다(참조, 7:20; 8:52; 10:20)는 그들의 비난은 그분을 미쳤고, 더럽고, 악한 자라고 생각했음을 암시하고 있다. 예수님이 그들의 아비가 마귀라 하신 후에 (8:44) 그들이 그에게 귀신이 들렸다고 한 것은 참으로 역설적이다.

8:49~50 예수님의 말씀은 결코 귀신 들린 사람의 것이 아니었다. 그분은 스스로를 높이지 아니하며 **아버지의 영광**을 구하셨던 것이다. 그러므로 그분을 **무시하려는** 그들의 시도는 바로 그 아버지를 공격하는 것과 같다(참조, 다윗의 사자를 공격한 하눈의 공격은 곧 그 왕에 대한 모욕이었다. 삼하 10:1~6). 비난받으시는 순간에도 예수님은 자신을 정당화하려 하지 않으셨다(참조, 요 8:54). 그분은 비록 사람들이 아들을 잘못 판단한다 하더라도 아버지께서는 그들의 판결을 거슬러 그분을 옹호할 것임을 알았기에 하늘의 판단에 그것을 맡기셨다.

8:51 다시 한번 예수께서 "진실로 진실로 너희에게 이르노니"(참조, 1:51의 주해)라고 말씀하셨다. "**내 말을 지키면**"이라는 표현은 그분의 계시에 대한 적극적 응답의 또 다른 표현이다(이와 비슷한 표현들로서 그 말씀을 '듣고'[5:24]와 그 가르침에 '거하면'[8:31] 등이 있다). 그것들은 '따른다, 주의한다' 혹은 '성취한다'는 의미를 가진다. 예수님을 따르는 사람은 **영원히 죽음을 보지 않는다.** 즉 그 사람에게는 하나님과 결별하는 일이 없게 된다(참조, 3:16; 5:24).

8:52~53 그분의 대적들은 그분이 육적인 죽음을 말하고 있는 것이라고 생각했다. "**죽음을 맛본다**"는 표현은 죽음을 경험하는 것을 의미한다(히 2:9). 그들은 아브라함과 선지자들이 이미 **죽었기**에 분명히 그가 미쳤거나 **귀신 들렸다**고 결론지었던 것이다(참조, 요 7:20; 8:48; 10:19). 53절에 있는 그들의 질문은 부정적인 답을 기대하고 던진 것이다. "너는 이미 죽은 우리 조상 아브라함보다 크냐?" 그들의 기대와는 달리 그 답은 물론 그렇다는 것이다. 그러나 그분은 자신의 위대함을 알리기 위해 오신 것은

아니었다.

8:54 예수께서 스스로에게 영광을 돌리면(참조, 50절) 그 **영광**은 가치가 없는 것이다. 그러한 일을 해 주실 이는 아버지이시다. 그러나 적대적인 불신자들은 자신들이 하나님과 연관이 있다고 주장했다. 그들이 착각하고 있음은 자명하다. 예수님의 아버지는 하나님이시지만, 그들의 아버지는 사탄이었다.

8:55 예수님과 하나님의 관계는 아주 깊은 관계로서 완전한 연합의 관계이나 그 대적들은 그렇지 못했다. 예수님은 아버지를 아시나(오이다 [οἶδα]: 본능적으로 혹은 직관적으로 안다), 그들은 그분을 알지(기노스 코[γινώσκω]: 경험이나 관찰에 의해 알게 되다) 못했다. 예수님이 이 사실을 부정하는 것은 거짓을 말하는 것이 된다. 예수께서는 아버지를 아시며 그분께 복종하셨다("**그의 말씀을 지키노라.**" 참조, 52절).

8:56 믿지 않는 유대인들은 영적으로는 아브라함의 자손이 아니었다(39절). 그러나 예수께서 "너희 조상 아브라함"이라 하신 것은 그들이 육적으로는 아브라함과 연관이 있음을 의미한다. 아브라함이 나의 때, 즉 하나님이 약속하신 메시아의 구원("땅의 모든 족속이 너로 말미암아 복을 얻을 것이라"[창 12:3])을 보고 **기뻐했다.** 믿음으로 아브라함은 아들 이삭을 얻었으며 그를 통해 그리스도께서 오시게 되었다. 하나님이 아브라함에게 계시해 주신 메시아의 때는 거의 알려지지 않았다. 그러나 그가 구원의 임함을 알고 있었고, 또한 그것을 기뻐하며 즐거워했음은 명백하다.

8:57 예수님을 불신한 유대인들은 그렇게 젊은(아직 오십도 못 된) 사람이 어떻게 **아브라함**을 보았느냐고 반론했다(이러한 진술로부터 예수님의 연령을 추론하는 것은 무리다). 그들은 아브라함과 예수님이 어떻게 상면할 수 있었는지 전혀 이해할 수 없었다.

8:58 이때 예수께서 선지자들과 아브라함보다 자신이 우월함을 확언하셨다. 아브라함이 나기 전부터 예수께서는 존재하고 계셨다. "내가 있느니라"(I Am)는 신성을 나타내는 칭호이다(참조, 출 3:14; 사41:4; 43:11~13; 요 8:28). 유대인들의 반응은(59절) 그들이 이 말을 그렇게 이해하고 있었다는 것을 보여 준다. 예수님은 하나님과의 동등 됨으로 인해(5:18; 20:28; 빌 2:6; 골 2:9) 영원부터 존재하셨다(요 1:1).

8:59 예수께서 당신의 하나님 되심을 명백히 나타내심으로 위기가 초래되었다. 그들은 그가 과연 자신이 주장하는 그러한 존재인지 아니면 신성모독을 하는 자인지 결정해야 했다(참조, 5:18). 돌을 던지는 것은 그러한 죄에 대한 평상적 징벌이었다. "예수께서 숨어"라는 표현은 초자연적인 방법으로 피하신 것을 뜻할 수 있다. 그러나 NIV의 slipping away(문사적으로는 '그가 나가셨다'[He went out])는 평상적인 방법을 의미한다(참조, 5:13; 10:39; 12:36). 그분의 때가 아직 이르지 아니했음이 다시 한번 나타나고 있다(참조, 2:4; 7:6, 8, 30; 8:20).

2. 태어날 때부터 맹인인 사람을 고쳐 주심(9장)

이사야는 메시아 시대에 다양한 표적들이 일어날 것이라고 예언했다.

메시아는 "눈먼 자들의 눈을 밝히신다"(사 42:7. 참조, 사 29:18; 35:5). 예수께서는 종종 맹인들을 고쳐 주셨다(참조, 마 9:27~31; 12:22~23; 15:30; 20:29~34; 21:14). 요한복음 9장의 이 기적은 예수께서 자신을 '세상의 빛'(8:12)이라고 선포하셨기 때문에 주목된다. 자신의 주장을 대중에게 보여 주시기 위해 그분은 맹인의 눈을 밝히셨다.

9:1 예수께서 예루살렘의 길을 가실 때에 날 때부터 맹인 된 사람을 보셨다. 예수께서 이 사람을 선택하신 것은 의미가 있다(참조, 5:5~6). 그분은 당신의 사역에 있어 주도자이시다. 날 때부터 맹인 되었다는 것은 그에게 희망이 없음을 뜻한다. 이것은 또한 인간이 날 때부터 영적 맹인 됨을 나타내 준다(9:39~41; 고후 4:4; 엡 2:1~3).

9:2~3 제자들이 신학적인 문제에 부딪히게 되었다. 모든 고통이 죄로 인한 것임을 믿을 때 사람이 날 때부터 장애인으로 태어났다는 사실은 무엇을 의미하는가? 그것은 그가 곧 어머니의 태내에서 죄를 지었든지(겔 18:4) 아니면 그 부모가 죄를 지었음을(출 20:5) 뜻하지 않는가? 그러나 예수께서는 이 사람이나 그 부모의 죄로 인한 것이 아니라고 답하셨다. 이 말씀이 인간의 보편적인 죄성과 상치되는 것은 아니다(참조, 출 4:11; 고후 12:9).

9:4~5 '낮'은 하나님의 뜻을 행하기 위해 예수께 할당된 시간을 뜻한다 ("나를 보내신 이의 일을 우리가 하여야"). '우리'는 제자들과 모든 신자들을 포함한다. '밤'은 하나님의 사역의 마감 시간이다. 예수님의 경우에 그것은 임박한 죽음이었다. 세상의 빛으로서 예수님은 사람들에게 구원을 주신

다(참조, 8:12). 그분이 돌아가신 후에는 그 제자들이 다른 이들을 그리스
도께 인도하는 빛이 될 것이다(참조, 5:14; 엡 5:8~14).

9:6~7 예수께서 진흙을 이겨 그의 눈에 바르셨다. 흥미롭게도 인간은 진
흙으로(창 2:7) 만들어졌다. 아마도 예수께서 진흙을 사용하신 것은 약으
로써가 아닌 그 사람의 신앙을 계발하시기 위해서였을 것이다. 예수께서

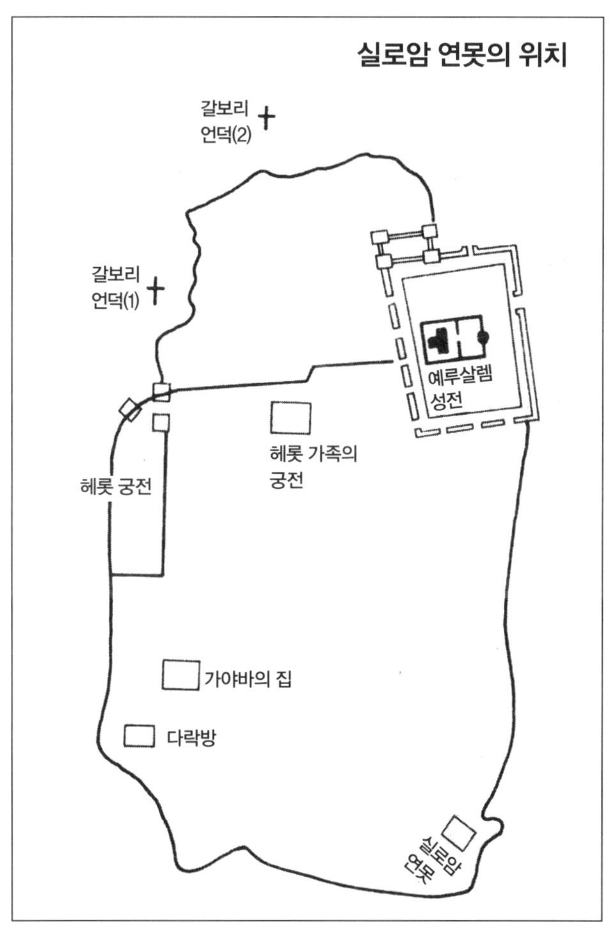

진흙을 이기신 것은 안식일에 진흙을 이기지 말라는 랍비들의 율법을 어기신 행위였다(참조, 요 9:14). 예수께서 진흙을 그 사람의 눈에 바르신 후에 "실로암(보냄을 받았다는 뜻) 못에 가서 씻으라"고 하셨다. 그곳은 기혼 강의 물을 예루살렘 성벽 안으로 끌어오는 히스기야의 터널이 있는 예루살렘의 동남쪽에 위치했다(지도를 보라). 그 사람은 그곳으로 '보냄' 받았고 예수님은 아버지로부터 '보냄' 받으신 분이다. "이에 가서 씻고 밝은 눈으로 왔더라."

9:8~9 사람들은 '그가 앉아서 구걸하던 자인가 아닌가'를 놓고 논란을 벌였다. 만약 그가 구걸하던 자라면 그가 볼 수 있게 되었다는 것은 참으로 놀라운 일이었다. 아마도 그들은 사람이 바뀐 것이라 말했을 것이다. 그러나 그는 "내가 그라"고 했다.

9:10~12 만약 그가 바로 맹인이었던 사람이라 한다면 **어떻게 이런 일이** 일어날 수 있겠는가? 그러나 그 사람은 그 기적이 일어난 것을 매우 단순하고 사실적으로 묘사했다. 그는 주님을 '예수라 하는 그 사람'이라 했다. 그 기적이 일어났을 때 맹인이었던 그로서는 예수께서 어디 가셨는지 알 수 없었다.

9:13~14 사람들은 이 기적이 너무도 이상했기에 그 사람을 당시 종교적인 일에 관해 높이 존경을 받던 **바리새인들**에게 데리고 갔다. 바리새인들의 기준으로 볼 때 안식일에 병 고침(생명이 위험에 처할 경우가 아니면)과 진흙을 이기는 행위는 안식일 율법을 어기는 것이었다.

9:15~16 바리새인들이 그에게 당시의 상황을 물으니 그는 일어났던 바(참조, 11절)를 간단히 말했다. 바리새인들은 예수께서 안식일을 '범했기에' 사람들을 하나님으로부터 멀어지게 하는 거짓 선지자(신 13:3~5)라 믿었다. 그리하여 그들은 예수님이 하나님께로부터 온 자가 아니라고 결론짓게 되었다. 후에는 예수님을 '죄인'(요 9:24)이라고 했다. 어떤 사람은 그 굉장한 표적으로 미루어 죄인은 결코 그러한 일을 할 수 없다는 결론을 내리기도 했다(물론 거짓 선지자도 미혹하는 표적을 행할 수 있다[참조, 살후 2:9]). 이제 바리새인들도 피차 쟁론하게 되었다(참조, 요 7:43; 10:19).

9:17 맹인 되었던 사람의 의견은 예수님이 선지자라는 것이었다. 종종 구약성경의 예언자들도 자신들이 하나님의 사람인 것을 입증해 주는 기적들을 행했다.

9:18~20 유대인들은 그 사람이 맹인으로 있다가 보게 된 것을 믿지 않았다. 분명히 무엇인가가 잘못되었다는 것이 그들의 생각이었다. 그리하여 그들은 그가 맹인으로 났다는 것을 확인할 수 있는 그 부모를 불렀다.

9:21~23 그러나 그 부모는 그 치유나 치유해 주신 분에 대해 어떠한 의견을 말하는 것조차 무서워했다. 바리새인들과 다른 유대 당국자들(유대인들)이 예수님은 메시아가 아니라고 이미 결의했기 때문이다. 그러한 이단적인 주장을 하는 사람은 출교하게 되어 있었던 것이다(몇몇 학자들은 이 구절이 후에 편집자에 의해 첨가된 것이라고 주장하나, 그러한 종류의 박해는 예수님이 사역하시는 기간 중에 충분히 가능한 것이다). 부모는 그

아들이 장성해 스스로 증언할 수 있는 법적인 위치를 들어 그들에게 가해지는 압력을 피했다(21, 23절).

9:24 이제 당국자들은 그 사람에게 예수님에 대한 증언을 취소하라고 압력을 가했다. "하나님께 영광을 돌리라"(참조, 수 7:19; 삼상 6:5; 렘 13:16)는 것은 죄인이라 하는 예수의 편에 섰던 죄를 인정하라는 요구이다. 그들은 "우리는 … 아노라"고 하며 그에게 압력을 가했다. 불신앙은 종종 과학적인 것으로 자처한다. 그러나 그것은 교만과 자의적인 것일 뿐이었다.

9:25~26 그러나 그의 증언은 명백했다. 그는 자신이 확실히 알고 있는 것을 부인하지 않았다. "내가 맹인으로 있다가 지금 보는 그것이니이다!" 그들은 다시 한번 그 사람에게 그 이야기를 하라고 요구했다. 그것은 그 사람의 증언 중에서 혹 모순이라도 발견할 수 있을 것이라는 희망에서였다.

9:27 맹인이었던 이 사람의 인내에도 한계가 있었다. 그는 이미 그가 어떻게 나았는지 일렀으나(15절) 그들은 듣지 않았다. 즉 그것을 받아들이지 않았던 것이다. 그는 빈정거리며 만약 그들의 요구에 따라 그 증언을 반복하면 그들의 마음을 바꿀 것이냐고 물었다. 그들은 예수님의 제자가 되고자 이렇게 관심을 가지는 것인가?

9:28~29 예수에 대한 그들의 관심을 무식한 거지가 빈정거리자 그들은 자존심이 상했다. 그들은 그를 욕하며 자신들은 모세의 제자라고 주장했다. 그들에게 예수는 미지의 존재였다. "이 사람은 어디서 왔는지 알지 못하노라." 그러나 예수께서는 모세가 자신에 대해 기록했다고 말씀하셨다

(5:46).

9:30~33 그들이 예수님의 근원에 대한 무지를 인정하자 그 거지의 입을 통해 참된 교훈이 계속 이어진다. 그분의 근원을 아는 독자들에게 그 역설은 참으로 강력한 것이다(1:14, 18). 그 거지의 논리에 따르면, 이 기적은 아주 독특하게 주목할 만한 것이다. 그는 아무도 창세 이후로 맹인으로 난 자의 눈을 뜨게 한 일은 없다고 했다. 그는 하나님이 죄인의 요청은 듣지 아니하시고 의인의 것은 들어주신다는 논리를 폈다(참조, 약 5:16~18). 그러므로 그는 이 사람이 하나님께로부터 왔다고 고백했다. 그렇지 않다면 그는 아무 기적도 행할 수 없었을 것이다.

9:34 거지에게 설교를 듣게 된 그들은 다시 한번 그에게 욕하고 그를 회당에서 쫓아냈다(참조, 22절). 그것이 그들이 할 수 있는 전부였다. 그들은 그의 맹인 됨이 분명히 특정한 '죄'로부터 연유한 것이라고 생각했다(그들은 욥기를 잊고 있었다). 그러나 그것은 비합리적인 생각이었다. 어떻게 한 사람이 죄 가운데서 날 수 있는가? 물론 모든 사람은 죄인의 본성을 가지고 태어난다(시 51:5; 롬 5:12). 그러니 이기기 출생한 직후에 수많은 죄를 저지른다는 말인가?

9:35 예수께서 전에 맹인이었던 사람을 찾아 만나셨다. "네가(헬라어로는 강조어) 인자를 믿느냐?" 이것은 헌신으로의 부름이었다. '인자'는 풍부한 배경을 내포하고 있는 메시아의 칭호이다(참조, 단 7:13; 마가복음 주석 2:10의 주해).

9:36~37 그 거지는 믿고자 하지만 그가 누구인지 알지 못한다고 답했다. 이에 예수께서 자신을 계시하시며 그에게 믿음에 필요한 지식을 주셨다. 신앙은 지식에 입각한 의지의 행위를 포함한다.

9:38 예수께서 자신이 인자이심을 계시해 주시자 그 사람이 믿음으로 응답하고("주여 내가 믿나이다") 절했다. 그가 예수님을 경배한 것은 회당에서의 경배를 대치한 것이었다. 유대인들은 그를 출교했으나 예수님은 자기에게 오는 사람들을 물리치지 않으신다(6:37). 구원의 목적은 구원해 주신 분을 경배하는 것이다(4:23).

9:39 이 구절은 3장 17절과 상반되는가? 그 절에서는(또한 12장 47절에서도) 예수께서 '세상을 심판하러' 오신 것이 아니라고 하셨다. 그러나 여기에서는 예수께서 "내가 심판하러 이 세상에 왔다"고 말씀하신다. 예수께서는 마치 재판관과 같이(참조, 5:22, 27) 하나님을 저버린 자들에 대한 심판을 선포하기 위해 오셨음을 나타내셨다. 시력을 되찾게 되는 **보지 못하는 자**들은 그들의 무기력과 무능함을 인정하면서 구원을 위해 예수님을 신뢰하는 사람들을 가리킨다. 보는 자들이 맹인이 된다는 것은 자기의 믿음과 자만으로 말미암아 예수님의 이적을 보지 못하는 것을 가리킨다. 그분은 그들을 맹인 되게 **만듦**으로써 심판하신 것이 아니다. 예수님을 배척함으로써 그들 자신이 스스로 맹인이 된 것이며 사탄이 그 일에 관여한 것이다(고후 4:4).

9:40~41 바리새인 중 몇몇이 "우리는 맹인이 아니다. 그렇지 아니한가?"(문자적으로 옮긴다면)라고 물었다. 그들은 자신들이 확실히 다른 사람들

보다 영적인 지각을 더 많이 소유하고 있다고 생각함으로써 부정적인 답이 나올 것이라고 기대하고 있었다. 죄는 끊임없이 사람들을 미혹해 거짓속에 살도록 한다. 이에 예수께서는 바리새인들이 전적으로 영적인 일에맹인이었더라면, 차라리 몰랐기 때문이라고 변명할 수 있었을 것이라고답하셨다. 그러나 영적 통찰을 갖춘 듯한 위선과 주장("본다고 하니")과지금까지의 지도력이 그들을 유죄로 만들었던 것이다. 그들은 자신들의뜻대로 죄를 범했으므로 그 죄에 책임을 져야 했다. 영적인 진리의 선생이된다는 것은 위험한 일이다(참조, 3:10; 롬 2:19~24; 약 3:1).

3. 선한 목자 강화(10:1~21)

선한 목자를 주제로 한 이 강화의 배경은 9장과 동일하다. 사람들을목자와 그의 양 떼에 비교하는 것은 중동 지역에서는 일반적인 것이었다.제왕들과 제사장들은 자신들을 목자라 했고 그 백성을 양들이라 불렀다.성경은 이 비유를 자주 사용한다. 사실상 구약의 많은 위대한 사람들은목자였다(예, 아브라함, 이삭, 야곱, 모세, 다윗). 국가적인 지도자로서 모세와 다윗은 이스라엘 전체의 '목자'었다. 성경 중 가장 널리 알려진 및 구절들도 이러한 개념을 사용했다(참조, 시 23편; 사 53:6; 눅 15:1~7).

예수께서는 이러한 비유를 여러 가지 방법으로 발전시키셨다. 9장과의 연결이 나면서부터 맹인인 사람과 바리새인과의 대조로 나타나고 있다. 본다고 하나 영적으로는 맹인인(요 9:41) 바리새인들은 거짓 목자들이었다. 그러므로 참목자이신 예수께서 양들을 찾아 치유해 주시려고 오셨다. 그분의 양 떼들은 그분 목소리를 듣고 응답한다.

10:1~2 1~5절은 아침에 양을 치는 광경을 묘사하고 있다. 목자는 문을 통해 양 떼가 있는 양의 우리로 들어간다. 우리는 돌담으로 둘러싸여 있고, 밤에는 도적이나 야수들의 침입을 막기 위해 문지기가 지키고 있다. 그러므로 누구든지 그 담을 오르려는 사람은 좋은 목적을 가지고 있지 않은 사람임에 틀림없었다.

10:3~4 이와는 대조적으로 목자들은 양의 우리 안으로 들어갈 수 있는 권리를 가진다. 문지기가 문을 열면 목자가 들어와 양의 이름을 각각 부른다(다른 무리로부터). 목자들은 그 양 떼를 잘 알고 있어서 그들에게 이름도 지어 준다. 양들은 주인의 음성이 들리면 그에게 달려간다. 그러면 그 목자는 그들을 인도하여 낸다. 그리고 그를 따라오는 양들을 초장으로 이끈다.

10:5~6 만약 타인이 우리 안으로 들어오면 양들은 그 음성이 다르므로 도망한다. 이 비유의 요점은 어떻게 한 목자가 그의 양 떼를 모으느냐는 데 있다. 사람들은 하나님이 그들을 부르신 까닭에 그분께 온 것이다(참조, 16, 27절; 롬 8:28, 30). 그분의 부르심에 대한 그들의 응답은 그분을 따르는 것이다(참조, 요 1:43; 8:12; 12:26; 21:19, 22). 그러나 그들은 당시의 목적과 양의 관계를 확실히 이해하고 있었음에도 이러한 영적인 가르침을 받아들이지 못했다. 그들은 맹인 된 상태에서 목자이자 구주이신 예수님(참조, 시 23편)을 보지 못하고 있었던 것이다.

10:7~9 이제 예수님은 목자와 양의 비유를 또 다른 측면에서 발전시키신다. 목자들은 그의 양 떼를 다른 양들과 가른 후에 그들을 초장으로 인

도한다. 그 초장 가까이에는 양들을 보호하기 위한 담장이 있다. 목자들은 그 입구에 자리를 잡고 그곳을 문으로 사용했다. 양들은 그 담장 앞의 초장으로 나아갈 수 있었으며, 그것이 두려우면 담장 안의 안전한 곳으로 들어올 수 있었다. 이 비유의 영적인 의미는 예수님만이 하나님이 예비하신 것을 얻을 수 있는 유일한 문이시라는 것이다. 예수께서 "나보다 먼저 온 자는 다 절도요 강도니"라고 하신 것은 백성의 영적 양식을 공급하지 않고 자신의 것만을 생각하는 그 민족의 지도자들을 가리킨 것이다. 그러나 목자이신 예수님은 적들로부터 그 양들을 안전하게 보호해 주신다("누구든지 나로 말미암아 들어가면 구원을 받고"[혹은 '안전하고']). 또한 그분은 그들의 일용할 양식까지 공급해 주신다("양들이 들어가며 나오며 꼴을 얻으리라").

10:10 도둑, 즉 거짓 목자는 자신만을 배불리려 하며 양들은 돌보지 않는다. 그는 양들을 죽이기 위해 훔쳐 내어 결국 양 떼를 멸망시키고 만다. 그러나 그리스도께서는 양들의 이익을 위해 오셨다. 그분은 제한이 없이 오히려 넘치는 생명을 주신다. 도둑은 생명을 취하나, 그리스도께서는 생명을 풍성히 얻게 하신다.

10:11 이제 예수께서 양과 목자의 비유를 세 번째 방면으로 전개하신다. 팔레스타인 땅에 저녁이 와서 어둠이 깃들게 되면, 성경에 나타난 바 대로 많은 야수들, 즉 사자, 늑대, 자칼, 표범, 곰, 하이에나 등이 도시의 외곽에 빈번히 출현했다. 그러므로 다윗이 사자와 곰과 싸워야 했던 것처럼(삼상 17:34~35, 37) 목자의 생명이 위기에 처할 수도 있었다. 야곱 또한 신실한 목자가 되기 위해서 많은 노력을 기울여야 했다(창 31:38~40).

예수께서는 "나는 선한 목자라"(참조, 요 10:14)고 하셨다. 구약성경에서 하나님은 그 백성의 목자로 불리신다(시 23:1; 80:1~2; 전 12:11; 사 40:11; 렘 31:10). 예수님도 그 백성의 목자가 되시기에 그들을 위해 **목숨**을 주고자 오셨던 것이다(참조, 요 10:14, 17~18; 갈 1:4; 엡 5:2, 25; 히 9:14). 그분은 '위대하신 목자'이시며(히 13:20~21), 동시에 '목자장'(벧전 5:4)이시다.

10:12~13 제 양을 돌보고 먹이고 보호하며, 또한 그들을 위해 죽는 선한 **목자**와는 반대로, **삯꾼**은 그와 같은 헌신적 행위를 하지 않는다. 그는 오로지 돈을 버는 것과 자기 안전에만 관심을 가진다. 만약 이리가 물어가면(하르파제이[ἁρπάζει], 문자적으로는 '잡아채 가다.' 참조, 28절과 같은 동사) 그는 달아나 버리고, 그의 이러한 이기적 행위로 인해 **양**은 흩어지게 된다. 명백히 그는 **양**을 돌보지 않는다. 이스라엘에는 많은 거짓 선지자들과 이기적인 왕들과 메시아를 모방하는 자들이 있어 왔다. 그들로 인해 하나님의 양들은 계속해서 상처를 입었던 것이다(렘 10:21~22; 12:10; 슥 11:4~17).

10:14~15 그러한 삯꾼과는 반대로 선한 목자는 그 양들을 깊이 알며 그들 각자에게 개인적 관심을 가진다(참조, 3, 27절). "나는 내 양을 알고"는 그분의 소유권과 사려 깊은 감독을 강조한 것이다. "양도 나를 아는 것이"는 그분에 대한 그들의 응답과 친밀성을 강조하고 있다. 이러한 친밀성은 아버지와 아들의 사랑과 신뢰의 상호관계성을 따른 것이다. 예수님의 돌보심과 관심은 그 양들을 위한 자신의 임박한 죽음의 예언으로 더욱 밝혀진다. 어떤 목자들은 양들을 위험으로부터 지키기 위해 자진해 목숨

을 버렸다. 이와 같이 예수께서는 그 양(11, 15, 17~18절)을 위해 그들의 대속으로서(롬 5:8, 10; 고후 5:21; 벧전 2:24; 3:18) 목숨을 자진하여 버리셨다. 그분의 죽으심이 그들에게 생명을 주었던 것이다.

10:16 "이 우리에 들지 아니한 다른 양들"은 믿음을 가지려는 이방인들을 가리킨다. 그분의 임박한 죽으심은 그들까지 아버지께 인도할 것이다. "그들도 내 음성을 듣고." 예수님은 백성이 성경에서 그분의 음성을 들으면 계속해 그들을 구원해 주신다. 사도행전 18장 9~11절은 이러한 역사가 교회사 안에서 일어난 좋은 예이다. 주께서 바울에게 "이 성중에(즉 고린도 시내에) 내 백성이 많음이라"고 말씀하셨다. '한 무리'와 '한 목자'는 유대인과 이방인들의 '양 무리'로부터 머리이신 그리스도와 한 몸을 이룬 교회와 그 신자들을 가리킨다(참조, 엡 2:11~22; 3:6).

10:17~18 예수님은 당신이 자진하여 목숨을 버리시는 것임을 네 번씩 반복하시면서(11, 14, 17~18절) 자신의 죽음을 예언하셨다. 아버지께서 예수님을 특별히 사랑하시는 것은 그분이 희생적으로 하나님의 뜻에 복종하셨기 때문이다. 또한 예수님은 자신의 부활을 두 번 예언하셨으며("다시 목숨을 얻기 위해"[17~18절]) 자신의 운명을 주관하는 권세를 주장하셨다. 즉 그분의 죽음은 온전히 자발적이었다. "이를 내게서 빼앗는 자가 있는 것이 아니라." 예수님은 역사라는 장기판에서의 힘없는 졸(卒)이 아니었다.

10:19~21 이제 세 번째로 예수님의 가르치심이 백성 사이에 분쟁을 일으켰다(참조, 7:43; 9:16). 적대적인 무리 중 많은 사람이 예수님이 귀신 들

려 미쳤다고 비난했다(참조, 7:20; 8:48, 52). 어떤 사람은 귀신이 맹인의 눈을 뜨게 할 수 있느냐는 이유로 그분이 귀신 들린 것이 아니라고 했다 (참조, 9:16).

4. 마지막으로 대중을 가르치심(10:22~42)

요한은 예수님에 대해 적대적인 예루살렘의 무리와 예수님의 대결을 기록하면서(22~39절), 뒤이어 그분을 죽이려는 기도(企圖)로 인해 요단 강을 건너 물러가시는 예수님의 행적(40~42절)을 기록하고 있다.

10:22~23 수전절은 오늘날에는 하누카(Hanukkah) 혹은 빛의 축제라 불린다. 그것은 BC 168년 안티오쿠스 4세(에피파네스)에 의해 훼손된 성전을 주전 165년에 유다 마카비가 재봉헌한 것을 기념하는 절기이다. "때는 겨울이라." 8일간 지속되었던 이 절기는 12월에 있었다. 그 절기는 유대인들에게 가장 최근에 있었던 그들의 대적으로부터 구원받은 것을 상기시켜 주었다. 솔로몬 행각은 성전의 동편에 있던 긴 산책로였다. 이때는 10월 중순의 장막절(7:2)에 있었던 유대인들과의 충돌(7:1~10:21) 이후 2개월이 흐른 뒤였다. 다시 예수께서 성전 안으로 돌아오셨다.

10:24 "유대인들이 에워싸고." 즉 그들은 "그분을 가뒀다." 적의에 찬 예루살렘 지도자들은 그분을 쓰러뜨리려고 포위했다. 그분의 수수께끼 같은 말씀이 그들을 괴롭혔기에 그들은 자신들이 알아들을 수 있도록 말할 것을 요구했다. "언제까지나 우리 마음을 의혹하게 하려 하나이까?" 그들은 이렇게 물을 수밖에 없었던 것이다. "우리를 의혹하게 하다"는 문자적으

로는 "우리의 영혼을 가로막는다"로 옮겨진다. 그들은 "그리스도이면 밝히 말씀하소서"라는 요구를 계속했다.

10:25~26 이에 예수님은 자신이 행한 일들이(참조, 32, 38절; NIV, miracles) 자신이 아버지로부터 온 명백한 증거라고 했다(참조, 사 35:3~6; 요 3:2; 9:32~33). 그분은 아버지께서 보내신 분이었으나 그들의 기대에 맞는 분은 아니었다. 그분은 유다 마카비와 같지도 않았고, 또한 그 사역이 모세와 같지도 않았다. 그들의 문제는 영적인 지각과 신앙이 부족하다는 데 있었다. "너희가 내 양이 아니므로 믿지 아니하는도다"라고 하신 것은 그들의 행위를 단적으로 표현한 것이다. 그것은 또한 하나님의 선택에 대한 궁극적 신비를 상기시켜 준다(참조, 6:37).

10:27 예수님의 양들은 그분의 가르침에 따른다. 그들은 그 음성을 듣는다(3~5, 16절). 또한 예수님과 친밀한 관계를 가지며("나는 그들을 알며." 참조, 3, 14절), 그분의 구원 메시지를 이해하며 예수님을 따른다(4~5절). 그분을 따른다는 것은 예수님과 같이 아버지의 뜻에 복종하는 것을 뜻한다.

10:28 이것은 구원을 얻고자 예수님을 믿는 사람은 결코 잃어버리지 아니할 것임을 나타내는, 성경에서 가장 명백한 구절 중 하나이다. 신자들도 죄를 짓고 넘어질 수 있으나, 완전한 목자 되신 예수님은 그의 양 중 아무도 잃지 않으신다(참조, 눅 22:31~32). 영생은 선물이다(요 3:16, 36; 5:24; 10:10, 롬 6:23). 한번 그것을 소유한 사람은 영원히 소유하게 된다. "영원히 멸망하지 아니할 것이요"는 헬라어로 강력한 긍정을 뜻한다(우 메

아폴론타이 에이스 톤 아이오나[οὐ μὴ ἀπόλωνται εἰς τὸν αἰῶνα]: "그들은 진실로 멸망하지 아니할 것이요." 참조, 요 3:16, 메 아폴레타이[μὴ ἀπόληται]: 멸망하지 않고). 양의 안전은 그들을 방어해 주고 보호해 주는 목자의 능력에 달려 있다. 그러한 안전은 결코 약한 양의 능력으로 유지되지 못한다. "그들을 내 손에서 빼앗을 자가 없느니라." '빼앗다'는 하르파세이(ἁρπάσει)로서 하르팍스(ἅρπαξ : 강도, 도적들)와 연관된다. 이것은 동사(하르파제이[ἁρπάζει])가 문자적으로 '채어 가는'(snatch away)으로 옮길 수 있는 '이리의 공격'을 뜻하는 10장 12절에서 사용되었으므로 적절한 단어이다.

10:29 "그들을 주신 내 아버지는 만물보다 크시매." 즉 아무도 아버지 손에서(혹은 예수님의 손에서. 28절) 예수님의 양들을 빼앗을 만큼 강한 존재는 없다. NIV의 관주가 지적하듯이 다수의 초기 헬라어 사본들은 29절상을 "나의 아버지께서 나에게 주신 것은 모든 것보다 크다"(What My Father has given Me is greater than all)라고 읽고 있다. 어떠한 경우에든 이 구절은 전능하신 아버지께서 자신의 능력과 보호로 그 양들을 안전하게 해 주심을 나타내고 있다. 예수님의 양들을 위한 하나님의 구원 계획은 결코 실패할 수 없는 것이다.

10:30 예수께서 "나와 아버지는 하나이니라"고 하신 것은 결코 그분과 아버지가 같은 인격임을 뜻한 것이 아니었다. 아들과 아버지는 삼위일체 내에서 두 인격이시다. 이러한 사실은 '하나'라는 단어가 중성이라는 것에 의해 확증된다. 그분은 자신과 아버지가 가능한 한 최대로 근접한 목적의 일치를 가지고 있음을 말하고 계신 것이다. 예수님의 뜻은 그의 양들

의 구원에 관한 한 아버지의 뜻과 일치한다. 또한 이러한 절대적인 의지의 일치는 본성상의 일치를 포함한다. 예수님과 아버지는 그 의지에 있어서 하나이다(또한 본성에 있어서도 그 양자는 모두 하나님이시다. 참조, 20:28; 빌 2:6; 골 2:9).

10:31~32 적의에 찬 무리는 이에 반발해 돌을 들어 예수님을 치려 했다(참조, 8:59). 그분의 주장이 뜻하는 바를 이해했기 때문이었다. 예수님의 용기가 그분의 조용한 질문에서 잘 나타난다. "내가 아버지로 말미암아 여러 가지 선한 일로 너희에게 보였거늘 그중에 어떤 일로 나를 돌로 치려 하느냐?"

10:33 그들은 예수님이 하신 일에 대해서는 아무런 반대도 하지 않는다고 주장했다(그러나 그들은 예수님이 안식일에 병 고쳐 주신 것에 대해 분을 내었다. 5:18; 9:16). 그들은 "사람이 되어 자칭 하나님이라 하는 것" 때문에 그분을 반대한다고 말했다. 그들은 그것이 곧 **신성모독**이라고 했다. 그러나 역설적으로 하나님이신 예수님이 인간이 되셨다(1:1, 14, 18). 예수님은 팔레스타인 땅을 "나는 왕이다"라고 하시며 걸어 다니지 않으셨다. 그러나 안식일에 대한 해석과 아버지와 그분의 하나 됨에 관한 말씀이 본성에 있어 하나님과 자신이 하나라는 그분의 주장을 계시해 주고 있다.

10:34 그들의 반대에 대한 예수님의 응답에는 랍비들의 토론에서 일반적으로 사용되었던 방법론에 대한 통찰이 엿보인다. 그분은 먼저 그들의 주의를 구약으로 돌리신다. "너희 율법에." 일반적으로 '율법'은 모세오경을 뜻하나 여기에서는 모든 구약성경을 의미한다. 지금 예수께서 인용하

신 것이 시편이기 때문이다. '너희'라는 표현에는 그들이 그 율법을 소유하고 있음을 영광스럽게 여기고 있으며, 그것은 곧 그들이 율법의 권위를 그들보다 우위에 두고 복종해야 함을 내포하고 있다. 시편 82편은 원래 재판장으로 임명받았으나 하나님을 위한 진실한 판단을 상실한 인간들과(시 82:2~7) 참재판장이신 하나님(시 82:1, 8)에 대해 말하고 있다. 시편 82편 1, 6절에 등장하는 '신들'(gods)은 그러한 인간들을 가리키는 것이다. 바로 이러한 의미에서 하나님은 유대인들에게 "너희를 신이라 했다." 그러므로 이것은 결코 인간 안의 신적인 본성을 논하는 말이 될 수 없다.

10:35 34절에서 이미 보았듯이 예수님은 특정한 상황하에서(시 82:1, 6과 같은) 인간이 '신'이라 불렸다고 주장하셨다. 히브리어로 하나님, 즉 신을 뜻하는 엘로힘(אֱלֹהִים)은 어떤 곳에서는(예, 출 21:6; 22:8) 인간 재판장을 뜻하기도 했다. 예수께서는 "성경은 폐하지 못하나니"라는 말씀을 덧붙여 아무도 자신의 생각에 의해 성경에 오류가 있다는 말을 못하도록 막아 놓으셨다. 이 중요한 말씀은 명백하게 성경의 무오류성을 지적해 준다.

10:36 이제 예수님은 당신의 주장을 마무리 지으신다. 흠 없는 성경이 그들의 재판관을 '신'이라 했거늘, 하나님의 명령을 받아(거룩하게 하사) 사명을 받고(세상에 보내신) 오신 예수께서 자신을 하나님의 아들이라 부르신 것을 어떻게 신성모독이라 할 수 있겠는가?

10:37~38 비록 유대인들은 예수님의 말씀을 믿지 않으려 했지만, 하나님은 예수님을 통해 행하시는 일(NIV, miracles. 참조, 25, 32절)을 그들에게 보이셨다. 이러한 표적들을 주심은 그들로 하여금 그 의미를 생각하게

하여 예수님과 아버지의 하나 됨("아버지께서 내 안에 계시고 내가 아버지 안에 있음")을 깨닫게 하시려는 것이었다. 니고데모는 이것을 깨닫고 "하나님이 함께하시지 아니하시면 당신이 행하시는 이 표적을 아무도 할 수 없음이니이다"(3:2)라고 고백했다.

10:39 다시 예수를 잡고자(피아조[πιάζω]로부터 옴) 하는 시도가 있었다(참조, 7:30, 32, 44; 8:20). 아마도 그분을 재판하려는 의도에서였을 것이다. 그러나 하나님의 때가 아니었기에 예수께서는 벗어나 나가셨다(참조, 5:13; 8:59; 12:36). 그분께서 어떠한 방법으로 벗어나셨는지에 대한 설명은 없다.

10:40~42 그들의 심한 적대감으로 인해 예수께서는 세례 요한의 활동 본거지였던(1:28) 요단 강 저편 베뢰아 지방으로 가셨다. 여기에서 예수님의 사역은 많은 호응을 받았다. 왜냐하면 그 세례자가 백성을 준비시켰기 때문이다. 요한은 비록 죽었으나 아직도 그의 증언을 기억하고 있는 사람들에게 영향력을 미치고 있었다. 요한은 아무 표적(세메이온[σημεῖον])도 행하지 아니했으나 백성은 예수님을 가리켜 말한 그의 증언을 믿었다. 이와는 대조적으로 적대적인 예루살렘의 무리는 그분의 표적까지 보았으나 순종하지 않았다. 그러나 베뢰아에서는 많은 사람이 예수님을 구주로 믿었다.

죽은 나사로를 살리신 이 놀라운 기적은 "내가 부활이요 생명이다"라는 예수님의 위대한 선언을 확인시켜 주고 있다. 사실 죽음은 죄가 가져다주는 가장 전율적인 존재이다(롬 5:12; 약 1:15). 육체의 죽음은 죄가 영적인 영역에 미칠 결과에 대한 교훈을 준다. 즉 육체의 죽음이 삶의 끝을 의미하고 인간들을 서로 헤어지게 하는 것처럼, 영적 죽음은 하나님으로부터 사람들을 분리시키고 또 하나님 안에 있는 생명을 잃게 한다는 것이다(요 1:4). 예수께서는 사람들로 하여금 풍성한 생명을 얻게 하기 위해서 오셨다(10:10). 그러므로 그를 거부하는 사람은 곧 생명을 보지 못하게 될 뿐 아니라(3:36), 불못에 던져지는 '둘째 사망'을 맞이하게 될 것이다(계 20:14~15).

11:1~2 나사로는 신약성경 중 오직 요한복음 11~12장에만 등장한다. 베다니라는 지명은 베뢰아 지방에도 있었지만(참조, 1:28) 여기에서는 감람산 동편 지역에 있는 동네를 말한다(참조, 11:18). 누가는 마리아와 마르다 자매에 대해 약간의 부연 설명을 하고 있다(눅 10:38~42). 이 마리아가 후에(참조, 요 12:1~10) 향유를 주께 붓고 머리털로 주의 발을 닦은 여인이라고 기록한 것은 이미 독자들이 마리아에 대해서 알고 있다는 것을 전제했기 때문일 것이다(참조, 막 14:3~9).

11:3 그 누이들은 주님의 능력과 나사로에 대한 사랑으로 인해, 주께서 나

사로가 병들었다는 그들의 말을 듣자마자 즉시 오실 것이라 믿고 있었다.

11:4 그러나 예수님은 즉시 길을 떠나지 않으셨다(참조, 6절). 그것은 사랑이 부족했기(참조, 5절) 때문도 아니었고, 유대인들을 두려워해서도 아니었다. 그분은 성부 하나님의 계획에 따라 알맞은 순간까지 기다리셨다. 나사로의 병은 영원한 죽음으로 향하는 **죽을병이** 아니었다. 예수께서 이로 인하여 **영광을** 받게 하려는 뜻이 있었던 것이다(참조, 9:3). 이 구절은 참으로 이해하기 어렵다. 예수님의 능력과 아버지께 순종하는 모습이 잘 나타나 있으나, 이 사건은 결국 그분을 죽음으로 이끌고 말았던 것이다(참조, 11:50~53). 그 죽음이야말로 그분께는 참영광(17:1)이었지만….

11:5~6 예수님은 그들 오누이(마르다와 그 동생과 나사로) 모두를 사랑하셨음에도 불구하고 그 계시던 곳에 **이틀을** 더 머무르셨다. 예수께서 나사로의 소식을 들으셨을 때에는 분명히(11, 39절) 나사로가 이미 숨을 거둔 상태였을 것이다. 이것을 통해서 우리는 예수님이 하나님의 인도 아래 행하고 계심을 엿볼 수 있다(참조, 7:8).

11:7~10 제자들은 예수님이 유대로 가는 것이 위험하다는 것을 알고 있었다(10:31). 그리하여 그들은 유대행을 만류했다. 그들의 만류에 예수께서는 은유적으로 베다니에 가는 것이 그리 위험한 것이 아님을 말씀하셨다. 한편으로 그분은 물리적인 어둠과 빛 가운데서의 행함을 말씀하셨지만, 영적인 의미로는 하나님의 뜻에 따라 사는 사람은 안전하다는 사실을 말씀하신 것이다. 악의 영역에서 사는 것은 위험한 것이다. 하나님의 계획을 좇는 사람들에게는 정해진 그날까지 아무런 해도 없을 것이다. 그러

므로 예수님이 빛으로서 이 세상에 계시는 동안에 사람들은 그 부르심에 응답해야 할 것이다(참조, 1:4~7; 3:19; 8:12; 9:5). 곧 그분은 가실 것이고 그와 함께 유일한 절호의 기회도 사라질 것이기 때문이다.

11:11~12 그 후에 예수께서 "우리 친구 나사로가 잠들었도다"라고 하셨다. '친구'라는 말은 성경에서 특별한 의미를 가진다(참조, 15:13~14; 약 2:23). '잠들었도다'는 죽음의 잠을 뜻한다. 그리스도께서 오신 이래 믿는 자들의 죽음은 잠으로 지칭되었다(참조, 행 7:60; 고전 15:20; 살전 4:13~18). 죽은 그리스도인들은 '영혼의 잠'이 아닌 단지 그들의 몸이 자는 것처럼 보일 뿐이라는 의미에서 자고 있다고 묘사되었다. 그러나 이때 제자들은 나사로가 죽지 않고 단지 물리적인 잠을 자고 있다는 이야기로 예수님의 말씀을 오해했다(참조, 요 11:13). 그리하여 그들은 "주여 잠들었으면 낫겠나이다"라고 단순히 이야기할 수 있었던 것이다.

11:13~15 복음서의 사건들이 종종 그러하듯이, 여기에서도 예수께서 '이것'을 말씀하고 계시나 제자들은 '저것'을 생각하고 있다. "나사로가 죽었느니라. 내가 거기 있지 아니한 것을 너희를 위하여 기뻐하노니." 이 말씀을 단번에 이해하기는 어렵다. 그것은 나사로가 죽지 않았다면 제자들(또한 이 복음서를 읽는 모든 독자들)이 자극을 받아서 그들의 신앙을 불붙일 유일한 기회를 얻지 못했을 것이라는 의미를 담고 있다. 즉 나사로의 죽음은 '너희로 믿게 하려 함이라'는 의미를 담고 있는 것이다.

11:16 디두모는 '쌍둥이'를 뜻한다. 도마는 종종 20장 24~25절에 기록된 사건으로 인해 '의심 많은 도마'로 불린다. 그러나 여기에서의 도마는 죽음

에 이를지라도 그리스도를 위해 헌신하겠다며 앞장서는 굳건한 신앙의 면모를 보여 주고 있다. "우리도 주와 함께 죽으러 가자"라는 말은 아이러니이다. 어떤 의미에서 그것은 도마가 그리스도의 대속적 죽음의 참의미를 깨닫지 못하고 있다는 것을 나타내며, 또 다른 차원에서 볼 때에는 많은 제자들의 운명을 미리 예언하고 있다고도(12:25) 볼 수 있다.

11:17 이제 예수께 소식이 전해졌을 때는 이미 나사로가 숨진 후라는 사실이 명백해졌다(예수께서는 하룻길을 여행하셨다). 팔레스타인 지방은 더운 지방이므로 시신의 부패가 심해 대개 사람이 숨진 그날로 매장을 했다(참조, 39절).

11:18~19 "베다니는 예루살렘에서 가깝기가 한 오 리쯤 된다"는 사실은 두 가지 사실을 의미한다. 하나는 어떻게 많은 유대인들이 예루살렘으로부터 와서 이 위대한 기적의 역사에 동참할 수 있었는가 하는 물음에 대한 적절한 설명이다(참조, 45~46절). 또한 독자들로 하여금 장차 그 위대한 도성에서 일어날 결정적 종말을 준비하게 하는 설명이다. 사람이 숨졌을 때 유대인늘은 얼마 동안 애곡하는 기간을 가진다. 바로 이 기긴 중 유족들을 위문하는 것이 경건한 의무로 생각되었다.

11:20~22 사색적인 마리아는 집에 앉아 예수님을 맞이했으나 행동파인 마르다는 나가서 예수님을 맞이했다(참조, 이와 유사한 그들의 성격 묘사가 누가복음 10장 39~42절에도 나타난다). 여기에서 마르다의 영접은 바로 그녀의 신앙고백이다. 진실로 그녀는 예수께서 그곳에 계셨더라면 그녀의 오라버니를 고치셨을 것이라 믿었던 것이다. 그러나 소식을 전하

는 이가 예수께 이르기 전에 그녀의 오라버니가 죽었다는 사실을 알았기에 예수에 대한 어떠한 불만도 암시되고 있지 않다. "그러나 나는 이제라도 주께서 무엇이든지 하나님께 구하시는 것을 하나님이 주실 줄을 아나이다"라는 그녀의 말 자체는 오라버니 나사로가 다시 살아날 것을 그녀가 확신하고 있는 것으로 해석될 수도 있다. 그러나 무덤 앞에서의 그녀의 행동(요 11:39)과 24절의 말은 그러한 해석과 상충된다. 그녀의 진술은 아마도 예수를 향한 성부의 축복을 나타내는 일반적인 고백을 인용한 것으로 보인다.

11:23~24 "네 오라비가 다시 살아나리라." 그러나 헬라어 원전에는 '다시'라는 말이 없으므로 이를 생략하는 것이 좋다. 이 약속은 예수께서 마르다와 대화하시는 중에 말씀하신 것이다. 그러나 그때 그녀는 즉각적인 부활을 생각하고 있었던 것이 아니라 마지막 날에 있을 최종적 부활을 염두에 두고 있었다.

11:25~26 "나는 부활이요 생명이다." 이것은 예수께서 스스로 말씀하신 "나는 ~이다"라는 위대한 자기 선언 중 다섯 번째 것이다. 새로운 세대의 부활이요 생명이라는 진리는 예수께서 생명의 주인이시라는(1:4) 점에서 현재에도 적용된다. 사실 생명과 죽음에 관한 예수님의 말씀은 상호 모순으로 들린다. 믿는 자의 죽음은 곧 그 안에 새로운 생명을 탄생시킨다는 것이 그것이다. 믿는 이의 생명이란 그가 영적으로는 결코 죽지 않는다는 것을 뜻한다. 즉 그는 영원한 생명을 가졌기에(3:16; 5:24; 10:28), 육신의 생명이 끝났다 하더라도 그것은 단지 부활의 생명에 이르는 그날까지 잠이 들었다는 의미밖에 없다. 죽음의 순간에 믿는 이의 영은 주와

함께하기 위해 그 곁으로 가는 것이다(참조, 고후 5:6, 8; 빌 1:23).

11:27 마르다는 이제 그리스도에 대한 위대한 신앙고백을 했다. 그녀는 그리스도를 믿는 자들을 위해 베푸신 영원한 생명에 대한 예수님의 말씀에 동의하면서, 더 나아가 예수님에 관해 세 가지 사실을 고백했다. 즉 그분은 (1) 그리스도시요(메시아), (2) 하나님의 아들이시며(이것은 메시아를 뜻하는 호칭 중 하나일 것이다. 참조, 1:49; 시 2:7), 또한 (3) 세상에 오시는 분(문자적으로는 '오시는 그분.' 참조, 요 12:13)이시라는 것이다. 그녀는 예수께서 하나님의 뜻을 이루시기 위해 이 땅에 오신 구세주라는 것은 믿고 있었으나 아직 그녀의 오라버니에게 일어날 기적은 예기치 못하고 있었다.

11:28~30 그 후 마르다는 마리아에게 선생님이신 예수께서 그녀를 부르신다고 알려 주었다. 예수님은 분명히 마리아와 개인적인 이야기를 나누기를 원하셨다. 아마도 그녀를 위로하고 또한 깨우치기 위함이었을 것이다. '선생님'이라는 호칭이 주목을 끈다. 왜냐하면 당시의 유대 랍비들은 여인을 지도하는 일이 좀처럼 없었기 때문이다(참조, 4:1~42).

11:31~32 마리아가 급히 달려 나오자, 위문하러 모였던 유대 문상객들이 그녀를 따라 예수께로 모이게 되었다. 그러므로 이제 개인적으로 말씀하시는 것은 불가능하게 되었다. 예수께 온 마리아는 그 발 앞에 엎드렸다. 이러한 행위는 이전에 그녀가 예수님의 발 앞에 엎드려 그분의 가르침을 들었던 일(눅 10:39)을 연상하게 한다. 그녀의 첫인사는 언니의 경우와 같았다(요 11:21). 그녀 역시 그분이 계셨더라면 그 비극을 피할 수 있었을

것이라고 생각했던 것이다. 그녀의 믿음은 나름대로 신실했으나 아직은 미흡한 것이었다.

11:33~34 무정하고 잔혹한 헬라의 여느 신들과는 크게 대조되는, 자신의 백성과의 연합을 실제적으로 나타내 보이시는 애정 넘치는 예수님의 모습이 부각된다. "심령에 비통히 여기셨다"는 표현이 그것을 대표적으로 잘 나타내 준다. 에네브리메사토(ἐνεβριμήσατο)라는 헬라어 단어는 분노(anger)나 엄격함(sternness)을 나타낸다(이 단어는 신약성경에서 오직 5번만 사용되었는데, 항상 그리스도의 말씀이나 감정을 표현할 때 사용되었다. 마 9:30; 막 1:43; 14:5; 요 11:33, 38).

왜 예수께서 화를 내셨을까? 어떤 이들은 사람들이 믿지 못하고 또 위선적으로 애곡했기 때문에 화가 나신 것이라고 주장했다. 그러나 그러한 주장은 문맥상 설득력이 없어 보인다. 그것보다는 인류에게 죄를 가져와 결국은 슬픔과 죽음으로 이끄는 사탄의 횡포에 대해 분노하셨다는 해석이 타당해 보인다(참조, 8:44; 히 2:14~15). 예수께서는 또한 **불쌍히 여기셨다**(에타락센[ἐτάραξεν]: 문자적으로는 '흔들림, 자극됨, 동요됨'의 의미. 요한복음 5장 7절에서 연못이 움직일 때에도 이 동사가 쓰임. 참조, 12:27; 13:21; 14:1, 27). 이 모두는 죄, 죽음, 그리고 사탄과 그분의 갈등에서 연유한 것이다.

11:35~37 예수님이 눈물 흘리신 것은 여느 사람들의 그것과는 다른 의미를 가진 것이었다. 외형적으로도 그분은 그들과 같이 크게 소리 내어 울지(클라이온타스[κλαίοντας], 33절) 않으셨고 조용히 눈물만 흘리셨다(에다크뤼센[ἐδάκρυσεν]). 그분은 죄가 가져온 비극의 결과로 인해 우셨

던 것이다. 그러나 무리는 예수께서 나사로가 숨질 때에 그곳에 없었기에 그를 고쳐 주지 못한 것에 대한 좌절감에서 혹은 그에 대한 연민의 정 때문에 눈물을 흘리시는 것이라 생각했다.

11:38~39 비통히 여기시며(참조, 33절 주해) 그분은 무덤에 가셨다. 당시의 무덤은 석회암을 깎아 만든 굴을 돌로 막아 놓은 형태를 하고 있었다. 그러므로 나사로의 무덤도 돌로 막은 상태였다. 예수께서는 그 돌을 옮겨 놓으라고 명령하셨다. 그 돌을 치우면 곧 악취가 풍겨 나오게 될 것이었다. 그러나 예수님의 뜻이 실현되기 위해서는 순종이 필요했다. 참으로 극적인 순간이었다. 무리는 이 광경을 숨을 죽이고 지켜보고 있었고, 마리아는 슬피 울고 있었으며, 마르다는 시체가 이미 부패되었을 것을 염려하여 예수님의 말씀에 반대했다.

11:40 이때 예수께서 마르다에게 "나는 부활이요 생명"이라는 그분의 말씀을 믿으면 하나님의 영광이 나타나리라는 이전의 약속(25~26절. 참조, 4절)을 상기시키셨다. 즉 진실로 그분을 신뢰한다면 무덤의 돌을 치우라는 명령에 순종하라는 말씀이었다.

11:41~42 돌을 옮겨 놓자 긴장감은 더욱 고조되었다. 자, 이제 예수께서 무엇을 하실 것인가? 이때 그분은 단지 아버지께 그의 청을 들어주셨음을 감사했을 뿐이다. 물론 예수님은 아버지의 사랑과 능력에 힘입어 그의 뜻을 이루고 있다는 사실을 이미 알고 계셨다. 그분이 올린 감사의 기도는 대중이 그분을 이적을 일으키는 자로만 생각할 여지를 배제하면서 아버지께 순종하는 아들임을 보여 준다. 아버지께서 그의 청을 들어주셨다

는 것은 그분이 아버지로부터 보냄 받았다는 것을 나타내 주는 명백한 증거인 동시에, 이로써 저들을 믿게 하려는 것이었다(참조, 엘리야의 기도, 왕상 18:37).

11:43~44 다른 경우이기는 하지만 예수께서 사람들이 그분의 음성을 듣고 무덤 밖으로 나올 것(5:28)과 그의 양들이 그분의 음성을 들을 것(10:16, 27)이라고 말씀하신 적이 있다. 이제 짤막한 기도를 드린 예수님이 큰 소리로 부르셨다(에크라우가센[ἐκραύγασεν]: 문자적으로 '크게 소리쳤다'). 이 동사는 신약성경에 오직 9번 등장하는데, 그중 8번이 복음서에 나온다(마 12:19; 눅 4:41; 요 11:43; 12:13; 18:40; 19:6, 12, 15; 행 22:23).

"나사로야 나오라"(일찍이 어거스틴은 만약 이때 예수께서 나사로의 이름을 지칭해 부르지 않으셨다면 무덤에 있던 모든 이들이 나왔을 것이라 했다). 그러자 죽은 자가 나왔다. 그의 수족이 아직도 베로 동인 채였다는 사실은 하나님의 특별한 역사가 이루어지고 있음을 잘 나타내 준다. "풀어 놓아 다니게 하라"는 예수님의 지시는 다시 살아난 나사로가 유령이 아닌 살아 있는 실체라는 사실을 명백하게 증언한다.

이 사건은 하나님의 아들이 한 인간에게 생명을 다시 주신 획기적인 장면이다. 그분은 휴거 시에 성도들에게(살전 4:16), 그의 재림 시에 구약의 성도들에게(단 12:2), 또한 환란 속의 성도들에게(계 20:4, 6) 이와 같은 일을 행하실 것이다. 또한 지금 이 순간에도 그분은 영적으로 죽은 백성에게 영의 생명을 주시기 위해 부르고 계신다. 죄 가운데 죽어 가는 많은 이들이 하나님의 능력으로 믿음을 갖게 되고 다시 생명을 얻게 된다(엡 2:1~10).

11:45~47상 예수께서 당신이 누구신지를 나타내신 후에는 항상 두 종류의 반응이 나타났다. 많은 유대인은 이 기적이 곧 그리스도의 증거인 것으로 생각하고 그를 믿었으나, 어떤 이들은 마음이 죄 속에서 더욱 강퍅해져서 그분을 적대시하는 바리새인들에게 가서 무엇이 일어났는지를 고해바쳤다. 이 사건은 너무 심각한 것이라 대제사장들과 바리새인들이 긴급히 산헤드린 공회(참조, 3:1)를 소집했다. 이때 그들은 예수를 어떤 비밀스러운 기술로 사람들을 미혹시키는 마술사 같은 사람으로 여기고 있었음에 틀림없다.

11:47하~48 그러나 공회는 스스로의 능력의 한계성을 표출할 뿐이었다. 공식적인 비난과 파문 그리고 그분을 반대하는 가르침도 예수의 영향력을 멈추게 하지는 못했다. 이제 그들은 그 영향력이 유대인들의 폭동을 유발해 결국 로마인들의 개입을 초래할 것이고, 그렇게 되면 그들의 땅(즉 성전)과 민족을 빼앗길까 봐 두려워하기 시작했다.

11:49~50 가야바가 그해의 대제사장이었다(참조, 18:13~14, 24, 28). 원래 대제사장직은 종신직이었으나, 한 사람에게 절대적인 힘이 집중되는 것을 두려워한 로마제국에 의해 수시로 바뀌게 되었다. 그리하여 가야바의 재직 기간은 AD 18년부터 AD 36년에 이를 수밖에 없었다. 가야바는 "너희가 아무것도 알지 못하는도다"라고 말하면서 결정을 내리지 못하고

있는 공회원들을 비웃듯 이야기했다. 그는 이 **사람**이 로마의 비위를 거스르지 않고 온 **민족**이 살아남기 위해서 희생되어야 할 사람이라고 말했다. 이 사람이 죽지 않는다면 유대 민족이 전쟁에서(11:48) 패망하게 될 것이라는 뜻이었다. 그러나 결과적으로 예수님의 희생으로 파멸을 피해 보겠다는 시도는 성공하지 못했다. 거짓 목자들을 따른 유대 백성은 결국 로마와 전쟁(AD 66~70년)을 일으켜 완전한 파멸을 맞고야 말았던 것이다.

11:51~53 성령님을 통해 요한은 가야바의 말에 담긴 진정한 의미를 깨달을 수 있었다. 대제사장으로서 가야바는 자신도 모르는 사이에 마지막 희생에 대해 증언했던 것이다. 물론 가야바는 **예수**께서 죽어야 함을 강조하려 했지만, 하나님은 그를 통해 그분의 대속적인 죽음을 암시하게 하셨다. 이제 그분의 죽음은 모든 모형과 그림자적인 것들을 완성함으로써 구약의 제사 제도를 폐기하신다. 그 죽음은 유대인만을 위한 것이 아닌 전 세계를 위한 것이다. 이제 갈라졌던 그 둘로부터 하나의 새로운 몸을 만든다(참조, 엡 2:14~18; 3:6). 드디어 산헤드린은 예수를 죽이기로 결정했다.

11:54 그러므로 예수께서 베다니를 떠나 북쪽으로 약 24킬로미터 정도 떨어진 에브라임으로 가셨다. 그 조그마한 동네는 조용하여 쉬시기에도 좋았고, 유대광야와 인접하여 유사시에 대피하기에도 좋은 곳이었다.

11:55~57 많은 유대 순례자들이 유월절에 맞아 **예루살렘**으로 올라와서 예수님을 찾았다. 전에(2:13~25) 그분이 이 국가적 경축일에 참석해 성전에서 가르치신 적이 있었기 때문이다. 과연 많은 무리가 성전에 모여 그분을 찾으려 하는 이때에도 그분은 그와 같은 유형의 사역을 계속 하실

것인가? 그 무리 중에는 종교지도자들로부터 누구든지 예수 있는 곳을 알 거든 신고하여 잡게 하라는 명령을 받은 자들도 있었다.

G. 예수님의 공생애 사역의 결론(12:1~36)

1. 기름 부음(12:1~8)

요한은 12장에서 예수님의 대중 사역에 관한 기록을 (1) 마리아가 예수께 기름 부은 사건(이는 임박한 그분의 희생을 암시한다), (2) 그분의 화려한 예루살렘 성 입성, (3) 그분의 죽음에 대한 예고로 결론 짓고 있다.

12:1~2 이제 시간표는 확정되었고 그에 따른 위기감도 날로 고조되어 갔다. 유월절 엿새 전이었다. 예수께서 에브라임으로부터(11:54) 나사로가 있는 베다니로 오셔서 자신을 위해 베푼 잔치에 참석하셨다. 마가는 이 장소가 나병 환자였던 시몬의 집(막 14:1~11)이었다고 기록하고 있다. 이 잔치는 마리아, 마르다와 나사로에게는 참으로 즐거운 시간이었을 것이다. 이들과 시몬의 관계를 정확히 알 수는 없으나, 마르다가 일을 도와준 것으로 미루어 상당히 가까운 사이였음을 짐작할 수 있다.

12:3 순전한 나드는 북부 인도에서 채취되는 식물의 줄기와 뿌리로부터 추출한 향유로서 지극히 비싼 것이었다. 그것은 설화석고로 된 상자나 병에 밀봉해 수입되었으며, 특별한 경우에만 개봉하도록 되어 있었다. 마리

아가 이처럼 귀중한 것을 한 근씩이나 아낌없이 부은 것은 예수님에 대한 그녀의 사랑과 감사, 그리고 그의 오라버니 나사로를 다시 살려 주신 것에 대한 감사의 표현이었다. "향유 냄새가 집에 가득하더라." 이것은 요한 자신이 예수님 사역의 직접적인 증인임을 나타내 주는 여러 단면들 중 하나이다.

12:4~5 가룟 유다는 이 엄청난 낭비(그의 관점에서)에 반대했다. 그는 그 향유를 팔아 가난한 자들에게 주어야 한다고 했다. 그러나 그의 반대는 정직한 것이 아니었다(참조, 6절). 마가는(14:4~5) 이때 다른 제자들도 그의 편을 들어 마리아를 심히 비난했다고 기록하고 있다. 사탄의 역사는 교묘해서 심지어 지도자들마저 잠시 방심하는 사이에 사탄의 역사의 도구가 되고 만다. 그 향유의 가격은 노동자가 1년 동안 고스란히 저축해야 모을 수 있는 1년 치 임금(문자적으로 '300데나리온')에 해당하는 것이었다.

12:6 후에 일어난 역사적 사실로 미루어 요한은 왜 유다가 이렇게 말했는지 알 수 있었다. 예수님의 일행 중 재정을 맡았던(참조, 13:29) 그는 그 중의 얼마를 훔쳐 가곤 했다. 마리아는 공개적으로 그리고 희생적으로 자신의 것을 내어 놓았으나, 유다는 은밀히 그 자신만을 위해 재물을 모았으며, 심지어 은 30(소에 받힌 종의 값. 참조, 출 21:32; 슥 11:12~13)에 예수님을 배반하기까지 했다.

12:7~8 보통의 경우 '기름 부음'은 축제적인 의미를 가진다. 그러나 여기에서의 기름 부음은 그분의 장사 되심을 예표한다. 하나님의 말씀 그대로 사는 예수님은 자신이 고난 받는 종으로서 고통과 죽음, 또한 장사 되는

것까지도 견뎌 내야 함을 잘 알고 계셨다(참조, 사 53:9).

그리하여 그분은 즉시 마리아의 사랑과 헌신의 행위를 옹호하셨다. "가난한 자들은 항상 너희와 함께 있거니와." 이것은 결코 가난에 대한 방조나 가난한 자들을 그냥 내버려 두라는 뜻이 아니다. 예수께서는 단지 가난의 원인들이 여러 가지이고, 또한 사람들은 언제나 가난한 자들을 도울 기회가 있을 것이라 하셨다(막 14:7). 그러나 이 땅에 계신 예수님께 사랑을 표현할 기회는 한정되어 있다. "나는 항상 있지 아니하리라"(물론 이 땅에 성육해 계신 기간을 말한다. 참조, 요 12:35; 13:33; 14:3~4).

2. 화려한 예루살렘 입성(12:9~19)

12:9~11 이미 예수님은 상당한 화제를 모으는 인물로 부각되었기에 조용히 예루살렘에 이를 수가 없었다. 유월절 행사에 참석하기 위해 각국에서 수많은 사람들이 모였는데, 그중 많은 이들이 예수님(참조, 11:56)과 나사로를 찾았다. 나사로가 다시 살아난 사건은 많은 유대인들로 하여금 예수님을 믿게 만들었다. 이 때문에 대제사장들은 예수만이 아니라 나사로까지 죽이려고 모의했던 것이다.

12:12~13 예수에 대한 극렬한 열광이 드디어 폭발했다. 유월절을 맞이해 예루살렘으로 향했던 수만 명의 갈릴리 지방 출신의 순례자들이 그 열광의 중심이었다. 그들은 예수께서 행하셨던 많은 이적들을 직접 목격했던 증인들이었다. 당시 예수께서는 그들이 바라는 정치적 메시아의 역할을 거부했다(6:15). 그러나 아직도 미련을 버리지 못한 그들은 바로 지금이 최상의 시기라고 생각했다. 예루살렘이야말로 위대한 왕의 도시인데

지금 그곳으로 그분이 오고 계셨던 것이다. 그들은 승리의 상징인 종려나무 가지를 흔들며 히브리어로 "제발 구해 주소서" 혹은 "지금 구원해 주소서"의 의미를 가진 "호산나!"를 외쳤다(에크라우가존[ἐκραύγαζον]. 참조, 11:43의 주해). 그것은 찬송의 외침으로 이어졌다. 시편 118편 26절을 인용해("주의 이름으로 오시는 이[참조, 요 11:27], 곧 이스라엘의 왕이시여") 그분을 메시아라 칭하며 찬양했다.

12:14~15 예수께서 어린 나귀를 타고 입성하신 것은 평화를 상징한다(참조, 나귀와 그 어린 나귀 새끼에 관해 기록된 마태복음 주석 21장 2절의 주해). 그는 전투용 말을 타지도 않았고 칼이나 투구를 쓰지도 않았다. 대부분의 세속 왕들이 하듯이 전차에 그 몸을 싣지도 않았다. 그분의 입성은 알렉산더 대왕의 입성(슥 9:1~8)과 대조되는 그리스도의 입성(슥 9:9)을 표현한 스가랴의 예언을 그대로 충족시키는 것이었다. '시온 딸'이라고 하는 것은 시온 산에 세워진 예루살렘 성의 백성을 지칭하는 시적인 표현이다. 요한은 여기에서 스가랴서 9장 9절을 인용해 예수님을 이스라엘의 왕이라 불렀다.

12:16 비록 제자들이 이때 예수님과 함께 있었지만 그들은 이 일이 뜻하는 의미를 깨닫지 못하고 있었다. 그들은 아직까지 십자가와 부활(그가 영광을 얻으신)의 관점에서 모든 사건을 이해하는 수준에 이르지 못하고 있었기 때문이다. 그들은 스가랴의 예언이 예수께 대하여 기록된 것임을 몰랐다. 이렇게 그들의 신앙이 아직 미약했기에 성령의 사역(16:12~14)을 통한 도움이 필요했던 것이다.

12:17~18 무리의 규모가 계속 불어 갔다. 나사로를 죽은 자 가운데서 일으키셨다는 소식이 온 도시에 퍼졌기 때문에 많은 무리가 예수님을 맞으러 나왔다. 이것은 예수님이 대중적인 인정을 크게 받으셨다는 것을 의미한다. 그러나 불행히도 그들의 인정은 영적인 영접과는 거리가 있는 것이었다.

12:19 대다수의 대중이 예수님을 인정해 받아들였기 때문에 바리새인들의 음모는 실행 불가능하게 되었다. 그리하여 그들은 "예수를 흉계로 잡아 죽일 방도를 구하며 이르되 민란이 날까 하노니 명절에는 하지 말자"(막 14:1~2)고 했다. "온 세상이 그를 따르는도다." 이 구절은 저들이 이러한 현실을 부정적인 측면에서 인정했다는 것을 뜻한다. 그러나 여기에 또 하나의 역설이 있는데, 그것은 곧 온 세상 가운데 대부분은 진실로 예수님을 믿고 있는 것이 아니었다는 사실이다.

3. 명절에 참석한 헬라인들(12:20~36)

12:20 헬라인들의 등장은 의미심장한 것이다. 일찍이 그들은 고대 세계를 풍미했던 사람들이었고 진리의 탐구자들이었다. 여기에 언급된 헬라인들은 아마도 유대 공회당과 연회에 참석하며 하나님을 두려워하는 이들이었을 것이다. 그들이 왔다는 것은 그리스도를 통해 하나님을 예배할 이방인들이 돌아왔다는 것을 상징하고 있다(참조, 10:16).

12:21~22 왜 그 헬라인들이 예수님을 뵙고자 한다는 것을 빌립에게 이야기했을까? 아마도 그것은 빌립이 헬라식 이름을 가졌기 때문이었을 수

도 있고, 혹은 그가 데가볼리 지역에 살고 있던 그리스인들과 이미 어떤 접촉을 갖고 있었기 때문일 수도 있다. 어쨌든 빌립은 안드레에게 갔고 결국 안드레와 빌립이 예수님께 그 사실을 전했다. 아마도 너무 많은 무리가 예수님과 직접 말하기를 원했기 때문에 그 제자들이 심사하는 역할을 하고 있었던 것 같다(참조, 눅 18:15~16).

12:23~24 예수께서는 스스로 자신의 결정적 때를 향하고 계셨다(참조, 2:4; 4:21, 23; 7:6, 8, 30; 8:20). 헬라인들의 등장은 이제 인자가 영광을 얻을 때(참조, 12:23; 13:1; 17:1)가 왔다는 것을 확신시켜 주고 있다. 대부분의 사람들에게 죽음은 인생의 패배와 그에 따른 치욕을 뜻하는 것이지만 예수님에게는 달랐다. 예수님의 죽음은 영광에 이르는 수단이었다. 아버지께 순종하여(사 53:10, 12) 다른 모든 사람들의 죄를 위해 돌아가시려는 그분의 의지가 그분에게 영광을 가져왔던 것이다(참조, 요 12:16; 17:1, 5). "내가 진실로 진실로 너희에게 이르노니." 이 서두는 앞으로 진술할 내용이 확실한 것임을 단호하게 강조하고 있다. 즉 한 알의 밀이 땅에 떨어져 '죽어야' 많은 열매를 맺는다. 이것은 곧 죽음이 궁극적 결실에 필수적이라는 사실을 나타내는 비유이다.

12:25~26 한 알의 밀 비유(24절)는 하나의 전형적인 역설의 법칙을 묘사하고 있다. "죽음이 곧 생명의 길이다." 예수님의 경우에 있어서는 그분의 죽음이 그 자신뿐만이 아닌 모든 이들에게도 영광과 생명의 길이었다.

예수님의 제자들의 경우에 있어서도 그 법칙은 유사하게 적용된다. 그들은 이 세상에서 자기의 생명을 미워해야 했다. "자기의 생명을 미워한다"는 것은 전적으로 그리스도께 헌신하여 자기중심적인 모습을 찾아보기 어렵게 되는 상태를 뜻하는 것이다. 그러나 **자기의 생명을 사랑하는 자는** 잃어버릴 것이다. 인생의 모든 것들, 즉 목표들, 관심들, 심지어 사랑마저 우상이 될 수 있다(참조, 눅 12:16~21; 18:18~30). 그러므로 신자들은 영적인 자기 죽음을 겪어야만 하는 것이다(롬 6:1~14; 고후 5:14~15; 갈 6:14). 예수님의 종이 된다고 하는 것은 그분의 뒤를 따른다는 것을 의미한다. 예수님의 첫 제자들 중 대부분은 이런 의미에서 진실로 그를 따랐다(죽음까지. 전설에 의하면 첫 제자들은 순교했다고 한다). 예수님의 말씀은 예언이자 곧 약속이었다. 그러므로 그를 진실로 **따르는** 이들에게는 고난이 함께 따르지만 결국에는 **귀히 여김**을 받게 된다(롬 8:17, 36~39; 딤후 2:11~13).

12:27~28상 예수께서는 아버지의 뜻에 헌신하려고 결단할 때의 마음 상태를 자신의 감정을 통해 나타내셨다. 예수께서는 죄를 짊어지고(고후 5:21) 그로 인한 죽음을 당해야 한다는 것 때문에 **마음이 괴로웠다**(테타라크타이[τετάρακται]: 흔들리다, 동요되다. 참조, 11:33; 14:1). 이러한 마음의 상태라면 조금 뒤로 물러서서 이때를 면하게 해 달라고 부탁해야 할 것이 아니겠는가? 그러나 그의 성육하심이 바로 이를 위함이었기 때문에(참조, 요 12:23; 13:1; 17:1) 그럴 수는 없었다. 오히려 이때에도 예수께서는 기꺼이 아버지의 뜻에 순종하겠노라 다짐하신다. "**아버지여, 아버지의 이름을 영광스럽게 하옵소서!**" 그러므로 우리 신자들도 비록 어려움 속에서 갈등의 감정에 처해 있을 때도, 주님의 뜻을 붙잡으며 아버지의 이름을 영광스럽게 하는 데 소망을 두어야 한다.

12:28하~29 이때 아버지께서 하늘에서 우레와 같은 소리로 과거와 미

래의 사역에 대한 확신을 주셨다. 그 소리는 모두가 들을 수 있을 정도로 큰 소리였으나 모두가 그 의미를 이해할 수는 없었다(참조, 30절; 행 9:7; 22:9).

12:30~31 하늘에서 들려왔던 그 소리는 영적으로 예민한 자들에게 들렸으나, 그렇지 못한 자들에게는 단지 하나의 소음에 불과했다(고전 2:14). 예수님의 십자가 죽음은 이 세상에 대한 심판이었다. 이제 죄악은 속해졌으며 이 세상의 목표들, 기준들, 종교들은 어리석은 것임이 밝혀지게 되었다. 십자가는 사탄을 물리친 수단이었다(계 12:10). 예수님은 이 세상의 임금이(참조, 요 14:30; 16:11) 쫓겨나리라고 말씀하셨다. 즉 죄와 죽음으로써 사람들을 위협하며 군림했던 그 권세가 격퇴되어 이제는 영적인 암흑의 세계와 죄의 종이 될 수밖에 없었던 상태로부터 인류가 구출된 것이다(골 1:13~14; 히 2:14~15).

12:32~33 "내가 땅에서 들리면"이라는 말씀은 예수님의 승천이 아닌 그분의 십자가 죽음을 언급한 것이다(참조, 3:14; 8:28). 그분은 이미 자신이 십자가에 '들림'으로써 죽을 것임을 알고 있었다. 그러나 당시 유대인들은 죽어야 마땅하다고 생각되는 사람은 돌을 던져 죽게 했다(참조, 스데반의 죽음, 행 7:58~60).

예수님은 십자가에서 **모든 사람을** 당신께 **이끌겠다**고 하셨다. 그러나 그것이 곧 만인 구원을 뜻하는 것은 아니다. 이미 몇몇 잃어버릴 자들에 대한 명백한 언급이 있기 때문이다(요 5:28~29). 아들에 의해서 이끌림을 받는 것이 아버지에 의해서 이끌림을 받는 것과 같은 것이라면(6:44), 그것은 곧 아무런 차별 없이 이끌겠다는 것을 뜻한다. 그러므로 그 구원은 유대인에게뿐만 아니라 모든 종족을 포괄하는 것임이 명백하다(계 5:9. 참조, 요 10:16; 11:52).

12:34 이때 무리에게 의문이 생겼다. 만약 메시아가 인자라면 그는 영원히 계셔야지 그 인자가 들려야 한다는 것은 이상하지 않느냐는 것이다. 다니엘 7장 13~14절에서 분명히 인자의 영원한 통치를 이야기하고 있기 때문이다. 아마도 무리는 예수께서 메시아(그리스도)와 **인자**를 따로 생각하고 있는 것이 아닌가 하는 생각을 했던 것 같다. 예수께서 '인자'라는 술어를 다니엘 7장 13절에서의 그것과 다른 의미에서 쓰셨을까? 그 무리는 예수께서 그 죽으심을 예언하고 있다는 것을 이해했다고 보인다. 그러나 "그분이 진정한 메시아라면 어찌 그런 일이 메시아에게 일어날 수 있겠는가"라는 강한 의문을 가지고 있었던 것이다.

12:35~36 무리가 지적인 차원에서 그 합리성만을 염두에 두고 있을 때, 예수께서는 그 초점을 도덕적인 차원으로 이끄셨다. 그들에게 기회의 순간은 한정되어 있음을 빛과 어둠을 비유로 들어 말씀하셨다. 그분은 이 세상의 빛이시다(1:4, 9; 8:12; 12:46). 그러나 그분이 이 세상에서 활동하시는 기간은 거의 끝나 간다(23절). 이제 곧 밤의 **어둠**이 와서 사람들을 악의 권세로 몰아갈 것이다. '어둠에 다니는 자'는 일생 동안 그가 가는 곳을 알지 못하고 방황하는 불신자들을 뜻한다(참조, 3:19; 8:12; 요일 1:6). 그러나 아직 빛이 있을 동안에는 그들이 그 빛(즉 예수님)을 믿고 **빛의 아들**이 될(즉 그의 제자 됨을 의미. 참조, 롬 13:12; 엡 5:8, 14; 골 1:13~14; 살전 5:5; 요일 1:7; 2:10) 수 있는 기회가 있다. 예수께서 또다시 초자연적으로 자신을 저희들로부터 숨기셨다(참조, 요 5:13; 8:59; 10:39).

1. 요한의 설명(12:37~43)

12:37 요한은 복음서의 서두에(1:11) 유대 민족의 불신앙을 이야기했다. 이제 그는 그렇게 많은 표적(세메이아[$\sigma\eta\mu\epsilon\hat{\imath}\alpha$])에도 불구하고 끝까지 그를 믿지 아니하는 유대인들의 불신앙을 다시 한번 지적하고 있다. 그들의 불신앙은, 요한에게는 죄가 항상 그러하듯이, 참으로 비합리적인 것이었다.

12:38 이러한 비합리적인 유대인들의 불신앙은 이미 선지자 이사야에 의해서 예언된 것이다. 고난 받는 종에 관해 묘사한 가장 명백한 구약 본문인 이사야 53장 1~12절은 이스라엘이 그 종에게서 또는 그 종을 통해 나타나는 하나님의 계시를 깨달으려 하지 않음을 묘사하는 내용으로 시작된다. "우리에게서 들은 바를 누가 믿었으며 주의 팔이 누구에게 나타났나이까." 이것은 오직 소수의 사람들만이 믿었다는 것을 의미한다(이사야 53장 1절에서 인용함).

12:39~40 요한은 계속해서 왜 모든 사람들이 믿을 수 없었는가 하는 의문에 대해 이사야서 6장 10절의 말씀을 통해 답한다. 즉 그들이 계속적으로 하나님의 계시를 거부했기 때문에 하나님이 그들의 눈을 멀게 하셨고 마음을 완고하게 하셨다는 것이다.

예수님 당시의 유대인들도 이사야 시대의 그들이 그러했던 것처럼

믿음을 거부했다. 그들은 그를 "믿지 아니했다"(요 12:37). 그 결과로 이
제 그들은 **믿지 못하게 되었다**(39절). 하나님이 죄에 대해서 이러한 징벌
을 가하는 예는 성경에서 일반적인 일이다(출 9:12; 롬 1:24, 26, 28; 살후
2:8~12).

12:41 환상을 통해 이사야는 '전능의 주'(문자적으로는 '만군의 여호와.'
사 6:3)를 **보았다**. 요한은 이사야가 보았던 그 영광이 곧 **예수님의 영광**이
라고 기록했다. 이것은 엄청난 의미를 가진다. 즉 "예수께서 곧 야웨이시
다"라는 선언인 것이다(참조, 요 1:18, 10:30; 20:28; 골 2:9). 예수께서는
그 본성에 있어서 하나님이시다(물론 성자로서의 하나님은 그 위격에 있
어서[in Person] 성부·성령 하나님과 구별된다). 앞으로 오실 메시아, 즉 나
사렛 예수에 대한 수많은 이사야의 예언들을 통해 요한은 이사야가 **주를**
가리켜 말한 것이라 확신할 수 있었다(예, 사 4:2; 7:14; 9:6~17; 11:1~5,
10; 32:1; 42:1~4; 49:1~7; 52:13; 53:12; 61:1~3). 그러한 요한의 신앙이
결코 새롭기만 한 것은 아니다. 일찍이 예수께서는 모세가 자신에 대해 기
록했다고 말씀하신 적이 있기 때문이다(요 5:46).

12:42~43 대중의 불신앙에도 불구하고 상황이 완전히 절망적인 것은
아니었다. 하나님은 항상 남은 자를 예비해 두시기 때문이었다. 관원들
중에도 **많은** 이들이 예수님을 믿었지만, 회당에서 **출교**를 당할까 **두려워**
하여 그들의 신앙을 **드러나게 말하지** 못했다. 그들은 사람들의 여론을 너
무 의식하고 있었고 사람의 **영광**을 하나님의 **영광**보다 더 **사랑**했기 때문
이다.

2. 예수님의 교훈(12:44~50)

예수께서 언제 어디에서 이 말씀을 하셨는지는 불분명하다. 아마도 이것이 그 백성에게 자신을 나타내 보이신 자기 선언의 요약일 것이다.

12:44~46 "외쳐(에크락센[ἔκραξεν]. 참조, 1:15; 7:28, 37) 이르시되"라는 표현은 앞으로 전개될 내용의 중대성을 암시한다. 예수께서는 그분을 세상에 보내신(1:18; 골 1:15; 히 1:3) 하나님의 완전한 현현이시기에 그분을 믿는 것은 곧 그 하나님을 믿는 것이다. 이제 사람들은 신앙의 대상이 혹시 하나님과 예수 그리스도 두 분이 아닌가 혼동해서는 안 된다. 예수님을 본 사람은 곧 그를 보내신 아버지를 보는 것이다(참조, 요 12:41; 14:9). 예수님은 어두운 사탄의 영역에 붙잡혀 있는 백성을 사랑과 빛으로 가득한 하나님의 왕국으로 인도하기 위해 이 땅에 오셨다(참조, 1:4, 9; 8:12; 12:35; 골 1:13~14).

12:47~50 예수께서 곧 그 백성을 향한 하나님의 말씀(로고스[λόγος])이므로, 하나님은 그분을 통해 최종적으로 결정적인 말씀을 하셨다(히 1:1~3). 즉 그의 말씀은 곧 아버지의 말씀이다. 그러므로 아버지께 순종하면 영생이 있고 그의 말씀(그것이 곧 예수님의 그 말씀이다. 참조, 48, 50절; 7:16; 14:10, 24)을 거절하면 사망에 거하게 된다. 일찍이 모세도 장차 임할 위대한 예언자(하나님을 대언할 자)의 출현을 예언하면서 "너희는 그의 말을 들을지니라"(신 18:15)고 했다.

마지막 날에 임할 심판은 아버지께서 보내신 자를 거절한 행위에 대한 징벌이다(신 18:18~19; 요 3:18, 36; 5:24). 물론 예수님을 통해 나타난 하나님의 계시의 목적은 보다 긍정적인 데 있다. 그는 세상을 심판하려고 오신 것이 아니고 **구원하려고** 오신 것이다(12:47. 참조, 3:17; 9:39의 주해). 그러나 이러한 하나님의 계시를 끝까지 거부하는 것은 곧 그 죄성이 더욱 강퍅해지는 것을 의미하고, 그것은 궁극적으로 하나님의 심판을 초래하게 된다.

유대인들의 민족적 불신앙을 언급하면서도, 그 민족의 회개를 촉구하시는 예수님의 진지한 호소를 덧붙임으로써 요한은 그의 신학적 해설에 균형을 유지하고 있다. 모세의 말을 빌리자면 이것들은 "너희에게 헛된 일이 아니라 너희의 생명"(신 32:47)이다.

Ⅲ. 제자들을 준비시키시는 예수님(13~17장)

A. 최후의 만찬(13:1~30)

1. 제자들의 발을 씻기신 예수님(13:1~17)

요한복음은 다른 어느 복음서들보다 예수님의 제자들을 향한 가르침을 많이 기록하고 있다. 특히 13~17장은 그가 잡히시던 운명의 그 밤에 주셨던 가르침을 집중적으로 담고 있다. 이때 예수께서는 구두로 가르치시기 전에 제자들의 발을 씻기셨고 또 곧 배반당할 것을 예언하셨다.

13:1 "예수께서 자기가 세상을 떠나 아버지께로 돌아가실 때가 이른(참조, 2:4; 7:6, 8, 30; 12:23, 27; 17:1) 줄 아시고." 이제 예수님의 죽음과 부활이 임박했다. 그분은 죽음으로써 아버지의 뜻에 순종하기 위해 이 땅에 오신 것이었다. 그러므로 그의 오심 자체가 모든 세상을 향한 사랑의 행위였다(3:16). 그러나 그분은 그의 양 떼에게 더욱더 특별한 사랑을 가지신다. 즉 자기 사람들을 사랑하시되 끝까지 사랑하셨다. 그분의 겸손한 봉사(13:1~17)와 가르침(13:18~17:26) 그리고 마지막의 죽으심(18~19장)이 그 사실을 증명한다. 모두가 그분의 사랑이었다.

13:2~4 "유월절 전날 저녁 먹는 중에 마귀가 "가룟 유다의 마음에 예수를 팔려는 생각을 넣었더라." 예수께서는 이미 그것을 예언하셨다(6:70~71).

그 후에 사탄이 실제로 유다에게 들어갔다(13:27). 그러나 하나님은 여전히 예수님의 죽음에 앞선 모든 사건들에 대한 주도권을 갖고 계셨다. 예수님은 이러한 그분의 주권과 다가올 운명을 아셨다(참조, 1, 18절). 그럼에도 그분은 자발적으로 제자들의 발을 씻기는 종의 위치를 택하셨다. 그분의 행동은 자신들의 이익만을 추구하던 제자들의 행동과 좋은 대조를 이루면서(참조, 마 20:20~24; 막 9:33~34; 눅 22:24~30) 이 지상에서 행하셨던 그분의 사역 전체를 반영해 준다.

13:5 길에 먼지가 많고 양말이나 스타킹을 신지 않고 샌들류만을 신고 다니는 팔레스타인 지방이기에 발을 씻는 것은 필수적이었다. 그리하여 초청자는 손님을 예우하는 표로 손님들의 발을 씻겨 줄 하인을 대기시키는 경우도 있었다. 그러나 그러한 예우를 하지 않는 것이 경우에 어긋나는 것은 아니었다(참조, 삼상 25:41; 눅 7:40~50; 딤전 5:10). 때로는 아내들이 남편의 발을, 또한 자녀들이 부모의 발을 씻어 주는 경우도 있었으나, 대부분의 사람들은 발을 스스로 씻어야 했다.

13:6~8 예수께서 그들 사이의 원래 역할에 반대되는 행동을 하신다고 느낀 베드로는 왜 주께서 당신의 종의 발을 씻기시느냐고 물었다(개역성경에는 주로 번역되어 있으나 원문에는 2인칭 대명사가 사용되었다. 이는 강조용법에 속한다). 이에 예수께서는 "이후에는(그분이 죽으시고 또 부활하신 후) 알리라"고 하셨다. "내 발을 절대로 씻지 못하시리이다"라고 베드로가 대답했다. 이것은 예수님이 종으로 본을 보이고 계신다는 것을 알아차리지 못하고 생각 없이 말을 먼저 했던 베드로의 또 하나의 실수였다(참조, 막 8:32; 9:5). "예수께서 대답하시되 내가 너를 씻어 주지 아니하면

네가 나와 상관이 없느니라." 이것은 "네가 세례를 받지 않으면 구원받을 수 없다"라는 의미보다는 "내가 나의 대속의 죽음(참조, 계 1:5)으로써 너의 죄를 씻기지 않는다면 너는 나와 진정한 관계를 맺을 수 없다"(참조, 요일 1:7)라는 의미로 해석될 수 있다.

13:9~10 베드로는 계속해서 영적인 교훈의 핵심을 놓치고 있었지만, 예수님과 연합하고자 하는 그의 열망은 진실했다. 그러므로 그는 예수께 그의 발뿐만 아니라 손과 머리도 씻어 달라고 요청했다. "예수께서 이르시되 이미 목욕한 자는 발밖에 씻을 필요가 없느니라 온몸이 깨끗하니라"(몇몇 헬라 사본들은 '발'도 생략하고 있다). 이에 대해 로마 가톨릭에서는 가끔 10절을 유아세례를 받은 후에는 오직 참회만이 필요하다는 뜻으로 해석하고 있다. 그러나 그것보다는 구원받은 사람에게 필요한 것은 매일매일 지은 죄를 씻기시는 예수님의 죽음을 계속적으로 상기하는 죄의 고백이라는 의미로 해석하는 것이 보다 타당하다(참조, 요일 1:7; 2:1~2). "너희가 깨끗하나 다는 아니니라"는 예수님의 말씀은 아직 회개하지 않고 있는 유다를 지칭한(참조, 요 13:11, 18) 것이다.

13:11 유다는 새로운 생명과 죄 씻음을 주는 예수님의 말씀을 거부했으므로(참조, 6:63; 15:3) 아직 죄에 거하고 있었다. 그 역시 외형적으로는 발을 씻었으나 그 사건의 의미 안으로 들어오지는 못했던 것이다. 요한은 여기에서 유다의 배반을 미리 예기하신 예수님의 초자연적인 능력을(참조, 2:25; 4:29) 강조하고 있다.

13:12~14 몸소 겸비한 행동의 본을 보이신 후, 주님은 그 교훈을 강

조하시기 위해 그들에게 질문을 던지셨다(참조, 7절). "내가 너희에게 행한 것을 너희가 아느냐?" 선생(디다스칼로스[διδάσκαλος]) 혹은 주(퀴리오스[κύριος])라는 호칭은 예수께서 그들보다 높은 위치에 있음을 뜻한다. 그러나 그들에게 겸손한 봉사를 먼저 행함으로써 자기를 낮추고 희생하여 다른 사람들의 필요를 충족시켜 주는 것이 앞으로 그들이 행해야 할 일임을 가르쳐 주신 것이다.

13:15~16 발을 씻어 주신 것은 하나의 본(휘포데이그마[ὑπόδειγμα]: 모범)이었다. 역사상 많은 기독교 일파들이 하나의 예전으로서 문자 그대로의 세족식을 실행해 왔다. 그러나 사실상 그들 중 대다수는 손님의 발을 씻어 줄 정도로 먼지가 많은 상황에 있지 않다. 초대교회는 예전으로서 성만찬은 실행했지만, 세족식을 예전의 하나로 지키지 않은 것은 분명하다.

이 구절이 강조하는 것은 외적인 의식이 아닌 내적인 겸손이다. 기독교인 과부들이 '성도들의 발을 씻기는'(딤전 5:10) 행위에 대한 기록도 교회 예식의 관점에서가 아닌, 다른 그리스도인들에게 종으로 봉사하는 겸손의 자세를 묘사하려는 맥락 속에서 그 의미를 찾아야 한다. 예수님의 본을 따르지 않는 것은 자기 자신을 그분보다 더욱 높이 여겨 자신의 삶 안에서 자족하며 안주하겠다는 의지를 나타내는 것이다. 그러나 종이 주인보다 크지 못하다(참조, 요 12:26)는 사실을 기억해야 한다.

13:17 하나님은 그의 종들이 알고 있는 것에 대해 복을 주시지 않는다. 그들이 아는 것에 대해 행위로 응답할 때 복을 주신다. 그러므로 기독교인들의 행복("복이 있으리라")은 순종적인 봉사(예수께서 명령하신 이것을

알고 행하면)를 통해 오게 된다.

2. 배반당하실 것을 예언하시는 예수님(13:18~30)

13:18~19 예수께서는 순종을 통해 복이 임한다고 하셨다(17절). 그러나 제자들 중 한 사람에게는 그러한 복이 없을 것이라고 덧붙이셨다. 유다가 선택된 것은 하나의 우연한 사건도, 하나님의 계획의 실패도 아니었다. 예수께서 12명의 제자들 중 한 사람의 배반자를 선택하신 것이다(참조, 6:70~71). 그것은 곧 성경을 응하게 하려는 것이었다(시 41:9). 다윗이 식탁을 같이할 정도로 신뢰했던 아히도벨이 배반하고 결국은 자신의 목을 매달았던 것과 같이(삼하 16:20~17:3, 23), 예수님의 측근이었던 유다도 그분을 배반하고 자신의 목을 매달았다. 비록 유다의 행위를 예수께서 미리 알고 계셨다고 하나, 그 행위에 대한 전적인 책임은 그 자신에게 있다. 예수께서 이러한 모든 일이 일어나기 전에 아셨고, 또 그것이 성경의 말씀과 일치한다는 사실은 이후에 제자들로 하여금 하나님이 예수님을 보내셨다는 사실을 믿게 했다(요 13:19. 참조, 14:29).

13:20 하나님 아버지로부터 보내심을 받았기에 예수님이 높고 거룩한 권위가 있듯이, 제자들도 예수님을 대표하므로 제자들을 영접하는 자는 예수님을 영접하는 것이고 나아가 하나님 아버지를 영접하는 것이다.

13:21 "예수께서 … 심령이 괴로워." '괴로워'로 옮겨진 에타라크쎄(ἐταράχθη : '동요되다' 혹은 '흔들리다')는 이미 11장 33절, 12장 21절에서 예수님과 관련되어(14장 1, 27절에서는 예수님에 의해 쓰였음) 등장한

단어이다. 인간으로서 예수님은 자신의 사랑과 우정을 곧 배반할 유다 때문에 마음이 흔들렸고, 하나님으로서 예수님은 앞으로 일어날 일을 알고 계셨다. 유다 안에서 죄를 잉태하게 한 영적인 강퍅함과 죽음을 그분은 감지하셨던 것이다. '증언하여'라는 말과 "내가 진실로 진실로 너희에게 이르노니"라는 어구는 예수님의 말씀의 비장함을 강조하고 있다.

13:22 그렇게 친밀한 관계를 가진 이들 중 과연 누가 예수님을 배반하겠는가? 이해가 안 되는 일이었다. 철저히 위장하고 있는 유다를 아무도 의심할 수 없었다.

13:23~24 제자들 중 지도자이자 가장 다혈질이었던 시몬 베드로가 그 배반자를 처리하겠다고 나섰다. 누가는 그가 두 개의 검을 갖고 있었다고 기록하고 있다(눅 22:38, 49~50). '그가 사랑하시는 자'는 분명히 본서의 필자인 요한이다(참조, 서론). 이때 요한과 유다는 예수님 **곁에 누워** 있었고 베드로는 개인적으로 물을 수 없는 거리에 떨어져 있었음을 알 수 있다. 그러므로 그는 **머릿짓을** 해 요한에게 예수께서 누구를 가리키시는지를 말하라 했다.

13:25~27 요한은 예수의 가슴에 그대로 의지하여 "주여, 누구니이까?"라고 물었다. 빵 한 조각을 유다에게 준 것이 요한의 질문에 대한 은밀한 답이었다(그러나 그는 당시에 그 의미를 알지 못했다). 또한 그것은 유다를 향한 주님의 마지막 은혜이기도 했다. 주인이 손님에게 빵 한 조각을 주는 것은 우정의 표시였다. 예수님의 이러한 우정의 표시가 곧 유다의 배반의 신호였다는 것은 참으로 역설적이다. "사탄이 그 속에 들어간지라"(참

조, 2절)는 성경 안에서 가장 무서운 표현에 속한다. 이제 사탄은 그의 뜻을 이루는 도구로 유다를 사용하게 되었다. 문자적으로는 "그것을 더욱 속히 하라"인 "일을 속히 하라"는 말씀은 하나님의 때에 맞추어 행하도록 유다를 재촉하는 의미일 것이다.

13:28~30 무슨 뜻으로 이 말씀을 하셨는지 아는 자가 아무도 없었다. 심지어 그 사랑하는 제자도 그 빵 조각의 의미를 후에까지 모르고 있었다. "유다가 곧 나가니." 아무도 나쁜 의미로 그것을 받아들이지 않고 있었다. 단지 그들은 그가 재정을 맡고 있었으므로(참조, 12:6) 명절(유월절)에 쓸 물건을 사러 갔거나 혹은 가난한 자들에게 무엇을 주러 갔다고 생각하고 있었다. 그는 오직 예수님만을 제외하고는 참으로 그의 동료 모두를 속이고 있었다. "밤이러라." 이 표현은 다른 복음서에서라면 단순히 시간을 나타내는 뜻으로 쓰였겠지만 요한복음에서는 상징적인 의미를 가진다. 즉 유다는 빛을 떠나(8:12; 12:35, 46) 죄의 어둠으로 갔다(3:19)는 것이다.

B. 예수님의 떠나심이 임박함(13:31~38)

13:31~32 유다가 나간 후에 예수님을 죽음으로 이끄는 사건들이 가속적으로 일어나기 시작했다. 그러나 이때 예수께서는 사탄이 유다에게 불어넣었던 긴장으로부터 벗어나셨고, 죽음을 예기하심으로 오랫동안 쌓였던 긴장(눅 12:50)도 곧 극복하시게 되었다. '영광을 받았고'와 '영광을 주시리니'라는 단어가 두 구절에서 5번이나 등장하는 것은 예수님의 독특

한 영광이 그분의 죽음을 통해 나타난다는 사실을 잘 말해 주고 있다. 이 때 아버지께서도 이 사건을 통해 확실히 나타나게 되는 하나님의 사랑과 그분의 낮아지심과 의로움으로 인해 영광을 얻으신다(참조, 요 1:14; 롬 3:21~26). "하나님도 … 그에게 영광을 주시리니"는 임박한 부활과 승천을 염두에 둔 것이다.

13:33 "작은 자들아"로 옮긴 테크니아(τεκνία)는 '아이들'을 뜻하는 테크나(τέκνα)의 축소형으로서 '어린아이들'을 의미한다. 이렇게 애정이 듬뿍 담긴 호칭은 그들에 대한 예수님의 관심을 잘 나타내 준다. 이 단어는 요한복음에서 오직 한 번 쓰였다. 요한은 요한일서에서 그것을 7번 사용했고(요일 2:1, 12, 28; 3:7, 18; 4:4; 5:21), 바울은 오직 한 번 사용했다(갈 4:19). 다시 한번 예수께서 자신이 곧 떠나실 것이고 자신을 찾을 수 없을 것이라고 말씀하신다(참조, 마 23:29; 요 7:34; 8:21; 12:8, 35). 이것은 그분의 죽음과 승천, 모든 측면에서 사실이었다.

13:34~35 예수님은 이제 남은 11명의 제자들에게 그분의 **사랑**을 본받아 순종함으로써 그분이 계시지 않는 동안 견뎌 나가야 한다고 말씀하신다. 이것은 새 계명이다. "내가 너희를 사랑한 것같이 너희도 서로 **사랑하라**"는 예수님의 희생적인 사랑에 근거해 다른 믿는 이들을 특별히 **사랑하라**는 것이기 때문이다. 기독교인들이 서로 돕고 사랑하는 것이 거친 이방 세계에서 그들을 생존하게 할 수 있을 것이다. 예수님이 하나님의 사랑의 총체였듯이 이제는 각각의 제자들이 그리스도의 사랑을 나타낼 수 있어야 한다. 이 사랑은 모든 믿는 이들에게만이 아니라 이 세상에도 하나의 표식이 된다(요일 3:14).

13:36~38 성급한 베드로가 예수께서 가겠다고 하신 말씀(33절)의 꼬리를 잡았다. 그는 예수께서 어디로 가시는지 알고 싶다고 했다(참조, 도마의 유사한 요청, 14:5). 예수님에 대한 베드로의 사랑이 그를 그분과 함께 있고 싶게 했던 것이다. 그러나 예수께서는 지금은 그가 함께 있을 수 없다고 하셨다. 베드로는 이때 무엇 때문에 예수께서 이렇게 말씀하셔야 했는가를 이해할 수 없었다. 그는 나름대로 그분에 대한 사랑과 용기로 죽음을 포함한 어떠한 도전도 견딜 것이라 확신했기에 "주를 위하여 내 목숨을 버리겠나이다"라고까지 말할 수 있었다. 그러나 베드로는 자기 자신을 몰랐을 뿐만 아니라 자신에게 역사하는 사탄의 권세를 모르고 있었다(참조, 눅 22:31~32). 베드로의 변절에 대한 예수님의 예언("나를 부인하리라")은 다른 제자들을 경악하게 했음에 틀림없다. 아마 이때 그들은 혹시 베드로가 그 배반자라고 생각했을 수도 있다(참조, 요 13:21~25).

C. 예수, 아버지께로의 유일한 길(14:1~14)

제자들은 당황하여 어쩔 줄 모르고 완전히 낙담하게 되었다. "그가 가시리라"(7:34; 8:21; 12:8, 35; 13:33) 혹은 "그가 죽으시리라"(12:32~33), "12제자 중 하나는 배반자라"(13:21), "베드로가 그를 3번이나 부인하리라"(13:38), "사탄이 그들 모두에게 역사하고 있다"(눅 22:31~32), 그리고 "모든 제자들이 떨어져 나갈 것이다"(마 26:31)라는 말씀들은 그들을 근심의 나락으로 끌어내렸다.

14:1~2 이런 제자들을 위로해 주시기 위해서 예수님은 그들에게 약속을 동반한 간곡한 격려 몇 마디를 주셨다. "너희는 마음에 근심하지 말라." '근심하다'로 옮겨진 타라쎄스또($\tau\alpha\rho\alpha\sigma\sigma\acute{\epsilon}\sigma\theta\omega$)는 11장 33절, 13장 21절, 14장 27절에서 '괴로워, 비통히'로 옮겨졌다. 한 사람의 마음은 그의 인격의 중심부이므로 모든 신자는 자신의 마음의 상태에 책임을 져야 한다(참조, 잠 3:1, 3, 5; 4:23; 20:9). 하나님 아버지와 예수 그리스도를 그 아들로 확신하면 마음의 근심에서 벗어날 뿐만 아니라 앞으로의 시험도 견뎌낼 수 있다. 예수께서 "하나님을 믿으니 또 나를 믿으라"고 하신 것은 하나의 서술적 선언이 아닌 명령이다(참조, NIV 각주). 이제 죽음도 더 이상 그들에게 위협이 될 수 없다. 왜냐하면 예수께서 하늘의 아버지 집에 저희를 위해 거처를 예비하러 가셨기 때문이다.

14:3~4 "내가 다시 와서"는 부활이나 신자들의 죽음을 의미하는 것이 아니라, 그리스도께서 자신의 양들을 위해서 재림하여 그들과 함께 하실 것(참조, 요 17:24), 교회가 들림 받을 것을 가리킨다(참조, 살전 4:13~18). 그가 가실 장소에 대해 예수께서는 아무런 언급도 없으셨다. 믿는 이들이 하나님 아버지와 예수님과 함께 있게 될 것이라는 약속반으로 충분하기 때문이다(참조, 고후 5:8; 빌 1:23; 살전 4:17). 이미 제자들은 어떻게 하나님 나라에 이를 수 있는지를 알고 있었다. "내가 어디로 가는지 그 길을 너희가 아느니라." 예수께서 말씀하셨듯이, 예수께서는 그의 전 사역 기간을 통해 제자들에게 그 길을 보여 주셨다. 그러나 도마가 그것에 대해 물은 것처럼(요 14:5) 제자들은 그것을 온전히 이해하지 못했던 것 같다.

14:5~6 도마의 말("주여, 주께서 어디로 가시는지 우리가 알지 못하거늘")과 질문("그 길을 어찌 알겠사옵나이까")은 이제 남은 열한 제자들의 당혹한 심정을 대변해 준다(참조, 이와 비슷한 베드로의 질문, 13:36). 그들의 이러한 심정은 예수께서 죽으시고 부활하실 때까지, 또한 성령이 강림하실 때까지 계속되었다. 그들은 이미 여러 정보를 알고 있었지만, 그것들을 종합해서 결론을 내릴 수 있을 정도의 소화력은 지니지 못했던 것이다. "내가 곧 길이요 진리요 생명이니"라는 말씀은 "나는 ~이다"라는 형식을 사용한 일곱 말씀 중 여섯 번째 것이다(요 6:48; 8:12; 10:9, 11; 11:25; 14:6; 15:1). 예수님은 '길'이다. 왜냐하면 그분이 '진리'요 '생명'이기 때문이다. 하나님 아버지께서 진리와 생명이시므로 이 세상에서 구체적인 현현인 예수님을 통해 사람들이 하나님 아버지께로 올 수 있게 되었다(참조, 1:4, 14, 18; 11:25). "나로 말미암지 않고는 아버지께로 올 자가 없느니라"는 말씀을 통해 예수께서는 많은 사람들의 생각, 즉 구원은 여러 방법으로 얻을 수 있다는 것에 상반되는 사실을 강조하셨다(참조, 행 4:12; 딤전 2:15). 예수님이야말로 아버지께로 이르는 유일한 길이다. 왜냐하면 그분만이 유일하게 아버지로부터 온 존재이기 때문이다(참조, 요 1:1~2, 51; 3:13).

14:7 이 구절의 핵심 내용은 약속("너희가 나를 알았더라면 내 아버지도 알았으리로다")으로 볼 수도 있고, 꾸짖음("너희가 나를 알았더면 내 아버지도 알았으리로다")으로 볼 수도 있다. 그러나 문맥을 고려해 볼 때, 주께서 당신의 정체와 사명을 이해하지 못하는 것에 대해 제자들을 질책하는 내용임을 알 수 있다(참조, 8:19). 이어지는 제자들의 발언(14:8~9)이 그 사실을 뒷받침한다. "이제부터는 너희가 그를 알았고." 이것은 십자가와 부

활을 뛰어넘은 관점에서의 약속이다(참조, 20:28, "나의 주님이시요 나의 하나님이시니이다").

14:8~9 빌립이 하나님을 보고 싶다(참조, 출 33:18)는 인류의 보편적인 욕망을 표현했다. 이런 욕망이 잘못된 형태로 발전하면 우상숭배가 되는 것이다. 아마도 이때 빌립은 하나님의 나타나심(theophany. 참조, 출 24:9~10; 사 6:1), 혹은 하나님의 영광이 가시적으로 나타나는 모종의 사건을 기대하고 있었을 것이다. 이때 예수께서 주신 말씀, "나를 본 자는 아버지를 보았거늘"(참조, 요 12:45)은 그분의 말씀 중 가장 많은 이의를 불러일으킨 말씀이다. 그러나 예수님 안에 하나님이 계시므로 예수님은 하나님의 완전한 계시이다(1:18). 그러므로 이제 더 이상의 계시(혹은 하나님의 직접 나타나심)는 필요가 없는 것이다. 예수님을 봄으로써 아버지를 보는 것이기 때문이다.

14:10~11 예수님과 하나님 아버지의 하나 됨의 증거는 3중적이다. 첫째는 예수님의 인격(character)에 있다("내가 아버지 안에 … 아버지는 내 안에 계시다." 참조, 20절). 둘째는 그분의 밀씀이 바로 하나님의 말씀이기 때문이다("내가 너희에게 이르는 말은 스스로 하는 것이 아니라." 참조, 7:16; 12:49~50; 14:24). 셋째는 그분이 일으키신 기적들이 바로 하나님의 역사이기 때문이다("아버지께서 내 안에 계셔서 그의 일을 하시는 것이라 … 행하는 그 일로 말미암아 나를 믿으라." 참조, 5:36). 요한복음의 주요 핵심 중 하나가 바로 믿음으로 이끄는 은혜의 수단으로서의 이적들에 대한 강조이다(참조, 5:36; 10:25, 38; 11:47; 12:37; 20:30~31).

14:12~14 사도들이 예수님과 같이 엄청난 기적(예, 5천 명을 먹이심)을 일으켰다고는 말할 수 없겠지만, 그 선교의 영역에 있어서는 더욱 광범위했다(예, 한 번의 설교로 각 지방에서 온 3천 명을 회개시킨 베드로). 이러한 것은 예수께서 아버지께로 가신 후 성령을 보내셨기 때문에 가능했다. 기적을 일으키는 것도 중요하나 복음을 전파하는 사람들은 수많은 무리에게 복음을 가르침으로써 이보다 큰 일도 행했던 것이다. '내 이름으로'(13~14절)는 결코 마술적인 주문이 아니다. 단지 그리스도를 대신해 그분의 일을 행하는 신자들의 기도가 응답될 것이라는 데 그 초점이 있다. 요한은 이러한 가르침을 그의 서신에까지 연장하여, "그의 뜻대로 무엇을 구하면 들으심이라 … 우리가 그에게 구한 그것을 얻은 줄을 또한 아느니라"(요일 5:14~15)고 기록하고 있다. "너희가 내 이름으로 무엇을 구하든지"는 그분의 뜻에 맞추어 구하라는 의미이다(참조, '내 이름으로,' 요 15:16; 16:23~24, 26). 개역개정에는 이 문장의 목적격이 생략되어 있으나(몇몇 헬라어 사본에서도 그러하다), 여기에서의 목적격은 '나에게'로 보는 것이 타당할 것이다. 보통 신약성경 안의 기도들은 하나님 아버지에게 향하고 있는 것이 사실이지만, 성자에게 드리는 기도도 타당한 것이다(예, 스데반의 기도는 '주 예수'께 드려졌다, 행 7:59).

그러나 물론 기도 응답의 목적과 열매는 아버지로 하여금 영광을 받으시게 하는 데 있다(요 15:8).

D. 예수께서 보혜사를 약속하심(14:15~31)

14:15 그리스도를 향한 제자들의 사랑은 그분의 계명에 순종하는 것으로 나타난다(참조, 21, 23절; 요일 2:3; 3:22, 24; 5:3). 그리스도께서는 일찍이 이 사랑과 순종의 모범을 제시하시면서(요 14:31) 제자들이 그것을 따를 것을 기대하셨다(13:15~16).

14:16~17 이 구절은 다락방에서 하신 말씀 중 성령에 관해 언급하신 첫 번째 것이다. 지금까지는 성령에 대한 언급이 거의 없었다. 니고데모에게 전해 준 말씀(3:5~8)은 사적인 자리에서였고, 7장 39절은 오순절 사건을 미리 언급한 것이었다. 성령님은 보혜사이시다(파라클레토스[παράκλητος]. 참조, 14:26; 15:26; 16:7의 주해). 이제 그분은 예수님과 자리를 바꿔서 하나님과 신자들을 중재하신다. 성령님은 믿는 이들 안에 영원히 계신다(참조, 롬 8:9). 또한 그분은 진리의 영(the Spirit of Truth. 그러나 문자적으로는 'Spirit of the truth'이다. 참조, 요 15:26; 16:13)으로서 사도들을 인도할 것이다. 그분은 눈으로는 보이지 않으나("세상은 능히 그를 받지 못하나니 이는 그를 보지도 못하고 알지도 못함이라") 분명히 활동하신다. 라디오가 없으면 전파를 잡을 수 없는 것처럼, 영적인 삶이 없는 구원받지 못한 자들에게 단지 성령님의 존재가 인식되지 않을 뿐이다. 그런 의미에서 제자들은 이미 성령님을 체험했다(설교와 이적들을 통해서). 그러나 이제부터는 그분의 활동에 더욱 밀접하게 관련될 것이다. 왜 예수께서 성령님이 그들 속에 계시겠다(미래 시제)고 하셨을까? 구약시대에는

오직 특별한 임무만을 위해 소수의 몇몇 사람들에게만 성령이 오셨지만, 오순절 후에는 모든 믿는 자에게 영원히 거하실 것이기 때문이다(롬 8:9; 고전 12:13).

14:18~19 "너희에게로 오리라"는 말씀의 뜻은 무엇일까? 다음과 같이 추론해 볼 수 있을 것이다. (1) 예수님의 부활, (2) 들리움, (3) 믿는 이들의 부활, (4) 신비한 체험, (5) 오순절 성령강림. 이 가운데 (1)과 (5)가 가장 타당하게 보인다. 19절은 제자들이 부활 후에 그분을 보았으므로 (1)의 견해를 지지해 준다. 그분의 부활은 그를 따르는 모든 이들의 부활의 확증("내가 살아 있고 너희도 살아 있겠음이라." 참조, 고전 15:20~21)인 동시에 새로운 삶의 기초이다.

14:20~21 '그날'은 예수께서 아버지께로 올라가셨음을 명백히 증명해 주는 동시에 성령께서 넘치게 역사하신 오순절을 가리킨다(그러나 어떤 이들은 모든 믿는 이들이 갖는 확신의 기초인 예수님의 부활의 날이라고도 해석한다). 성령께서 믿는 모든 이들에게 오셔서(17절) 그들 안에 있는 그리스도를 밝히 보여 줌으로써 그분과의 연합("너희가 내 안에, 내가 너희 안에")을 가르치신다.

기독교인의 사랑은 주의 말씀을 **지킴**으로써 표현된다(참조, 15, 23절). 이러한 사랑의 보상은 엄청난 것이다. (1) **아버지**께서 그분의 사랑을 보여 주실 것이다(참조, 23절). 또한 (2) 성자께서 **그를 사랑하여** 그에게 자신을 나타낼 것이다. 그러나 이 구절은 결코 '행위'의 종교를 가르치고 있지는 않다. 단지 그리스도의 말씀을 믿고 그것을 지키면 주님께 사랑받는다는 것이다. 구원의 신앙은 행위를 낳는 것이다(참조, "믿어 순종하게 하나니," 롬 1:5).

14:22 가룟인 아닌 유다는 다대오라고도 불린 이였을 것이다(마 10:3; 막 3:18). 그는 왜 예수께서 자신을 그들에게만 나타내시고 세상에는 나타내지 아니하시는지 의아하게 생각했다(참조, 요 14:19상).

14:23~24 이러한 의문에 대해 **예수께서는** 자신의 가르침을 지키지 않는 이들에게는 아버지와 자신을 보여 주지 않으리라고 대답하셨다. 순종은 예수님과 그분의 말씀에 대한 사랑에서 나오는 것이다(참조, 15, 21절; 요일 2:3; 3:22, 24; 5:3). 그리고 그 결과로서 아버지와 아들이 그와 함께 계시게 된다("거처를 함께하리라"). '거처'로 옮겨진 모넨($\mu o\nu\eta\nu$)은 요한복음 14장 2절에 등장하는(NIV는 이 단어를 14장 1절에서 rooms로, 여기에선 Home으로 번역했다) 모나이($\mu o\nu\alpha\iota$)의 단수이다. 이 단어는 신약성경 중 이 두 절에만 등장한다.

　　예수의 말씀을 지키지 아니하는 것은 곧 그를 보내신 아버지 하나님을 거역하는 것이다. 전에도 이미 증언했던 것과 같이 예수님의 말씀은 그 자신의 것이 아니기 때문이다(12:49; 14:10).

14:25~26 예수님이 이 땅에 오셔서 하셨던 말씀의 일부만이 당시에 이해되었다. 그러나 최소한 다음의 세 가지 사실은 사도들이 예수님의 인격(Person)과 사명을 이해하는 데 필요한 것이다. (1) 그는 죽으셔야 했다. (2) 그는 자신의 예언을 입증하시기 위해, 또한 선포하시기 위해 다시 부활하셨다. (3) 성령께서 오셔서("아버지께서 내 이름으로 보내실," 즉 예수님이 맡으셨던 그 자리에 그분을 대신해) 예수의 말씀과 행하신 일들을 해석하실 것이다. 예수께서는 성령이 "너희에게 모든 것을 가르치고 내가 너희에게 말한 모든 것을 생각나게 하리라"고 하셨다. 이 구절은 사도들에게 주어

진 것이다. 문맥으로 미루어 보아 '모든 것'은 예수님의 인격과 사역에 대한 해석을 강조하는 것임을 알 수 있다. 그들의 믿음 안에 성령이 역사하실 때, 그분이 그들에게 예수님의 가르침을 다시 생각나게 해 그분에 대한 통찰을 주시게 되는 것이다(참조, 2:22; 7:39; 20:9).

14:27 신약성경이 쓰인 시대에 사용하던 작별 인사는 '평안'(히브리어 샬롬[מֹלוֹשׁ])이었다. 예수께서는 죽음을 통해 그의 제자들에게 유산을 남기셨다. "나의 평안을 너희에게 주노라." 그들의 죄가 사해졌고 이제는 '하나님의 평강'(빌 4:7)이 그들의 삶을 보호해 줌으로 '하나님과 화평'(롬 5:1)을 누릴 수 있게 되었다. 그러나 세상은 이러한 평안을 줄 수 없다. 죽음과 미래에 대한 두려움(히 2:14~15)은 예수님을 신뢰하고 따르는 자들에게 더 이상의 의미가 없다. 그러므로 그들의 마음에는 근심도, 두려움도 없어지게 되는 것이다(참조, 요 11:33; 13:21; 14:1).

14:28 예수님에 대한 제자들의 사랑이 조금 더 성숙했다면 그들은 그분의 가심에 기뻐하였을 것이다. 예수께서는 비록 이 땅에서 고난을 당하셨지만 아버지께로 감으로써 영광 받으실 것이며(참조, 13:31~32), 그 영광과 함께 다시 오실 것이다(참조, 14:3).

아리우스파와 여호와의 증인들은 "아버지는 나보다 크심이라"는 구절을 근거로 예수님이 하나님 아버지보다 못한 하위의 신이라 주장한다. 그러나 이것은 예수님을 하나의 피조물로 전락시키거나 또한 신앙의 형태에 있어 다신교로 유도하게 한다. 물론 이것들은 비성경적인 사고이다. 아버지와 아들은 같은 본질을 나누고 있으며(참조, 1:1~2; 14:9; 20:28) 그 목적과 본질에 있어서 '하나'이다(10:30). 그러므로 "아버지는 나보다 크심이

라”는 증언은 아들이 고난 중에 있을 때 아버지가 그 직무(office)와 영광
에 있어서 더 크심을 뜻한 것이다.

14:29~31 성취된 예언은 믿는 이들에게 큰 위로와 힘이 된다(참조, 사
46:8~10). 예수께서는 여러 번 자신의 죽음과 부활에 대해 예언하셨다
(예, 막 8:31~32; 9:31). 그러한 일이 실제로 일어나자 제자들은 상당한
충격을 받았다. 그러나 그것은 곧 그들의 신앙을 더욱 강하게 해 주었다.
이제 그분이 가르치실 시간도 얼마 남지 않았다. 왜냐하면 이 세상의 임금
인(참조, 12:31; 16:11) 사탄이 유다를 하수인으로 삼아(참조, 13:2, 27)
예수께 그의 세력을 뻗쳐 오고 있었던 것이다. 그러나 사탄은 결코 예수
께 관계할 것이 없었다. 죄는 죽음을 초래하고(롬 5:12, 21상; 6:16), 사탄
은 죄와 죽음으로써 사람들과 관계해 왔다(참조, 히 2:14~15; 계 12:10).
그러나 예수님은 죄 없는 분이기에 사탄은 결코 그분을 그 어둠의 왕국으
로 끌고 갈 수도 없었다. 사탄은 예수님의 죽음을 자신의 승리라고 생각
했을 것이다. 그러나 실제로 그것은 사탄에 대한 예수님의 승리였던 것이
다(요 16:11; 골 2:15).

예수께서는 아버지를 사랑하셨기에 ‘죽기까지 복종했을’(빌 2:8) 성노
로 아버지께서 명하신 대로(참조, 요 10:18; 12:49~50) 행하셨다. “일어나
라. 여기를 떠나자.” 이때까지 예수께서는 제자들과 함께 다락방에 계셨
다. 이제 그분은 감람산의 겟세마네 동산으로 갈 준비를 하신다. 15~17
장에 나오는 예수님의 말씀이 그 방에서 하신 말씀인지 혹은 동산으로
가는 길에 하신 말씀인지 명확하지 않으나, 그 방에서 하신 말씀일 가능
성이 더 많다.

예수께서 제자들에게 세 가지 중요한 관계에 대해 가르치셨다. 제자들은 먼저 예수님과(1~10절), 서로 간에(11~17절), 그리고 이 세상과(18절 ~16:4) 바른 관계를 가져야 한다. 또한 제자들의 주요 3대 의무는 예수님 안에 거하고, 서로 사랑하고, 증언하는 것이다.

15:1 "나는 참포도나무요"(참조, 5절). 이것은 요한복음에 나오는 "나는 ~이다" 형식의 일곱 가지 선언 중 가장 마지막 것이다(참조, 6:35의 주해). 이스라엘은 하나님이 온 정성과 주의를 쏟으셨던 선택된 나무였다(시 80:7; 사 5:1~7; 렘 2:2; 6:9; 겔 15장; 17:5~10; 19:10~14; 호 10:1; 14:8). 그분은 그 나무에서 열매를 고대하셨으나 그 나무(이스라엘)는 점점 피폐해져서 결국에는 썩은 열매를 맺고 말았다. 그러므로 이제 '참포도나무'이신 예수 그리스도께서 하나님이 이스라엘을 향해 의도하셨던 모든 것을 성취하러 오신 것이다. 아버지는 그 나무를 배양하고 보호해 주신 농부이시다.

15:2 농부이신 아버지께서 열매를 기대하신다는 내용이 15장에 8번 언급된다(2절: 3번, 4절: 2번, 5절, 8절, 16절). 그 내용이 '열매'(2절), '더 열매'(2절), '많은 열매'(5, 8절)로 점차 강조되고 있음을 알 수 있다. 하나님이 이스라엘로부터 원하셨던 열매는 사랑의 복종과 의로움과 공평이었다(사 5:1~7). "내게 붙어 있어 열매를 맺지 아니하는 가지는 아버지께서 그것

을 제거해 버리시고.” ‘내게 있어’(in Me)라는 어구는 바울의 ‘그리스도 안에’(in Christ)와는 다른 의미를 가진다. 여기서는 단지 포도나무 비유의 한 부분으로서 “내 제자(가지)라고 자칭하는 모든 사람이 내 참제자인 것은 아니다”라는 의미에서 쓰인 것이다. 아무 열매도 맺지 못하는 가지는 분명히 죽은 것이다. 그러므로 가롯 유다처럼 제해야 한다(참조, 15:6의 주해). 팔레스타인 지방에서는 매년 정원사들이 가지를 친다. 그들은 죽은 나무를 잘라 버리고 산 것들을 정리해 줌으로써 더욱더 풍성한 결실을 맺게 해 준다.

15:3 제자들은 유다 한 사람만을 제외하고(참조, 13:10~11) 모두 예수님과 그 말씀에 의해서 이미 깨끗해졌다.

15:4 열매를 맺게 된 것은 아들의 생명이 그 제자들 안에서 재생산된 결과이다. 이제 제자들은 **거해야** 한다. ‘거하다’로 옮겨진 **메노**($\mu\acute{\epsilon}\nu\omega$)는 요한신학의 핵심적 단어로서 이 장에서만 11번 등장하며, 요한복음 전체에는 40번, 그리고 요한의 서신들에는 27번 나온다. ‘거하다’는 말은 무슨 의미인가? 첫째로는 예수님을 구세주로 받아들인다는 것이요(참소, 6:54, 56), 둘째로는 그 믿음을 계속적으로 지켜 나간다는 것이며(8:31, ‘속하다’도 거하다와 같은 의미이다. 요일 2:19, 24), 셋째로 믿음과 그에 따른 사랑의 복종(요 15:9~10)을 뜻한다. 믿음 없이는 하나님의 어떠한 생명도 우리에게 임하지 않는다. 하나님으로부터 임하는 생명이 없으면 참열매를 맺을 수 없다. “너희도 내 안에 있지 아니하면 그러하리라.”

15:5~6 제자들이 계속해서 예수님과 함께 거하고(‘그가 내 안에’), 또 예

수님이 그 믿는 자들 안에 계시면('내가 그 안에') 많은 열매가 맺어진다(참조, 8절). 그러나 믿지 않는 이들은 재난에 직면할 것이다. 생명이 없는 가지는 죽은 것이기에 잘라 버려진다(2절). 그것은 가치가 없는 것이므로 불에 던져 살라지게 된다. 이 말씀을 하신 의도는 무엇이었을까? 이에 대해 적어도 세 가지 해석이 가능하다. (1) 불에 태워지는 가지들은 구원을 잃어버린 기독교인들이다(그러나 이 해석은 많은 구절들과 배치된다. 예, 3:16, 36; 5:24; 10:28~29; 롬 8:1). (2) 불에 태워지는 가지들은 그리스도의 심판 날에 구원은 간신히 얻을 것이나 상급은 없을 교인들이다(고전 3:15. 그러나 예수께서는 밖에 버려져 마르는 죽은 가지들을 말씀하셨다). (3) 그것들은 유다와 같이 비록 교인이라고 고백은 하나 실제로 구원받지 못해 결국에는 심판받을 사람들을 가리킨다. 그리스도와 관계없는 사람은 죽은 가지가 그러하듯이 영적으로 죽어 있는 상태이므로 영원한 불의 형벌에 처해질 것이다(참조, 마 25:46). 유다는 예수님과 함께 있었기에 '가지'와 같이 보였다. 그러나 그 안에는 하나님의 생명이 없었으므로 결국에는 죽은 가지와 같이 되고 말았던 것이다.

15:7~8 6절과는 대조적으로 이 구절들은 상당히 긍정적인 면을 강조하고 있다. 예수님과 함께 거하면 열매를 많이 맺을 것이다.

효과적인 기도는 그리스도에 대한 믿음과 믿는 이들 안에 거하는 그분의 말씀에 기초한다. 그리스도의 말씀이 그 믿는 이들의 마음을 움직여 그들의 기도가 아버지의 뜻에 맞도록 이끌어 주기 때문이다. 기도가 하나님의 뜻에 이렇게 부합될 때 그 결과는 확실하다. "그리하면 이루리라"(참조, 요일 5:14~15). 성취된 기도는 아버지께 영광을 가져온다. 왜냐하면 그것은 예수님과 같이 그의 제자들도 하늘 아버지의 뜻을 행했기 때문이다(참조, "나라가 임하시오며 뜻이 하늘에서 이루어진 것같이 땅에서도 이루어지이다"[마 6:1]).

15:9~10 믿는 이들은 그 질과 규모에 있어서 하나님의 사랑을 꼭 빼어 닮은 놀라운 예수님의 사랑에 감동된다. "나의 사랑 안에 거하라"는 말씀이 신비적으로 들릴 수도 있기에 예수께서는 그것을 매우 구체적으로 표현해 주셨다. 아들이 그러하셨던 것처럼 아버지의 계명을 지키는 것이 바로 그분의 사랑 안에 거하는 것이다(참조, 14:15, 21, 23; 요일 2:3; 3:22, 24; 5:3). 적극적인 신뢰와 충성스러운 복종이 모든 하나님의 자녀들이 걸어야 할 길이다.

F. 예수님의 친구들(15:11~17)

15:11 예수께서는 열매를 맺는 삶으로 아버지를 기쁘게 해 드리는 것을 통해 기쁨이 충만하셨다(참조, 히 12:2). 그분의 가르침의 목적은 사람들에게 기쁨 없이 그저 살아가는 것이 아닌 풍성한 삶을 주려는 데 있다(요 10:10). 그 제자들에게 순종하라고 하는 명령도 그들의 기쁨이 충만하게 하려 함이었다(참조, 17:13).

15:12 믿는 이들에게 주어진 가장 주요한 계명은 서로 사랑해야 한다는 것이다("서로 사랑하라." 이것이 17절에서도 반복되고 있다). 기독교인들은 서로가 서로를 돌보고 양육함으로써 성장한다. 그러한 사랑의 본이 겸

손한 자기희생의 섬김을 보여 주신 그리스도이시다. "내가 너희를 사랑한 것같이."

15:13~14 친구로서 다른 친구에게 해 줄 수 있는 최상의 것은 그를 위해서 죽는 일이다. 그러한 죽음은 명백한 **사랑**의 증거이다. 예수께서는 자신에게 순종하는 그의 **친구**들을 위해 죽으심으로써 그 사랑(12절하)을 나타내셨다. 아브라함도 그가 하나님께 순종했기에 하나님의 '친구'(대하 20:7; 사 41:8)라고 불렸다. 아브라함과 하나님은 가까운 친구 사이처럼 서로서로 잘 통했다(참조, 창 18:17).

15:15~17 종(문자적으로는 '노예')과 주인과의 관계는 친구 관계만큼 밀접한 것이 아니다. 보통 종은 **주인**의 의도와 **사업**에 대한 자신의 이해와 상관없이 명령받은 것을 행할 뿐이다. 그러나 예수께서는 하나님의 계시 자체인 그분 자신을 그 제자들에게 완전히 알리셨기에 '종'이라는 칭호를 예수님과 제자들의 관계에 쓸 수는 없는 것이다(바울이 자신을 '하나님의 종'[문자적으로 '노예']이라 한 것은[롬 1:1], 이것과는 다른 의도에서였다. 그는 자발적으로 겸손히 하나님께 봉사하고 순종하겠다는 뜻으로 그 단어를 사용했다). 그러므로 예수께서는 그 제자들을 친구라 하였다. 그리고 예수께서는 제자들이 선생을 선택하는 관습과는 달리 그분 자신이 그들을 선택했다는 점을 상기시키셨다(참조, 요 15:19). 그 선택의 목적은 그들로 하여금 열매를 맺게 하려는 데 있다. 즉 그분은 특정한 사명을 위해 그들을 선택하셨고, 그의 **아버지**께서는 그 사명 완수를 위한 모든 요청에 응답하실 것이다("내 **이름**으로 아버지께 무엇을 구하든지." 참조, 7절, '내 이름으로,' 14:13~14; 16:23~24, 26). 예수님과 친구가 되면 형제 사

랑의 의무가 동반된다. "서로 사랑하라"(참조, 15:12).

G. 세상이 미워함(15:18~16:4)

15:18 하나님과 친구가 되면 세상의 미움을 감수해야 한다. 반대로 세상과 친구가 되는 것은 하나님의 적이 되는 것이다(약 4:4). 예수께서는 일찍이 제자들에게 이 세상의 미움에 대해 경고하셨다. 요한복음에서 세상은 사탄의 권세 아래에서(요 14:30) 하나님께 대적하는 조직적인 사회 체계를 의미한다. 믿는 이들이 이 적대감에 놀랄 수도 있다(벧전 4:12~13). 그러나 그때 그들은 예수님이 태어나실 때부터(헤롯의 살해 음모) 십자가에서 돌아가실 때까지 미움을 받으셨다는 것을 상기해야 한다.

15:19 세상이 기독교인을 미워하는 가장 근본적인 이유는 그 둘의 상이함에 있다(참조, 벧전 4:4; 롬 12:2). 어둠의 왕국을 떠나 하나님의 아들의 왕국으로 옮겨 온(골 1:13) 그들은 이전과는 다른 기쁨, 복적, 소망, 그리고 사랑을 갖는다. 그들은 또한 삶에 대한 확신과 진실과 기준을 갖는다. 기독교인들은 그리스도에 의해 세상에서 택함을(참조, 요 15:16) 입은 자들로서 이제 그분에게 속하게 되었다. 그들이 이 세상에 속한 자가 아니기 때문에 세상이 그들을 미워하는 것이다.

15:20~21 예수께서 이미 제자들에게 하셨던 말씀을 다시 하셨다. "종이 주인보다 더 크지 못하다"(참조, 13:16). 이전에 예수께서는 제자들이 그

분의 겸손한 섬김을 따라 행해야 할 필요에 대해 말씀하셨다. 이제는 또 다른 면에서 이 원칙이 적용되고 있다. 즉 기독교인들은 예수님과 아주 밀접하기에 그분의 고통도 나눈다는 것이다("너희도 박해할 것이요"). 물론 긍정적인 면에서 예수님을 따르고 **말씀에 순종했던** 이들은 사도들의 말에도 응답하는 이들이었을 것이다. 아무튼 세상이 제자들을 미워하는 근본 원인은 그들이 예수님과 연합되었다는 데 있다. 그들은 예수님을 보내신 하나님을 알지 못했기에 예수님을 미워했다.

15:22~23 예수께서 하나님의 계시로 오셨다. 만약 예수께서 오셔서 그들에게 말하지 아니하였더라면 그들의 죄가 그렇게 커지지는 않았을 것이다. "죄가 **없었으려니와**"(참조, 24절)라는 말은 16장 9절이 보여 주듯이(참조, 3:19; 9:41) 절대적인 의미로 해석되어서는 안 된다. 예수께서 오시기 전에 사람들은 자신의 죄에 대해 그것이 무엇인지 몰랐다고 변명할 수도 있었을 것이다(참조, 행 17:30). 그러나 이제 참빛이 세상에 임했는데도 그것을 의도적으로 거부한다면 그것은 **핑계할 수 없는** 행위인 것이다. 예수님 안에서 또한 예수님에 의해서 나타난 계시는 **아버지**와 너무도 밀접하기 때문에, 예수님을 미워하는 것은 곧 하나님을 미워하는 것과 같다(참조, 요 15:24하).

15:24~25 이 두 구절은 22~23절의 사상을 확대한 것이다. 예수께서 일으키신 기적은 너무 명백해 부인할 여지가 없는 것이다. 이때 유대인들은 솔직히 "하나님이 함께하시지 아니하시면 당신이 행하시는 이 표적을 아무도 할 수 없음이니이다"(3:2)라고 고백해야 했다. 그러나 그들은 죄로 인해 빛보다는 어둠을 사랑했기에(3:19) 예수님과 아버지를 모두 거부했

다. 그들은 예수님을 거부하는 것이(16:2~3) 하나님을 섬기는 것이라 생각했다. 그러나 실제로 그것은 사탄을 받드는 행위였다. 죄는 근본적으로 비합리적인 것이다. 예수님에 대한 그들의 증오는 다윗과 같은 의인을 미워했던 자들이 지녔던 그것처럼 합리적인 이유가 전혀 없는 것들이었다 (시 35:19; 69:4; 109:3).

15:26~27 세상의 배척과 미움에 직면했을 때 믿는 이들은 그 세상으로부터 도피하거나 혹은 그저 조용히 살려는 유혹을 받을 수 있다. 수도원주의와 극도의 분리주의, 그리고 이로 인한 복음 증언의 약화는 교회사에서 일반적인 현상이었다.

예수께서는 이러한 유혹에서 벗어날 수 있도록 그 제자들에게 이 세상에서 역사하실 성령님의 오심을 약속하시면서 그들을 격려해 주셨다. 마치 예수님의 사역이 자신을 초점으로 하지 않고 아버지께 중심을 두었던 것처럼, 성령님은 메시아 되신 예수님을 증언하시는 것에 힘쓸 것이다 ("그가 나를 증언하실 것이요"). 그리고 그분이 진리의 성령(참조, 16:13)이시므로 그분의 증언은 진실이다.

보혜사(참조, 14:26; 16:7)로서 그분은 하나님의 진리를 이 세상에 알리신다. 성자께서 아버지께로부터 오신 것과 같이 성령님도 아버지께로부터 보냄 받았다(참조, 14:26). 그러나 성령님의 신비스러운 역사는 교회와 연관 없이 행해지지 않는다. 사도들 역시 자신들이 알게 된 사실들을 증언해야 했다. "너희도 … 증언하느니라." 사도들이 증언하고 성령님이 설득해 주실 때 사람들은 구원을 받게 된다. 성령님의 증언과 짝을 이루는 하나님의 명령(행 1:8)에 대한 인간의 응답이라는 관계성은 모든 세대에 해당된다.

16:1~2 제자들은 왜 예수께서 그들에게 세상의 미움과 핍박을 이야기하고 계신가 의아했을 것이다. 이러한 의문을 예상하신 예수님은 장차 닥칠 고난을 예기하는 것이 그들이 하나님의 뜻 안에 머물 수 있도록 도움을 줄 것임을 지적하셨다(4절에서 두 번째 이유를 설명하심). 제자들은 앞으로 추방, 심지어 죽음도 당할 것이다. 그때 예수께서 배척당하시고 순교하셨던 것과 같은 일이 제자들에게도 일어나리라고 예언하셨던 것을 기억한다면 그것은 그들에게 새로운 힘이 될 것이다. 초대 기독교인들은 유대인들이었다(행 2:11, 14, 22). 그러나 교회가 커지고 복음이 퍼져 나가자 그들은 곧 **출교당하기** 시작했다(90년경). 스데반(행 7:59), 야고보(행 12:2)와 다른 이들(행 9:1~4)처럼 핍박받아 죽게 되는 경우도 생겼다. 교회사를 통해서 볼 때 어떤 이들은 하나님에 대한 잘못된 열심으로 믿는 이들을 박해한 적이 있었다. 그들은 자신들이 하나님을 섬기는 일을 하고 있다는 생각을 했기 때문이다(참조, 롬 10:2).

16:3~4 세상은 아버지와 예수님을 알지 못하기 때문에 예수님의 제자들을 박해할 것이다. 그들은 예수님의 말씀과 행위에서 역사하시는 하나님을 깨닫지 못했다. 대부분의 유대인들은 나름대로 율법을 통해 하나님에 대한 지식을 가지고 있었으나, "마음이 미혹된 백성이라 내 길을 알지 못한다"(시 95:10)는 말씀과 같이 구원으로 이끄시는 하나님에 대해서는 모르고 있었다.

예수께서는 다가올 박해에 대비해 제자들의 믿음을 강화시키고자 그들에게 이러한 충고를 하셨다. 미래를 정확히 예언하는 그분의 능력을 알 때 그분에 대한 그들의 신앙은 더욱 자라게 된다. 이전에 이러한 경고를 하지 아니한 것은 그때에는 세상의 미움이 그분에게만 향하고 있었기 때문이다. 그때 예수께서는 그들을 몸소 감싸 주셨으나 이제는 그들이 이 땅에서 그분의 몸이 되어야 한다(엡 1:22~23).

H. 성령의 사역(16:5~15)

16:5~6 예수님이 떠나가실 것이라는 사실이 제자들을 침울하게 만들었다. 그들은 당장 그분이 자신들의 곁을 떠나가신다는 사실에만 집착하고 있었다. 만약 그들이 왜 예수께서 가시며 또 누구에게로 가시는 것인지 알았더라면 기뻐할 수도 있었을 것이다. 후에(22절) 예수께서 그들의 애통한 순간들이 곧 큰 기쁨의 시간으로 변할 것이라 예언하셨다. "지금 내가 나를 보내신 이에게로 가는데"라는 말씀을 듣고 제자들은 물어야만 했다(그러나 심지어 도마[14:5]도 어디로 가시느냐고 묻지 않았다). 그러나 그들은 그들 자신의 문제에만 집착했기에 그때('지금')의 엄청난 의미와 죽으심, 장사, 부활과 승천으로 진행되는 사건들의 결정적 계기로서의 의미도 파악할 수 없었다.

16:7 비록 어렵고 고통스러운 일이었으나 예수님의 떠나가심은 제자들에게 필요했다. 사실 그분의 가심은 유익한 것이다(쉼페레이[$\sigma \upsilon \mu \phi \acute{\epsilon} \rho \epsilon \iota$]: 유익하다). 그분이 가시지(그것은 곧 죽으심, 장사, 부활, 승천을 포괄한다) 않으면 기쁜 소식이 없었을 것이기 때문이다. 예수께서는 사람들의 죄를 사해 주시기 위해(마 1:21) 죄의 대속을 필요로 하셨다. 또한 그분이 떠나가지 아니하면 속죄를 적용할(apply) 보혜사를 보내실 영광의 주님이

존재하지 않게 된다. '보혜사'는 헬라어 **파라클레토스**($\pi\alpha\rho\acute{\alpha}\kappa\lambda\eta\tau\sigma\varsigma$)를 옮긴 것으로서, 재판정에서 변호를 해 주는 법적 보조인을 일컫는 단어였다. 바로 이 보혜사가 오순절에 새롭고 독특한 방식으로 이 땅에 오셨던 약속된 성령님이시다.

16:8 성령님의 새로운 사역 가운데 하나가 죄에 대하여, 의에 대하여, 심판에 대하여 세상을 책망하시는 것이다. 죄의 자각이 곧 회개를 뜻하는 것은 아니지만, 후자에 이르는 필수적인 과정이다. "죄에 대하여 … 책망하시는"으로 옮겨진 **엘렝크세이**($\dot{\epsilon}\lambda\acute{\epsilon}\gamma\xi\epsilon\iota$)는 "진실을 밝히기 위해 어떤 사실을 밝히다, 혹은 폭로하다"라는 뜻이다. 성령님은 아직 구원받지 못한 이들에게 하나님의 진리가 과연 어떤 것인가를 마음속으로 깨닫도록 역사하신다. 보통 이러한 역사의 과정에는 인간적 도움도 동반된다(참조, 15:26~27).

16:9 죄는 하나님께 대적하는 반란을 뜻하며, 그것은 예수님의 십자가에서 그 정점에 달했다. 오늘날 가장 큰 죄는 예수님을 믿지 않는 것이다(참조, 3:18; 15:22, 24). 그러나 대부분의 사람들은 그것을 죄로 인정하려 하지 않는다. 오히려 그들은 세상적인 악덕이나 실수, 범죄를 죄라고 생각한다. 그러나 죄는 하나님을 거스르는 것이다. 사람들은 이 하나님의 진리를 억압해 왔다(참조, 롬 1:18, 21, 25, 28). 이러한 절박한 환경에 처한 이들에게 성령님의 위대한 사역은 절실한 것이다.

16:10 유대인들은 하나님의 저주 아래 놓인 극악한 죄인들을 위해 마련된, 나무에 사람을 매어 다는(신 21:23; 갈 3:13) 십자가형을 예수님에

게 행함으로써 그분의 불의함을 보여 주었다고 여겼다. 그러나 부활과 승천은 예수님이 하나님의 의로운 종이었음을 명백하게 증명해 주었다(행 3:14~15; 사 53:11). 성령님은 복음이 부활의 사건을 강조하며 선포될 때 사람들이 예수님에 관해 가졌던 잘못된 생각들을 올바르게 고쳐 주신다 (고전 15:3~4).

16:11 성령님은 심판에 관해서도 새로운 것을 깨우쳐 주신다(이것이 요한복음에 소개되는 성령님의 사역의 3번째 영역이다). 예수님의 죽음과 부활은 이 세상의 임금(요 14:30)인 사탄에 대한 징벌이었다. 예수님은 그 죽음으로써 '죽음의 권세'(히 2:14)를 가진 마귀를 물리치셨다(사탄이 비록 십자가에서 결정적인 패배를 당했으나 아직 활동하고 있다[벧전 5:8]. 그러나 지금은 이미 정죄당한 존재로서 '형 집행'만을 기다리고 있는 존재에 불과하다[계 20:2, 7~10]).

지금 하나님을 대적하고 있는 모든 사람들은 이 사탄의 패배를 직시하고 심판의 권세를 가진 주님을 두려워해야 한다. 다가올 심판(사탄과 사람 모두에게 임할)이 선포되었을 때 성령님은 사람들을 깨우쳐 구원받도록 준비시키신다(참조, 행 17:30~31).

16:12~13 당시에 제자들은 더 많은 영적 진리를 받아들일 수 없었다. 그들의 마음이 굳어져 있어서 그 관심이 지상에서의 출세에 집중되어 있었기 때문에 결코 예수님의 죽음을 필요한 것으로 받아들이지 못하는 상태에 있었다. 거기에다 그분이 곧 가실 것이라는 말씀, 그들 중 하나는 배신자가 되리라는 선언, 나아가 그들 모두 그분을 부인할 것이라는 예언은 그들을 더욱더 어리둥절하게 만들어 놓았다. 그러나 진리의 성령이 오시면

(참조, 15:26) 예수님의 죽음 후에라도 그들을 진리 가운데로 인도하실 것이다.

예수께서는 성령님이 결코 스스로 말하지 않고 오직 아버지로부터 들은 것을 가르치실 것이라고 하셨다. 이것은 삼위일체 위격(persons) 간의 상호의존성을 잘 요약해 준다. 즉 아버지께서 아들에 대해 사도들에게 무엇을 가르칠 것인가를 성령님에게 **말씀하신다**는 것이다. 또한 성령님은 장래 일도 알려 주실 것이다. 이 구절은 "그가 너희를 모든 진리(NIV, "all truth." 그러나 문자적으로는 "all the truth") 가운데로 인도하시리라"는 약속을 이해할 수 있도록 해 준다. 이것은 메시아이신 예수님의 인격과 사역에 대해 부분적으로 이해하고 있는 사도들에게, 성령께서 예수님의 재림(참조, 고전 2:10)만이 아닌 더 임박한 십자가와 부활 사건의 의미에 대한 통찰을 주심으로써 그들을 무장시키시리라는 약속이다. 신약성경은 바로 이러한 성령님의 가르치시는 사역의 완성인 것이다.

16:14~15 예수님 자신이 말씀(Logos), 아버지의 계시(바울의 표현을 빌린다면 "보이지 아니하는 하나님의 형상"[골 1:15])이시기에 **아버지께 있는 것**은 곧 아들의 것이기도 하다. 진리의 성령님은 사도들에게 그 말씀에 관한 사역과 위격(the person)을 계시해 줌으로써("내 것을 가지고 너희에게 알리시겠음이라") 예수께 **영광을 돌린다**.

성령님은 사도들의 마음속에 역사해 그들이 느끼고, 깨닫고, 나아가 예수님을 구세주로 증언하고 가르칠 수 있도록 해 주신다.

Ⅰ. 변화에 대한 예언들(16:16~33)

이제 예수님의 가르침은 성령님의 미래 사역으로부터 그 제자들에게 곧 부딪혀 올 현실들로 그 관점이 옮겨지고 있다. 곧 예수께서 다시 나타나실 것이지만, 그 제자들은 유감스러움과 고통과 영적인 실족을 먼저 경험하게 될 것이다. 그러나 결국에는 기쁨과 기도와 평강이 그들에게 임한다는 것이 그 요지이다.

16:16 "조금 있으면"이라는 말이 제자들을 당황하게 했다(아마도 요한복음을 처음 읽었던 이들도 그러했을 것이다). 또한 "나를 보리라"는 예언도 즉시 이해하기는 어려웠다. 이것이 (1) 성령님의 강림, (2) 재림, 혹은 (3) 부활과 승천 사이의 40일간의 짧은 사역을 뜻하는 것일까? 가장 마지막의 해석이 문맥상 가장 적절하다.

16:17~18 제자들은 시간 간격에 혼란을 느꼈다. "서로 말하되"로 번역된 어구는 계속을 나타내는 미완료 시제로서, 제자들 간에 그 질문이 뚜렷한 결론 없이 계속되고 있었음을 보여 준다. 그들은 예수님께서 (1) 조금 있으면 그들이 예수님을 보지 못하겠고 (2) 또 그들이 당신을 보리라고 하셨고, 또한 (3) 아버지께로 감이라고 하신 말씀들을 조화시켜 이해할 수가 없었다. 오직 그분의 죽음과 부활, 부활 후의 사역과 승천 후에야 이 모든 것이 명백해질 수 있었다.

16:19~20 큰 스승이셨던 예수님은 그 제자들의 당혹함을 이해하셨다. 그러나 그분은 자신의 말씀을 상세히 풀어 설명하시지는 않았다. 이제 곧 시간이 흐르면 성령님의 가르치시는 사역의 도우심으로 확실해질 것이기 때문이었다(참조, 12~13절). "내가 진실로 진실로 너희에게 이르노니"(참조, 1:51의 주해)라는 표현은 그들에게 닥칠 근심이 곧 큰 기쁨으로 바뀔 것이라는 예언을 강조하려는 것이다. 그분의 죽음이 그 제자들에게는 큰 근심이 되겠으나 세상은 기뻐할 것이다. 그러나 그들을 곡하고 애통하게 했던 그 메시아의 죽음이 그들에게 기쁨을 가져올 것이다. "너희 근심이 도리어 기쁨이 되리라." 그분의 부활과 성령님의 해석해 주시는 역사가 그분이 죄의 시험을 위해 죽으셔야만 했던 것을 그들에게 깨우쳐 줄 것이다. 그 후에 온 교회는 그분의 죽음을 통해 참기쁨을 누리게 된다(참조, 고전 1:23; 2:2).

16:21~22 예수님은 아이를 낳는 고통이 곧 기쁨으로 변하는 사실을 예로 드심으로써, 새로운 탄생의 순간에 겪을 고통이 곧 기쁨으로 변할 것임을 말씀하셨다. 이제 제자들은 근심의 상태에 처했으나("지금은 너희가 근심하나") 사실 그 앞에는 기쁨이 자리 잡고 있다. 그들이 부활하신 예수님을 뵈었을 때 그들의 기쁨은 컸고, 그분이 죄에 대해 한번 죽으시고 이제는 영원히 사시기에(참조, 롬 6:9~10; 눅 24:33~52; 히 7:24~25) 그 기쁨은 끝이 없이 영원한 것이다.

16:23~24 이제 다가올 사건들이 모든 관계를 변화시켜 줄 것이다. 육체적인 의미에서 예수님은 그들과 함께 계시지 않을 것이기에('그날'은 승천하신 후를 뜻한다) 그들은 그분에게 아무것도 묻지 아니할 것이다. 그러

나 성령님이 그들을 도우실 것이다(13~15절).

또다시 중요한 사실을 언급하시려고 "내가 진실로 진실로 너희에게 이르노니"라는 표현을 쓰셨다. 그들은 이제 이 땅에 파견된 예수님의 대사들이다. 그러므로 그들은 무엇이든지 그분의 뜻을 이루기 위해 필요한 것을 아버지께 구할 권리가 있다. '내 이름으로'는 결코 그것을 말하는 사람의 사욕을 채우기 위한 주술적 수단이 아니며, 아버지의 뜻을 행하는 아들의 역사를 바라는 간절한 간구를 나타내 주는 역할을 한다(참조, 14:13~14; 15:16; 16:24, 26). 이때까지는 제자들도 예수님의 이름으로 기도하지 아니하였다. 그러나 이제는 예수님이 죽으시고 성령님이 오심으로 그들에게 교회시대라는 새로운 하나님의 계획이 펼쳐지게 되었으므로, 그들은 그 이름으로 기도해야 한다. 응답된 기도는 그들 안에 하나님이 역사하신다는 확신을 줌으로 완전한 기쁨을 가져온다(참조, 15:11; 16:22).

16:25 비록 예수께서 위대한 스승으로서 그 제자들을 3년 동안 말씀과 모범으로 가르치셨지만, 그들로서는 하나님 아버지에 대한 그분의 계시를 이해하기가 아직도 어려웠다(14:9. 참조, 2:22; 6:60; 13:7, 15~17). 그리하여 이제는 그와 같은 암시적 표현("비유로 … 일렀거니와")을 대신하여 좀 더 직접적인 언질을 주실 것이라고 하셨다. 실제로 부활하신 후에 예수께서 아버지에 대한 것을 직접적으로(참조, 요 14:25~26) 말씀해 주셨다(참조, 행 1:3).

16:26~27 새롭게 다가올 그날에는 제자들이 하나님 아버지와 더욱 가까워지고 그분에 대해서 명백하게 이해하게 될 것이다. 제자들은 예수님

의 이름을 통해(참조, '내 이름으로,' 14:13~14; 15:16; 16:24) 아버지께 직접 인격적으로 접근할 수 있게 된다. 이제 그들 스스로 자신들을 위한 요청을 하나님께 드릴 수 있으므로, 예수께서는 더 이상 그들을 위하여 간구할 필요가 없다(그러나 믿는 이들의 죄를 극복하게 해 주시는 그리스도의 중보 사역의 약속조차 부정되는 것은 아니다. 참조, 롬 8:34; 요일 2:1~2). 이제 제자들은 하나님 아버지와 개인적인 사랑과 믿음의 관계를 갖게 되었다. 오직 자녀 된 자들만이 아버지께 나아갈 수 있는 이러한 특권을 가지게 되는 것이다(롬 5:2).

16:28 예수께서는 당신의 사명을 이 한 문장으로 요약하셨다. 그분의 성육신("내가 아버지에게서 나와"), 고난당하심("세상에 왔고"), 부활과 승천하심 그리고 높이 들리심("다시 세상을 떠나 아버지께로 가노라"). 이것이 바로 제자들이 점차로 믿게 되었던 그것이다.

16:29~30 주님의 이러한 가르침을 접한 후 제자들은 그것을 믿고 이해하게 되었다고 응답했다. 그들은 너무나도 명확한 그분의 가르치심으로 인해 예수님의 전지하심("주께서 모든 것을 아시고")과 하나님께로부터 나오심을 인정하지 않을 수가 없었다.

16:31~32 비록 제자들의 신앙고백(30절)이 나름대로 정직하고 신실한 것이었으나, 예수님은 그들의 한계를 그들 자신보다 더 잘 알고 계셨다(참조, 2:24~25). "이제는 너희가 믿느냐"를 "너희가 마침내 믿는구나"(NIV, You believe at last)로 옮길 수도 있다. 그러나 전자가 그 의미를 더욱 명확히 해 준다. 그들이 믿음을 갖게 된 것은 사실이나 예수님의 죽음과 부활

과 성령님의 강림이 있기까지 그것은 아직 완성되지 못한 상태의 믿음이었다. "너희가 다 각각 제 곳으로 흩어지고"는 전능하신 주의 명령에 의해 목자가 칼에 공격을 당하고 결국에는 양 무리가 흩어질 것이라는 스가랴의 예언(슥 13:7)의 성취이다. 제자들의 충성과 믿음과 사랑에도 불구하고 그들은 곧 비참하게 그분을 잃게 될 것이다. "나를 혼자 둘 때가"라는 예언은 그분이 체포되시던 순간에 제자들이 그분을 버리고 도망한 것(마 26:56)과 베드로의 부인(요 18:17, 25~26)으로 성취되었다. 그러나 아버지께서는 그분을 버리시지 않았다. "그러나 내가 혼자 있는 것이 아니라 아버지께서 나와 함께 계시느니라"(참조, 8:29; 시 23:4; 73:25~26. 그러나 십자가에서는 아버지께서 예수님을 버려두셨다, 마 27:46).

16:33 이것을(14~16장) 예수께서 가르치신 것은 제자들이 잘 견뎌 나가고 그분 안에서 평안을 누리게 하려는 데 그 목적이 있었다. 신자들은 이중적 신분을 가지고 있다. 예수님과 연합하면 평안이 있을 것이지만 세상이 압력을 가중시키게 된다. 세상의 조직, 하나님의 대적과 그를 따르는 무리는 예수님의 말씀과 사역에 반대했다(참조, 1:5, 10; 7:7). 그러나 예수께서는 이 악의 구조를 물리치고 승리하셨다("내가 세상을 이기었노라"). 사탄의 왕국을 쳐부순 '강한 자'로서 예수님은 승리자였다. 그분은 제자들이 이 사실을 기억하고 그 승리를 함께 누릴 것을 원하셨다. 담대하라(싸르세이테[θαρσεῖτε])는 말은 신약성경에서 오직 주님만이 말씀하셨다(마 9:2, 22; 14:27; 막 6:50; 10:49; 요 16:33; 행 23:11). 그분이 승리하셨기에 그분과 연합하면 그들도 역시 승리할 수 있는 것이다(롬 8:37).

1. 예수님 자신을 위한 간구(17:1~5)

제자들의 발을 씻어 주신 상징적인 사건(13:1~30)과 사도들에게 개인적인 가르침을 베푸신(14~16장) 후에 예수께서는 기도하셨다. 요한복음 17장의 이 기도는 '주님의 대제사장적인 기도'(the Lord's high-priestly prayer) 혹은 '주님의 기도'(the Lord's prayer)라고 불려 왔다.

예수께서는 제자들을 향한 가르침을 "내가 세상을 이기었노라"(16:33)는 승리의 외침 한마디로 마무리하셨다. 이것은 그분의 십자가 사역을 예기하신 것이다. 전 사역을 통해 예수께서는 하나님 아버지의 뜻에 순종하는 것으로 일관하셨다(참조, 눅 4:42; 6:12; 11:1; 마 26:36). 이제 아버지께 다시 돌아가시면서 그분은 먼저 자신을 위해(요 17:1~5), 사도들을 위해(6~19절) 그리고 최종적으로는 미래의 신자들을 위해(20~26절) 기도하셨다.

17:1 예수께서는 아버지와 아들의 독특한 관계 속에서 기도를 통해 하나님께 접근할 수 있었다. 그분은 "거룩하신 아버지"(11절)와 "의로우신 아버지"(25절)라는 말과 함께 4번씩(요 17:5, 21, 24) 사용된 아버지(참조, 마 6:9)라는 말로 그 기도를 시작하셨다. "때가 이르렀사오니." 지금까지는 수차례나 아직 오지 않았다고 하셨던(2:4; 7:6, 8, 30; 8:20) 하나님의 구원의 때가 이제 되었다는 말씀이다(참조, 12:23; 13:1). 예수께서는 "아들을

영화롭게 하사"(참조, 17:5)라고 기도하셨다. 이것에는 고난 속에서도 견디게 해 주실 것과 그 희생을 받아 주시라는 것과 그분의 부활과 본래의 영광으로의 복귀에 대한 간구가 모두 포함되어 있다. 이러한 간구의 목적은 아들로 아버지를 영화롭게 하는 데 있다. 즉 예수님을 통해 하나님의 지혜와 능력과 사랑이 알려지게 된다는 것이다. 모든 믿는 이들도 역시 하나님을 영화롭게 해야 한다(10절). 사실 그것이 인간의 주된 목적이다(롬 11:36; 16:27; 고전 10:31; 엡 1:6, 12, 14. 참조, 웨스트민스터 대요리문답 1조).

17:2 "만민을 다스리는 권세를 아들에게 주셨음이로소이다"라는 말씀은 예수님의 간구가 하나님의 계획과 부합되는 것임을 나타낸다. 아버지께서 이 땅에 대한 아들의 지배를 명하셨다(참조, 시 2편). 그러므로 그 아들은 심판의 권세(요 5:27)와 아버지께서 그에게 주신 **모든 사람**에게 자신의 생명을 취해서(10:18) **영생을 주는** 권세를 가졌다. 예수님은 이 기도에서 아버지께서 자신에게 주신 사람들을 5번이나 언급하셨다(17:2, 6[두번], 9, 24).

17:3 예수님에 의해 정의된 **영생**은 그 아들을 통해 유일하신 참하나님을 아는 체험을 포함한다(참조, 마 11:27). 그것은 계속적이고 역동적인 친밀한 인격적 관계이다. '아는'으로 옮겨진 **기노스코신**($\gamma\iota\nu\acute{\omega}\sigma\kappa\omega\sigma\iota\nu$)은 현재 시제로서 70인역과 헬라어 신약성경에서 성적인 관계를 맺을 정도로 아주 가까운 관계를 묘사하는 데(예, 창 4:1, '동침하매'; 마 1:25, '동침하지') 사용되었다. 즉 하나님을 아는 사람은 그분과 밀접한 인격적 관계를 갖는다. 그 관계는 결코 일시적인 것이 아닌 영원한 것이다. 또한 영생은 결코

단순히 끝이 없는 존재의 연속을 의미하는 것이 아니다. 모든 사람은 어디에선가 영원히 존재하게 될 것이다(참조, 마 25:46). 문제는 어떤 상태에서, 혹은 어떤 관계성 속에서 영생을 살게 될 것인가이다.

17:4~5 자신을 위한 예수님의 기도는 죽음에 이르기까지 순종하여(빌 2:8) 아버지를 이 세상에서 **영화롭게** 하는(참조, 17:1) 그분의 사역의 완성을 기초로 한 것이다. 비록 십자가는 미래의 것이었으나, 그것을 통해 아버지를 영화롭게 하실 것은 확실했다. 그러므로 그분은 십자가에서 사역을 마칠 것을 확신하고, 아버지와 함께 원래의 **영광**으로 돌아가도록 해 달라는 간구를 반복했다.

아버지께서 아들에게 **하라고** 주신 그 '일'은 예수님의 기도 중에 나타난 아버지께서 그 아들에게 '주신' 5가지 중 하나였다. (1) 일(4절), (2) 신자들(2, 6, 9, 24절), (3) 영광(5, 24절), (4) 말씀들(8절), (5) 이름(11~12절)이 그것이다. 그러므로 이제는 그 아들이 신자들에게 하나님의 말씀(8, 14절)과 영광(22, 24절)을 주신다.

2. 사도들을 위한 중보(17:6~19)

예수께서는 그의 제자들을 뽑으시기 전에도(눅 6:12), 사역을 베푸시는 중에도(요 6:15), 사역을 마치실 때에도(눅 22:32), 여기에서도(요 17:6~19), 또한 후에 하늘에서도(롬 8:34; 히 7:25) 사도들을 위해 기도하셨다. 이러한 중보기도는 사도들을 향한 예수님의 관심과 사랑을 잘 나타내 준다.

17:6~8 적은 무리의 제자가 아버지로부터 제자들에게 주어졌다(참조, 2, 9, 24절). 그들은 세상 중에서 구별되었다(이 장에서 '세상'이라는 단어가 18번 등장한다. 5~6, 9, 11[두 번], 13, 14[세 번], 15, 16[두 번], 18[두 번], 21, 23~25절). 이 구별은 예수 그리스도께 그 사도들을 선물로 주시려는(참조, 6:37) 아버지의 선택의 역사였다. 예수님은 자신을 통해 그들에게 전해진 하나님의 메시지에 응답한 제자들을 "그들은 아버지의 말씀을 지키었나이다"라는 말씀으로 칭찬해 주셨다. 비록 그들이 완전치는 못했으나 올바른 헌신을 했던 것이다. 예수님에 대한 그들의 믿음은 그분과 아버지의 연합에 대한 신뢰였다(17:8). 따라서 그 믿음은 예수님의 사명을 그들이 믿고 그분의 말씀을 지키는 것으로 나타났다(참조, 16:27).

17:9~10 그리스도의 기도는(6~19절) 특별히 열한 명의 남은 제자들을 위한 것이었으나 모든 신자들에게도 적용된다(참조, 20절). 이 시점에서 그분은 적의와 불신에 가득 찬 세상을 위해 기도하지 아니하셨다. 그보다는 (1) 제자들의 보존("그들을 보전하사." 11절)과 (2) 그들의 성화("거룩하게 하옵소서." 17절)를 위해 기도하셨다. 세상은 그 반역과 불신앙의 심화로 말미암아 더 이상 보존되지 못한다. 예수님은 하나님이 그들의 창조주와 선택자("그들은 아버지의 것이로소이다")이심에 의지해 이러한 간구를 드릴 수 있었다. "내 것은 다 아버지의 것이요, 아버지의 것은 내 것이온데"라는 말씀은 하나님 아버지와 예수님의 동일성, 친밀성, 동등성을 잘 나타내 준다.

구약시대에는 하나님이 백성 중에 거하시며 영광을 보여 주시는 경륜을 나타내셨고, 이제는 그 영광이 예수님 안에서 나타났다(참조, 1:14). 그리하여 그리스도의 제자들은 예수님께 영광을 돌렸다. "내가 그들로 말미암아 영광을 받았나이다." 또한 교회시대에 이르러서는 성령께서 그 아들을 영화롭게 하며(16:14) 모든 믿는 이들도 그분께 영광을 돌리게 되었다(엡 1:12).

17:11 예수께서 곧 아버지께로 떠나가고 제자들만 세상에 남게 될 것이다. 그들은 구원의 기쁜 소식을 전파하고 교회를 세우라는 하나님의 계획을 수행하기 위해 이 세상에 머물러 있어야 했다. 교회의 형성으로 인해 이 세상의 역사는 어떤 의미에서 하나님의 도성과 인간의 도성이라는 '두 도성의 설화'가 되어 갔다. 제자들이 이 세상에 있어야 했으므로 예수께서 그들의 보전을 위해 기도하셨다. 예수께서 당하셨던 하나님에 대한 적의가 이제 사도들에게, 나아가 예수님을 믿고 따르는 모든 자들에게 향하게 되었다. "거룩하신 아버지여"라고 하나님께 아뢰는 예수님의 부름은 하나님이 죄로 물든 피조물들과 구별되는 분이심을 밝히고 있다. 이 거룩함이 모든 믿는 이들을 이 세상으로부터 구별시켜 주는 초석이다. 그분은 세상의 죄와 적의로부터 그 이름의 능력으로써 그들을 보전하신다(참조, 잠 18:10). 특히 성경에서는 사람의 이름이 곧 그 인격을 대표한다(요한복음 17장 6, 26절에서 NIV는 Your name이라는 뜻의 헬라어를 You로 번역했다). 왜 예수께서 그들의 보전을 위해 기도하셨을까? 그것은 하나님 아버지와 아들 간의 하나 됨을 본받아 모든 믿는 이들의 하나 됨을 촉진하기 위해서였다. "우리와 같이 그들도 하나가 되게 하옵소서"(참조, 21~22절). 여기에서의 하나 됨이란 곧 의지와 목적에 있어서의 하나 됨을 뜻하는 것으로 보인다. 이 세상으로부터 보호받음으로써 그들은 그 아들에게 봉사하고 영광을 돌리려는 그들의 열망 안에서 하나가 되어 간다.

17:12 선한 목자이신 예수님은 아버지께서 맡기신 무리를 잘 돌보아 주셨다. 그러나 가룟 유다는 예외였다. 예수께서 **멸망의 자식**을 언급하셨다. 유다는 결코 양이 아니었으며, 그의 진정한 면모는 최후에 잘 드러나게 되었다(참조, 13:11; 요일 2:19). 그는 '죽은 가지'였다(참조, 요한복음 주석 15:2, 6의 주해). 유다는 자신이 원한 행동(예수님을 파는)을 했으나 사실은 자기도 모르게 사탄의 도구가 되고 말았다(13:2, 27). 심지어 사람의 자의적인 행동도 사실은 하나님의 주권적인 계획에 맞추어지게 된다(참조, 행 2:23; 4:28). 그런 의미에서 유다의 배신은 다윗에 대한 친구의 배반을 묘사한 시편 49편 9절의 말씀을 **응하게**(넓은 의미의 성취라는 측면에서) 한 것이다.

17:13 예수께서 그 제자들에게 하시는 이 위로의 말씀("이 말을 하옵는 것은")은 그들에게 굉장한 도움을 주었다. 그분이 수난 당하신 후에 그들은 그 말씀을 상기함으로써 그분의 **기쁨**을 **충만히** 경험했다. 그 기쁨은 그분이 악한 자를 정복하고 그들에게 영생을 가져다주었다는 말씀을 그들이 깨달았을 때 맛볼 수 있었다.

17:14 예수님의 제자들을 위한 중보는 (1) 그들의 소중함과 (2) 그들에게 닥칠 위험을 상기하는 것으로 계속된다. 그들은 하나님의 말씀을 받았기 때문에 소중하다. "내가 아버지의 말씀을 그들에게 주었사오매"(참조, "아버지께서 내게 주신 말씀들을 그들에게 주었사오며." 8절). 또한 그들은 사탄의 세상이 조직적으로 **그들을 미워하였기**에 위험하다. 그것은 예수님과 같이 **그들도 세상에 속하지 아니함** 때문이었다. 신자들이 예수님을 닮아 갈 때 "세상에 있는 모든 것, 육신의 정욕과 안목의 정욕과 이생

의 자랑"(요일 2:16)에 대한 매력을 잃게 된다. 신자의 헌신은 세상적인 가치를 쓰레기나 배설물처럼 여기는 데서 나타나게 된다(참조, 빌 3:8). 그러므로 세상은 그것의 거짓된 가치를 폭로시키는 그들을 미워한다(참조, 요 3:20).

17:15 하나님의 계획은 제자들을 위험과 반대로부터 끌어내는 것이 아니라("그들을 세상에서 데려가시기를 위함이 아니요") 그 혼돈 속에서도 그들을 잘 보호하는 데 있다. 비록 예수께서는 곧 이 세상을 떠나실 것이지만(11절), 그분을 따르는 무리는 남아 있어야 했다. 바벨론의 다니엘(단 1~2장; 4~6장)이나 가이사 집안에 있던 성도들(빌 4:22)과 같이, 하나님은 주님을 따르는 무리가 거짓된 사탄의 세계 가운데서도 진리를 증언하는 이들이 되기를 바라신다. 악(참조, 마 5:37; 요일 5:19) 자체인 사탄은 이 세상의 대장으로서 모든 수단을 동원해 믿는 이들을 파멸시키려 하나(참조, 계 2:10; 12:10) 결국은 하나님의 계획이 승리할 것이다. 기독교인들은 그들 자신을 이 세상으로부터 분리시켜서는 안 되며 오히려 의미 있는 접촉을 유지해야 한다. 그들이 예수님을 위해 증언하는 한, 하나님이 보호해 주신다는 믿음을 가지고.

17:16~17 예수께서 사탄의 지배 체계 안에 속하지 않았던 것처럼("내가 세상에 속하지 아니함같이." 참조, 14절) 신자들도 그러하다. 그들은 새로운 탄생으로 인해(참조, 요 3:3) 하늘의 왕국에 속하게 되었다(골 1:13). 예수께서는 이미 그 제자들의 보전을 위해 기도하셨다(17:11). 이제는 두 번째로 그들의 성화를 위해서 기도하신다. '거룩하다'는 '특별한 용도를 위해서 구별하다'라는 뜻이다. 즉 신자는 세상의 죄와 가치와 목적들과 구

별되어야 한다.

이 성화 사역의 수단은 하나님의 진리이다. 진리는 인격적인 혹은 진술된 형태의 **말씀**으로 알려진다. 예수님에 관한 메시지가 들리고 믿어지고 또한 이해되었을 때 제자들의 온 마음은 사로잡힌바 되었다. 이러한 그들의 사고의 변화는 삶의 변화를 초래했다. 이것이 오늘날의 신자들에게도 적용된다. 신자들이 하나님의 말씀을 삶으로 끌어들일 때, 그들의 삶이 하나님을 향하게 되고 변화되어 하나님을 영화롭게 하는(참조, 15:3) 성화의 길을 걷게 된다. 하나님의 메시지는 사도들을 **세상**과 결별하게 하여 오직 그분의 뜻만을 행하도록 했다.

17:18 예수님은 모든 믿는 이들의 표본이시다. 그분은 세상에 계셨으나 거기에 속하지는 않았다(14절하, 16절하) 그분은 하나님 아버지에 의해서 **세상에 보내심을 받았다.** 이와 같이 신자들도 아버지를 알리라는(참조, 20:21) 사명을 아들로부터 받고 **세상에 보내졌다.** 예수님의 제자들을 위한 이러한 기도가 11제자들에게만 국한된 것이 아닌 이상(참조, 17:20), 이 구절은 대위임령(the Great Commission)에 비견된다(마 28:18~20). 모든 기독교인은 하나님의 진리를 다른 사람에게 전달하는 사명을 받은 존재임을 자각해야 한다.

17:19 제자들을 위해 예수께서는 자신을 거룩하게 하셨다. 어떤 의미에서 그분은 자신을 **거룩하게 하실** 필요를 느꼈을까? 그분은 이미 이 세상과 구별되어 하나님을 향하고 있지 않았는가? 물론 그렇다. 그러나 여기에 언급된 성화는 그분의 죽음으로의 구별됨과 헌신됨을 말하고 있는 것이다. 그분의 죽음의 목적이 바로 "그들도 진리로 거룩함을 얻게 하려 함"이

었다. "진리로 거룩함을 얻게 하다"(truly sanctified)라는 표현은 문자적으로는 "진리 안에서 거룩함을 얻게 하다"(sanctified in truth)로 옮길 수 있다. 이것은 아마도 하나님의 진리가 성화의 수단이 된다는 의미를 나타내는 것으로 보인다(참조, 17절의 주해). 그리스도의 죽음의 목적은 모든 신자들을 구별해서 하나님과 그 계획으로 헌신시키는 데 있다.

3. 미래의 신자들을 위한 예수님의 중보(17:20~26)

17:20 예수님의 기도(20~26절) 중 가장 마지막 부분은 사도들의 말로 말미암아 그분께로 나올 미래의 신자들을 위한 중보였다. 교회시대에 이르러서 모든 기독교인들은 직접적으로나 간접적으로나 사도들의 증언을 통해 그리스도께 나아왔다. 예수께서는 이미 자신의 사명이 계승될 것임을 알고 계셨다. 예수께서 죽으시고 들리신 후 성령님을 보내셨고, 사도들이 그 힘을 얻어 설교하여 사람들이 회개하여 교회를 형성하게 되었다. 이스라엘의 대제사장들이 장막이나 성전의 하나님 앞에서 각 지파의 이름을 대표했던(참조, 출 28:9~12, 21~29) 것처럼, 이제 예수께서 대제사장으로서 모든 미래 신자들을 하늘의 아버지께서 계신 거룩한 존전으로 인도하신다(참조, 히 4:14~5:12; 7:24~8:2).

17:21 예수께서는 미래의 모든 신자들의 하나 됨을 위해 간구하셨다(참조, 11, 22절). 이 구절은 현재의 교회일치 운동(ecumenical movement)이 대표적으로 내세우는 것이다. 확실히 교회의 분열은 여러모로 부끄러운 일이다. 그러나 기구를 통합하는 것만이 해결책은 아니다. 예수께서는 이단적인 교리가 정통적인 것과 공존할 가능성이 있는, 오로지 단 하나의

범세계적인 연합 교회로의 하나 됨을 위해 기도하신 것이 아니다. 그분께서는 하나님과 그 말씀에 대한 순종에 있어서의 하나 됨과 사랑의 일치, 그리고 그분의 뜻을 향한 연합된 헌신을 위해 기도하셨다. 획일과 하나 됨 사이에는 엄청난 괴리가 있다.

모든 신자들은 그리스도의 한 몸(고전 12:13) 안에 속해 있으며, 그들의 영적인 하나 됨이 그들이 사는 양태를 통해 나타나게 된다. 그리스도께서 그의 교회에서 원하신 하나 됨은 바로 아들과 하나님 아버지와의 하나 됨과 같은 것이다. "아버지께서 내 안에, 내가 아버지 안에 있는 것같이"(참조, 요 10:38; 17:11, 23). 아버지께서는 아들을 통해서 일하셨고 그 아들은 항상 아버지를 기쁘시게 했다(5:30; 8:29). 교회는 이러한 하나님의 방식을 따라야 한다. 예수님과 아버지와의 하나 됨이 없었다면("그들도 … 우리 안에 있게 하사") 기독교인들이 할 수 있는 일은 아무것도 없다(15:5). 그들의 삶의 목적은 아버지의 뜻을 따르는 것뿐이다. 예수님의 몸으로서 제자들이 그분과 하나 되었을 때 세상에서 아버지를 믿는(참조, 17:23) 백성을 찾게 된다("아버지께서 나를 보내신 것").

17:22~23 그리스도께서 교회에 주신 **영광**은 십자가의 영광에 근거한다(참조, 1~5절). 교회가 십자가가 지닌 예수님의 구속 사역의 의미를 깨달았을 때, 그 교회는 하나님의 목적과 구속 사역의 계획 안에서 하나가 된다. 다시 한번 기독교인들의 하나 됨이("그들도 하나가 되게") 그 아들과 아버지의 하나 됨("우리가 하나가 된 것같이." 참조, 11, 21절)과 비교되고 있다. 그 하나 됨은 그리스도께서 신자들과 동거함으로써 더욱 강화된다("내가 그들 안에").

신자들 서로 간에, 또한 하나님과 하나가 되는 목적은 두 가지다. 세상으로 하여금 (1) 그 아들의 거룩한 사명을 믿도록 하는 것("아버지께서 나를 보내신 것"), (2) 그리고 신자들을 향한 하나님의 사랑이 그 독생자를 향한 그것과 같이 깊고 친밀하며 영원한 것임을 깨닫게 하려는 것(참조, 26절)이다.

17:24 제자들이 이 생에서 가졌던 예수님과의 교제와 친분은 영원히 계속될 것이다. 신자들의 구원의 목적은 예수님과 함께 있을 것을 전제하는 미래의 영광에 있다(참조, 14:3; 골 3:4; 살전 4:17). 예수님의 마지막 언약과 소원("원하옵나이다"[쎌로; $\theta\acute{\epsilon}\lambda\omega$])은 그 제자들이 **영광**으로 들어가는(보는) 것이었다(히 2:10). 이 영광은 예수께서 **아버지**께로부터 받았던 것이고 이제 다시 받은 그것이다(요 17:5). 그분의 약속은 그 죽음과 부활로써 보증되었다. 그분의 뜻이 아버지의 그것과 일치하기 때문에(4:34; 5:30; 6:38) 그것은 틀림없이 실현된다.

17:25~26 신자들을 위한 예수님의 기도는 **의로우신 아버지**를 부름으로써 끝맺는다. '의로우신'으로 옮겨진 **디카이에**($\delta\acute{\iota}\kappa\alpha\iota\epsilon$)는 좀처럼 요한복음에 등장하지 않는 단어이다(참조, 5:30; 7:24). 여기에서는 하나님의 계시와 역사(참조, 마 11:25~26)에 대한 예수님의 찬양을 강조하기 위해 쓰인 것으로 보인다. 아버지는 옳고(의로우시고) 세상은 그르다("세상이 아버지를 알지 못하여도"). 예수께서는 그 아버지를 알았고 세상에 나타냈으며(요 17:6) 영광을 돌리셨다(4절). 그러므로 기독교인들 역시 그 뒤를 따라야 한다. 예수께서 하나님 아버지를 알게 해 주신 목적은 기독교인들로 하여금 그 사랑 안에서 계속 성장하고("아들을 **사랑**하신 아버지의 **사랑**이 그들 안에 있고"), 그들의 삶 속에서 예수님과 인격적인 교제를 즐기도

록 하는 데("나도 그들 안에 있게 하려 함이니이다") 있다.

신자들을 위한 예수님의 간구는 다음의 4항목으로 요약된다. 보전(요 17:11), 성화(17절), 하나 됨(11, 21~22절), 그리스도의 영광에 참여(24절). 이 기도는 분명히 응답된다(참조, 11:42; 요일 5:14).

Ⅳ. 예수님의 수난과 부활(18~20장)

A. 예수님의 체포(18:1~11)

18:1 예수께서 제자들과 함께 최후의 만찬을 가지신 후에 방을 나가셔서 동쪽 기드론 시내 건너편으로 가셨다. 요즈음에는 와디 엔나르(Wadi en Nar)라고 불리는 기드론은 골짜기로, 북부 예루살렘으로부터 시작하여 성전이 있는 언덕과 감람산을 가로질러 사해까지 이르는 분류(分流)의 하상이 자리 잡고 있는 곳이기도 하다. 일찍이 다윗이 기드론 시내를 건널 때 그의 친구(아히도벨)에게 배신당하고 감람산으로 오른 적이 있다(삼하 15:23, 30~31). 이제는 예수께서 기드론 시내를 건너 감람산으로 오르실 때에 '믿었던 동료' 유다로부터 배신을 당하시게 되었다. 그 감람 동산은 예수님이 예루살렘에 머무시던 중에는 제자들과 함께 오셔서 밤을 지내시던 곳이기도 했다(눅 21:37). 특별히 유월절과 같은 축제 기간 중에는 수많은 유대인이 한꺼번에 예루살렘에 모이게 되어 그들 대부분은 간이 천막 등의 임시 처소에서 지내야 했다.

18:2~3 "돈을 사랑함이 일만 악의 뿌리가 되나니"(딤전 6:10). 그러므로 유다가 그 돈 때문에 예수님을 배반했다는 것은 그리 놀라운 일이 아니다(요 12:4~6; 마 26:14~16). 유다는 무슨 괴물과 같은 존재가 아니었다. 사탄이 그 목적을 위해 사용하는 가장 보편적 수단인 탐욕이라는 죄의 덫에 걸린 평범한 사람이었다. 유다는 예수님의 습관을 알고 있었다. 그의

행동은 예수님의 이타적인 사랑과 극단적인 대조를 이룬다. 군대와 대제사장들과 바리새인들 모두가 예수에 대한 적의로 연합했다. 이때 파견된 군대는 600여 명으로 구성된 보병(스페이란[σπεῖραν]: 군단의 1/10)이었다. 그들은 아마도 왕을 자칭하는 반란 세력들을 색출, 진압하라는 명령을 받았을 것이다.

18:4 예수께서는 자신에게 닥칠 일을 다 아셨다. 그분은 놀라지 않고 자발적인 희생의 길을 택하셨다(10:14, 17~18). 일찍이 예수님은 그 사역의 초기에 세속적인 왕이 될 의사가 없음을 명백히 하셨다(6:15). 이 구절의 장면은 매우 극적이며 묘한 아이러니를 이루고 있다. 유다는 예수님을 무력으로 체포하려는 군대와 대제사장의 무리와 함께 왔으나, 예수께서는 홀로 아무런 무장도 없이 계셨다(제자들도 이미 깊은 잠에 빠져 있었다, 눅 22:45~46). 그러나 명령을 하는 쪽은 예수님이시다. 밤의 어둠을 이용해 그분은 제자들이 곧 그러했던 것처럼 피하실 수도 있었다(참조, 막 14:50). 그러나 그분은 스스로 잡히셨다.

18:5~6 "내가 그니라"는 말씀의 권위에 충격 받은 그늘이 물러가서 땅에 엎드러졌다(참조, 7:45~46). "내가 그니라"고 하신 그 구절은 명확히 해석되지는 않으나 예수님의 신성에 대한 언급이라 볼 수 있겠다(출 3:14; 요 8:58). 그것이 아니라면 자기 자신을 밝히시는 독특한 예수님의 표현일 수도 있을 것이다(9장 9절과 같이).

18:7~9 선한 목자이신 예수님은 그 양 떼를 위해서 목숨을 내놓으셨다(10:11). 사도들을 보호해 주시는 모습은 그분의 대리적 속죄를 나타내

는 완벽한 모형이다. 예수님은 양 떼 중 어느 하나도 잃지 아니하시고 사도들을 향한 아버지의 뜻을 성취하셨으며(6:38) 자신의 예언을 이루셨다(6:39).

18:10 베드로는 일찍이 예수님을 위해 죽겠다고 약속했다(마 26:33~35). 그리하여 이때 그는 자신이 예수님을 구할 수 있거나 최소한 싸울 수는 있을 것이라고 생각했다. 의심할 여지없이 그는 검술보다는 고기 잡는 일에 능숙한 자였으므로 대제사장의 **종 말고**의 목을 겨냥했던 칼은 그의 귀를 베어 버리고 말았다. 누가복음(22:50)과 요한복음은 모두 그것이 말고의 **오른편 귀**였음을 말하고 있다. 이것은 이 두 복음서의 역사성을 잘 말해 주고 있다(누가는 이에서 더 나아가 예수께서 그의 적에게까지도 놀라운 사랑의 손길을 베푸셔서 그 사람의 귀를 다시 붙여 주셨다고 기록하고 있다, 눅 22:51). 이러한 베드로의 충성은 나름대로 감동적인 것이었으나 하나님의 계획과는 거리가 먼 것이었다. 종교에 있어서 지식이 없는 열심은 종종 사람들을 혼돈으로 이끈다(참조, 롬 10:2).

18:11 바로 몇 시간 전에 예수께서 베드로를 책망하셨다(13:6~11). 이제 다시 한번 그분은 하나님의 뜻을 이해하지 못하고 있는 그를 책망하셨다. 예수께서 계속 자신의 임박한 죽음을 가르치셨음에도 불구하고(3:14; 8:28; 12:32~33. 참조, 눅 9:22) 사도들은 그 절박성을 깨닫지 못하고 있었다(참조, 눅 24:25).

아버지께서 예수님께 주셨던 그 잔은 하나님의 죄에 대한 진노 아래 그분이 경험하게 될 고난과 죽음을 뜻하는 것이다(시 75:8; 사 51:17, 22; 렘 25:15; 겔 23:31~33). "아버지께서 주신 잔"이라는 표현은 예수께서 닥

쳐올 모든 일들이 하나님의 주관 아래 이루어지는 부분임을 알고 계셨음을 나타내 준다. 베드로를 향한 그분의 수사학적 질문은 베드로의 생각을 자극하기 위한 것이었다. 그것은 예수께서 아버지의 뜻을 이루기 위해서 오셨고 이제 그것을 감당해야 한다는 엄연한 사실에 대한 것이다.

B. 종교적 심문과 베드로의 부인(18:12~27)

18:12~14 예수께서 잡히시던 때는 어둡고 깊은 밤이었다. 이미 먼 길을 예수님과 함께 걸었던 제자들은 피곤에 지쳐 잠들고 말았다. 그러나 그 시간은 예수님께 가장 심각한 기도와 고뇌의 순간들의 연속이었다(막 14:33~41; 눅 22:44). 결국 예수께서는 결박당해 적들의 손에 넘겨지셨고, 제자들은 예수님을 버리고 도망했다(마 26:56; 요 16:32).

이제 종교적인 심문이 시작되었다(참조, 마태복음 26장 57절에 있는 예수님에 대한 6가지 심문들). "군대와 … 아랫사람들이 예수를 잡아 … 안나스에게로 끌고 가니." 이 증언은 다른 복음서에서는 찾아볼 수 없는 것으로, 우리에게 새로운 정보를 제공해 준다. 안나스는 시리아의 총독이었던 퀴리니우스(Quirinius)에 의해서 AD 6년에 대제사장으로 임명되어 AD 15년에 유대 지방의 행정장관이었던 그라투스(Valerius Gratus)에 의해 경질되었다. 원래의 유대 율법에 따르면 대제사장직은 종신직이었으나, 어느 한 사람의 특정인에게 권력이 집중되는 것을 경계한 로마인들이 자주 대제사장을 교체하곤 했다. 안나스의 자리는 그 후 그의 5명의 아들들과 사위인 가야바(참조, 행 4:6; 눅 3:2)에게 계승되었다. 그러므로 안나스는 계속해서 막후에서 권력을 행사하고 있었다. 예수님에 대한 공식적인 심문이 시작되기도 전에 그가 먼저 사전 조사를 한 사실이 이러한 사실을 뒷받침해 준다. 가야바가 바로 예수님이 죽으실 운명의 해인 **그해의 대제사장**이었다. 지금 요한은 독자들에게 가야바가 무의식중에 했던 예언(요 11:49~52)을 상기시켜 주고 있다.

18:15~16 갑자기 무리가 밀어닥쳐 예수님을 잡아가는 것을 보고 순간적인 두려움에 도망을 쳤던 제자들 중 두 명이 돌아와서 주님을 좇아 기드론 시내를 다시 건너 성으로 따라 들어왔다. 그들은 **시몬 베드로와 또 다른 제자**였다. 그 다른 하나가 누구인지는 분명치 않으나 아마도 세베대의 아들 요한일 것이라 추정된다(참조, 20:2; 21:20, 24). 이 **제자**는 대제사장을 알아서 대제사장의 **집 뜰**에 들어갈 수 있었다. 그리하여 그곳에서 일어나는 일을 알 수 있었으며 **베드로**까지 뜰 안으로 들어오게 할 수 있었다.

18:17~18 여종 앞에서의 베드로의 부인은 예수님을 위해 목숨을 버리겠다고 하던 자랑과 말고의 귀를 잘랐던 적극성(18:10)과 극적인 대조를 이룬다(13:37). 분명히 다른 제자도 위험에 처했을 것이나(아마 더한 위기에 몰렸을지도 모른다) 그는 예수님을 부인하지 않았다. "그때가 추운 고로 … 불을 … 베드로도 … 쬐더라." 예루살렘은 해발 850미터나 되는 고지대에 위치하여 봄이라도 밤에는 꽤 추웠다. 이러한 작은 사실을 세밀히 기록한 사실로 미루어 이 책의 저자가 바로 그 현장에 있었던 목격자임을 알 수 있다.

18:19 12~27절에 걸쳐 기록된 사건들은 마치 2막으로 구성되어 있는 연극과 같다. 먼저 장면의 배경 설정이 있은 후(12~14절) 구체적 행위가 묘사되는 장면이 나오고(15~18절), 다시 그 행동에 대한 묘사로 1막을 마무리한(19~24절) 후 다른 장면이 전개되고 있다(25~27절). 예수님이 당하신 사전 심문은 오늘날 경찰서에서 체포된 사람에게 행하는 심문을 연상하게 해 준다. 안나스는 그와 함께했던 제자들과 그의 교훈에 대하여 예수께 물었다. 그가 민란을 두려워했다면(참조, 11:48) 이러한 질문을 던지는 것은 상식적인 것이다.

18:20~21 예수께서는 자신이 어떤 비밀스러운 의식이나 조직을 가지고 있지 않다고 답하셨다. 그분에게는 개인적으로 그를 따르는 12명의 제자들이 있었으나 그것이 비밀스럽고 사적인 것은 아니었다. 그분은 개방된 공공장소에서(회당과 성전에서) 가르치셨다. 그래서 사람들도 그분이 하던 말을 알고 있었다. 따라서 만약 그 가르침에 의문이 있다면 그 답을 얻기는 쉬운 일이었다. 예수께서는 결코 이중적인 진리나 가르침을 주시지 않았다. 유죄를 입증할 증거가 없으면 그분의 무죄는 당연한 상황이었다. 그러기에 그 음모자들에게는 증인들이 필요했다. 물론 그 승인들은 명백한 증거 없이 그저 그분을 함정에 빠뜨리려는 목적에 급급하여 이용된 자들이었을 뿐이다.

18:22~24 안나스의 부하 중 하나가 예수님의 대답을 듣고는 손으로 그분을 쳤다. 안나스에 의해서 행해진 이 사전 심문은 여러 면에서 불법적인 것이었는데, 위의 사실이 그중 한 측면을 잘 반영하고 있다. 자기의 죄를 인정하도록 유도하는 것도 불법이고, 아직 확실하게 범인으로 밝혀

지지 않은 사람을 때리는 것도 불법이다. 예수께서는 대답의 태도나 방법보다는("이같이 대답하느냐") 가르침의 내용과 본질("내가 말을 잘못하였으면")에 강조점을 두셨다. 진리를 비켜 가거나 진리를 말하려는 자를 침묵하게 하는 것이 진리를 말하게 하려는 것보다는 쉬운 일이다. 진리는 그 자체가 설득시키는 능력을 가지며, 또한 그것에 반대하는 자들이라도 그것을 부정할 수 없게 만든다. 예수께서 바로 이점을 지적하시며 그들의 위선을 폭로하셨다. 그들은 진리를 알고 있었으나 그것보다는 잘못된 것들을 사랑하고 있었다. 그들은 빛을 보았으나 여전히 어둠을 사랑하고 있었다(참조, 3:19; 롬 1:18). 이 심문 후에 안나스는 예수님을 그의 사위인 가야바(참조, 요 18:13)에게로 보냈다(NIV의 경우, 본문 번역이 관주의 번역보다 타당성이 있다).

18:25~27 이 부분에서 베드로는 두 번, 세 번 주님에 대해 부인했다. 베드로의 부인은 모든 복음서에 공통적으로 기록되었는데, 이것은 그 제자들의 지도자였던 이의 변절을 통해 복음서 기자들이 상당히 중요한 것을 깨달았기 때문일 것이다. 모든 사람이 실족하기 쉽고 더욱이 수많은 저명한 기독교인들도 크게 흔들림을 받는 것이 이 세상에서 비일비재하므로, 베드로의 부인 기록(또한 그의 돌아섬, 21장)은 큰 위안을 준다. 마지막 부인은 베드로가 동산에서 죽이려 했던 말고라는 사람의 친척인 한 종의 질문으로 인해 행해졌다. 베드로가 3번 주님을 부인한 직후에 예수께서 그를 보셨고(눅 22:61), 그는 밖에 나가서 심히 통곡했다(눅 22:62). 또한 그때 예수님의 예언대로(요 13:38) 닭이 울었다(참조, 마 26:72~74. 마가는 닭이 두 번 울었다고 기록했다. 참조, 마가복음 주석 14:72의 주해). 이렇게 닭이 운 것과 발람의 나귀가 말을 한 것은 이 세상의 모든 것

에 대한 하나님의 주권과 모든 것이 계획과 때에 따라 움직임을 계시해 준다.

C. 군중들의 심문(18:28~19:16)

18:28~29 4복음서의 저자들은 특별히 예수님이 심문받으신 것과 죽음과 부활을 소개하는 데 저마다 특별한 강조점을 두고 있다. 요한은 처음의 세 복음서, 즉 공관복음서에서 제시된 자료들을 보충하려 한 것 같다. 오직 그만이 안나스와의 대면과 빌라도와의 대면을 더욱 자세하게 심리적인 통찰까지 덧붙여 기록하고 있다. 그러나 요한은 신성모독의 죄명으로(마태복음 26장 57절에 나타난 예수님에 대한 6가지 심문 목록을 보라) 유대 산헤드린 앞에서 심문받은 것(막 14:55~64)은 기록하지 않고 있다. 당시에 유대 공의회는 예수님을 사형에 처할 법적 권리가 없었으므로 이 사건은 로마 총독인 본디오 빌라도(AD 26~36년)에게 넘겨질 수밖에 없었다. 평상시에 총독은 가이사랴에 머물고 있었으나 축제 기간 중에는 민란이나 소요를 대비해 예루살렘에 거하고 있었다. 유대인들에게 속박으로부터의 해방을 상기시켜 주는 **유월절**은 특별히 그들의 민족 감정을 고조시키는 계기가 될 수 있는 가능성이 높았으므로 특별한 주의가 필요했다. 로마 총독의 관정의 위치에 관해서는 의견이 분분하다. 그중 유력한 설은 두 가지로서, 하나는 성전 북쪽에 위치한 안토니아 요새였을 것이라는 설과, 다른 하나는 도시 서쪽에 위치한 헤롯의 두 왕궁 중 하나였을 것이라는 설이다. **유대인들은 이방인들의 집(이 경우에는 총독**

의 관정)에는 **들어가지 않았다**. 그러나 뜰이나 기둥 밑까지는 들어갈 수 있었다. 살인을 계획하고 있는 무리가 의식적인 **더럽힘**을 신경 쓰고 있다는 사실은 참으로 역설적이다. 빌라도가 밖으로 나가서(아마도 관정 앞뜰로) 비공식적인 심문을 시작했다.

18:30~31 빌라도를 향한 유대인들의 대답은 서로의 적대감을 반영하고 있다(그들은 자신들을 혹독하게 지배하는 이방인인 그를 증오했으며 빌라도는 그들을 경멸했다. 결국 AD 36년에 그들은 빌라도가 로마로 송환되도록 할 수 있었다). 이때 빌라도는 그들의 뜻을 대신 행하는 집행자가 되기를 거부했다. 그는 이 사건의 전후를 이미 알고 있었기 때문이다. 그는 며칠 전의 개선 행진과도 같은 예루살렘 입성을 보았기에 예수님에 대한 고발이 질투와 시기에 기인한 것임을 알 수 있었다(마 27:18). 그리하여 빌라도는 예수님의 생명을 걸고 유대인들과 일종의 게임을 하기로 마음먹었다. 그는 충분한 기소 이유 없이는 그 어떤 행동도 하지 않을 것이라고 했다. 신성모독이라는 유대인들의 고발은 증명하기 어려우며, 더욱이 로마 시민법 아래에서 그것을 사형과 관련시킨다는 것은 이해할 수 없는 일이었다. 유대인들은 **사람을 죽이는** 권한을 빼앗기기는 했으나 특별한 경우에 돌을 던져 죽이는 경우도 있었다(참조, 행 6:8~7:60). 그러나 예수님이 너무나도 유명했기 때문에 산헤드린은 그분이 로마인들의 손에 의해 살해되기를 바랐다. 법적으로 산헤드린은 정죄를 할 수는 있었으나 오직 사형은 로마인들만이 집행할 수 있었다.

18:32 이제 요한은 왜 예수께서 유대인들에 의해 로마인들의 손에 넘겨지셨는가를 설명해 준다. 유대의 사형 방법은 대개 돌을 던짐으로써 **뼈**

를 부러뜨려 죽이는 것이었다. 반면에 로마인들의 방법은 십자가에 매다는 것이었다. 예수님이 유대인들의 선동에 의해서는 후자의 방법, 즉 로마 사람들에 의해서 십자가에 매달리시게 된 데는 적어도 3가지 이유가 있다. (1) 예언의 성취를 위해서(예, "그 뼈가 하나도 꺾이지 아니하리라." 참조, 19:36~37), (2) 그 행위에 대한 죄가 유대인들과 로마인들의 집단적인 죄라는 것을 나타내기 위해서(참조, 행 2:23; 4:27), (3) '광야의 뱀'과 같이 '들릴 것'이라는 말씀의 성취를 위해서(참조, 3:14의 주해). 하나님의 저주 아래 놓인 인간은 그 죄에 대한 심판의 표시로서(신 21:23; 갈 3:13) 나무에 달려야(모든 사람이 보도록) 했다.

18:33~34 빌라도는 예수님과 개인적인 면담을 했다(33~38절상). 그는 로마인을 증오하고 있는 유대인들이 좀처럼 행하지 않는 일, 즉 자신의 동족 중 한 사람을 로마인에게 넘겼다는 사실이 이상하다고 생각했다. 누가에 따르면(23:2) 그들은 예수님을 3가지 죄목으로 고발했다. 국가전복 음모, 납세 반대, 그리고 자신이 '그리스도, 왕'이라는 주장이다. 그리하여 빌라도가 예수께 "네가 유대인의 왕이냐"고 물었던 것이다. 이에 예수께서는 빌라도에게 그러한 생각이 빌라도 자신의 것인지, 아니면 다른 사람들(유대인들)이 그에게 말한 것인지 되물으셨다. 예수께서는 빌라도 자신이 예수님을 로마에 정치적 위협을 주는 인물, 즉 혁명가로 생각하고 있느냐고 물으신 것이다.

18:35~36 이러한 질문을 빌라도는 비꼬아서 "네가 과연 유대인은 확실하냐"는 또 다른 질문으로 답을 했다. 물론 그는 유대인들의 다른 이야기에는 관심이 없었으며 단지 정부와 관련된 것에만 흥미가 있었다. 빌라

도가 예수님을 고발한 이들이 바로 그 나라 사람과 대제사장들이라는 점을 지적했을 때 예수께서 깊은 상처를 받으셨음에 틀림없다. 요한은 서두에서 이 슬픈 사실에 관해 "자기 땅에 오매 자기 백성이 영접하지 아니하였으나"(1:11)라고 기록했다. 예수께서는 로마가 정치적 반란에 대한 두려움을 가질 필요는 없다고 답하셨다. 그분은 열심당이나 혁명적 게릴라 지도자가 아니셨다. 그분의 나라는 그런 종류의 것이 아니다. 그것은 이 세상에 속한 것이 아니다. 즉 하늘로부터 오는 것이다. 그러므로 그것은 반란을 통해 오는 것이 아니고 하나님께 대한 복종에서 온다. 그것은 사람들의 폭력적 행위가 아닌 사탄의 세력으로부터 하나님의 나라로 옮겨지는, 하늘로부터의 새로운 출생으로 오는 것이다(참조, 골 1:13; 요 3:3).

18:37 예수께서 나라(Kingdom)에 관해 언급하시자 빌라도는 '왕'(King)이라는 단어를 연상하게 되었다. "그러면 네가 왕이 아니냐?" 예수께서는 그것에 긍정적으로 대답하셨으나, 곧 그의 나라는 로마와 같은 그런 나라가 아님을 명백히 하셨다. 그것은 모든 왕국을 초월한 진리의 나라이다. "진리에 속한 자는 내 음성을 듣느니라." 예수께서는 간단한 표현으로 자신의 근원("내가 … 태어났으며 … 세상에 왔나니")과 사역("진리에 대하여 증언하려")을 언급하셨다. 이후에 예수님은 빌라도의 심판을 받게 되었다.

18:38 "진리가 무엇이냐?"라는 빌라도의 질문은 그 후 수세기를 거쳐 반복되어 오고 있다. 그의 질문이 구체적으로 의도하는 바는 명확지 않다. 아무도 이야기해 줄 수 없었던 것을 알고 싶어 하는 욕망에서였을까? 말

뜻의 꼬리를 잡고 늘어지는 철학적 냉소주의였을까? 실제적이지 못한 추상적인 사고에 대한 무관심의 반영이었을까? 아니면 예수님의 대답에 대한 단순한 반발이었을까? 모든 것들이 그럴듯한 해석이다. 그러나 중요한 사실은 그가 '진리'(14:6) 자체이신 그분으로부터 대답을 들을 여유를 조금도 갖지 않고 바로 나갔다는 사실이다. 빌라도의 **예수님의 무죄** 선언은 중요한 것이다. 그분은 아무런 흠 없는 유월절 양(수컷)으로서 죽으려 하셨기 때문이다.

18:39~40 이미 진리에 대한 관심의 결여를 나타냈던 빌라도가 이제는 정의에 대한 투철한 헌신의 결여를 나타냈다. 또한 자기 자신이 확신하는 것을 주장하는 용기의 결여도 나타냈다. 만약 예수께서 무죄하다면 빌라도는 즉시 그분을 방면해야 했다. 그러나 빌라도는 어려운 상황을 회피하기 위해 타협의 길을 찾기에만 급급했다. 먼저 그는 예수께서 갈릴리에서 오신 것을 알자 그분을 헤롯에게 보냈다(눅 23:6~7). 두 번째로 제사장들과 장로들의 열화와 같은 요구를 피하려 무리에게 호소하려 했다(요 18:38). 예수께서 인기가 있었다는 것을 알았기에 대중은 **바라바보다** 예수님을 좋아할 것이라 생각했던 것이다. 그러나 지도자들이 대중 을 이미 설득해 놓았다(참조, 마 27:20). 살인과 반란을 음모했던 바라바를 놓아준다는 제의는 로마의 국익을 책임진 사람으로서 무책임한 행동이었다.

19:1~3 세 번째로 빌라도는 그분에게 **채찍질을** 했다. 누가에 의하면 빌라도의 이 행위는 화해를 위한 또 다른 시도였다. 그는 약간의 피를 보임으로써 무리를 만족시키려 했던 것이다. 로마인들의 채찍은 가죽끈으로 만들어졌고 그 끝에는 금속을 붙여 놓아 심지어 그 채찍질만으로 사람

을 죽이는 경우도 있었다. 채찍질과 가시나무로 만든 관을 씌우고 자색 옷을 입히고 조롱한 것, 유대인의 왕이라 부르며 야유한 것, 손바닥으로 때린 것, 이 모든 것이 종으로서 인간의 죄를 짊어지신 예수께서 받으신 굴욕을 잘 나타내고 있다(참조, 사 50:6; 52:14~53:6. 마태와 마가는 예수께 침 뱉은 사실을 덧붙이고 있다[마 27:30; 막 15:9]). 또한 머리에 쓰신 가시관은 인간의 죄로 말미암은 저주의 가시를 연상하게 한다(창 3:18).

19:4~5 예수님을 놓아주려던 빌라도의 시도가 다시 실패했다. 피를 본 그들의 요구는 더욱 극렬해졌다. 후에 "보라, 이 사람이로다"(KJV, "Behold the Man!" 라틴어로 "Ecce homo")라는 빌라도의 말은 유명해졌다. 이렇게 빌라도의 몇몇 진술들이 지금까지 전해 내려오고 있다는 것은 특이한 일이다. 이 당시 예수님은 피를 흘리시며 가시관을 쓰고 자색 옷을 입으신 애처로운 모습을 하고 계셨음에 틀림없다.

19:6~7 유대 지도자들은 예수님에 대한 그들의 적대감을 노골적으로 표현하며 그의 죽음을 소리 질러 외쳤다. 십자가형은 주로 범죄자와 노예들, 특별히 반란을 일으킨 자들에게 행해졌던 수치스러운 죽음이었다. 처음에 빌라도가 그 집행자가 되기를 거절하자 그 지도자들은 자신들의 본래 의도를 드러내었다. "그가 자기를 하나님의 아들이라 함이니이다." 신성모독죄(레 24:16)는 증명되기만 하면 당연히 사형에 해당되는 중죄였다. 바로 그 시각에 빌라도의 아내가 빌라도에게 이상한 전갈을 보내왔다. "저 옳은 사람에게 아무 상관도 하지 마옵소서 오늘 꿈에 내가 그 사람으로 인하여 애를 많이 태웠나이다"(마 27:19).

19:8~11 빌라도의 반응은 두려움에 기인한 것이었다. 이교도인 그로서는 인간과 비슷한 신들이 사람에게 와서 그들을 해하는 이야기들을 많이 들어 왔다. 진리를 선포하시는 **예수님의 담대한 모습**이 그의 양심을 자극하기 시작했을지도 모른다. "너는 **어디로부터냐?**"는 빌라도의 질문에 예수께서 답하시길 거절하신 것은 이사야 53장 7절의 예언을 성취하신 것이다.

빌라도에게는 진리를 찾을 수 있는 기회가 있었고 또한 그도 원하고 있었다. 그는 예수님의 침묵을 못 견디고 "내가 … **권한도 있는 줄 알지 못하느냐?**"라고 물었다. 사실 하수인에 불과한 빌라도였으나 그도 어느 정도의 권력을 갖고 있기는 했다. 그러므로 나름대로 자신의 결정에 대한 책임은 있었다(참조, 행 4:27~28; 고전 2:8). 그러나 사실은 하나님만이 유일하시며 궁극적인 권력자이시다. 그리하여 예수께서는 빌라도에게 그가 하나님 아래 있으며 그러므로 자신에 대한 책임이 있다고 말씀하셨다. "**나를 네게 넘겨준 자의 죄는 더 크다.**" 이 말씀이 가리키는 것은 누구일까? 유다, 사탄, 가야바, 제사장들, 아니면 유대인들? 아마도 예수님을 빌라도에게 직접 넘겼던 가야바가 그 첫 번째 해당자일 것이다. 물론 빌라도에게도 죄가 있다(참조, 사도신경, "본디오 빌라도에게 고난을 받으사"). 그러나 예수께서는 가야바에게 더한 책임을 지우시고 있다(참조, 요 11:49~50; 18:13~14).

19:12~13 빌라도는 나름대로 확신이 들어 예수님을 **놓으려고** 했으나 유대인들의 새로운 공격에 직면하게 되었다. 그들은 예수를 놓아준다면 그것은 가이사에 대한 반역 행위라고 주장했다. '**가이사의 충신**'(문자적으로는 '가이사의 친구.' 라틴어로는 'amicus, Caesaris' – 역자 주)이라는 칭

호는 상당히 중요한 의미를 지니고 있다. 당시 로마의 황제였던 티베리우스(Tiberius)는 병약하고 의심이 많으며 때때로 광폭한 행동을 하는 자였다. 그러므로 빌라도는 항상 자신에 대해 주의해야 했고, 단 한 가지라도 자신에 대해 좋지 않은 정보가 황제에게 들어가는 것을 원치 않았다. 그가 로마에 대한 충성을 표시하는 것과 이 보잘것없고 이상한 유대인의 편을 드는 것 중 하나를 선택해야 했을 때, 그 결론은 두말할 필요가 없었다. 이제 갈등은 끝나고 빌라도는 정식 재판을 하게 되었다.

19:14~16 이때가 로마 시간으로 제육 시, 지금의 오전 6시에 해당했다(그러나 어떤 학자들은 정오일 것이라 주장한다. 참조, 1:39; 4:6의 주해). 이날은 유월절의 준비일(즉 금요일)이었다. 그날은 이튿날부터 이어지는 7일간의 무교절의 예비일이었다(그 기간을 '유월절 주간'이라고도 불렀다. 참조, 눅 2:41; 22:1, 7; 행 12:3~4; 누가복음 주석 22:7~38의 주해).

빌라도가 "보라 너희 왕이로다"(KJV, "Behold your King." NIV, "Here is your King")라고 유대인들에게 말했다. 이것은 또 하나의 역설이다(요한은 이 사건을 기록한 유일한 복음서 저자이다). 빌라도는 예수님을 그들의 왕이라 생각하고 있지는 않았으나, 예수님을 유대인들의 왕이라 부름으로써 유대인들에게 앙갚음을 하고 있는 것이다. 그러나 요한은 특별히 이 사건을 예수께서 그 백성을 위해 그 백성의 왕, 즉 메시아로서 죽으시려 한다는 점에서 중요시했다. 빌라도는 계속해 유대인들을 자극했다. "내가 너희 왕을 십자가에 못 박으랴?" 마치 로마는 유대 왕을 해치지 않겠다는 것처럼. 이에 대한 "가이사 외에는 우리에게 왕이 없나이다"라는 유대인들의 대답은 참으로 역설적이다. 반항적인 유대인들이 메시아는 싫다면서 로마에 충성을 표하고 있기 때문이다(참조, 시 2:1~3).

D. 십자가에 달리심(19:17~30)

19:17~18 "예수께서 자기의 십자가를 지시고 … 나가시니." 이 구절은 구약의 두 상징들(혹은 유형들)의 성취를 나타낸다. 이삭이 희생 제사에 쓸 나무를 손수 운반한 것(창 22:1~6)과 속죄제가 장막이나 도시의 외곽에서 행해지곤 했던 것(참조, 히 13:11~13)들이 구약적 모형들이다. 아무튼 예수님은 우리를 대신해 죄를 지셨다(고후 5:21). 그 장소가 **히브리어로 골고다**(해골)라고 불린 것은 아마도 그 산 꼭대기의 돌이 깎여서 마치 해골과 같은 모양을 하고 있었기 때문일 것이다. 예수님과 함께 십자가에 달린 **다른 두 사람**을 여기에서 언급한 것은, 후에 그들의 다리는 꺾어 부러뜨렸으나 예수님의 것은 그러지 않았다는 사실(참조, 요 19:32~33)을 보다 잘 이해시키기 위한 배려였다. 누가는 그들이 '행악자'였다고 덧붙였으며(눅 23:32~33) 마태는 그들을 '강도들'이라고 했다(마 27:44).

19:19~20 빌라도와 제사장들 간의 긴장이 죄인들의 십자가 위에 붙었던 패를 둘러싸고 계속되었다. 그것은 "나사렛 예수 유대인의 왕"이라 기록되었다. 이 패는 히브리와 로마와 헬라어 3개 국어로 기록되었다. 십자가형은 공개적으로 행해졌기에 읽을 수 있는 모든 사람은 이 명백한 선포를 볼 수 있었다.

19:21~22 자연히 대제사장들은 어떠한 의도에서든 이러한 사실이 알려지는 것을 원치 않았다. 그들은 예수께서 **자칭 유대인의 왕이라 하다 죽**

었다고 알려지기 원했다. 그리하여 그들은 그 패의 내용을 바꾸도록 빌라도에게 항의했다. 빌라도는 그것을 거절했다. 유대 지도자들의 함정에 빠져 원치 아니하는 추잡한 일을 했다고 느낀 빌라도는 이제 그들에게 조금이라도 앙갚음을 해야겠다고 생각했을 것이다. "내가 쓸 것을 썼다"는 거만한 그의 대답은 자신도 모르게 놀랄 만한 몇몇 증언을 남긴 빌라도의 마지막 말로 기록된 말이었다(참조, 18:39; 19:5, 14~15; 마 27:22). 요한은 비록 빌라도가 써 놓은 글이었으나, 사실은 하나님이 합당한 선포와 함께 그의 아들이 십자가에서 죽는 것을 바라셨음을 나타내고 있다. 그 말은 또 다른 의미에서 빌라도의 생에 대한 합당한 심판을 뜻하기도 한다. 그는 자기 자신이 맡은 역할을 했고 진리의 순간도 맛보았다. 이제 이방인인 그도 유대인의 왕에 의해 심판받게 될 것이다.

19:23~24 예수님의 옷을 벗기고 그의 옷을 취하는 군병들의 행동은 당시에 횡행하던 잔인한 행위 중 한 부분이었다. 당시 의복은 손으로 만든 것이어서 오늘날의 것들보다 비교적 값이 비쌌다. 그리하여 사형집행자들은 사형수들의 옷을 그들의 수고비로 가져가곤 했다. 호지 아니한 속옷은 비록 요한이 그것에 대해 큰 의미를 부여하지는 않았으나, 대제사장들이 입었던 형태의 옷으로서 그 의미가 클 수도 있다. 요한은 이 사건이예언된 시편 22편 18절의 성취라는 측면에서 강조했다. 예수께서 벌거벗겨 돌아가셨다는 것은 우리의 죄를 담당하심으로 인해 수치를 당하신 한 단면이다. 그러나 동시에 그분은 죄인들에게 의의 옷을 입혀 주시는 마지막 아담이시다.

19:25~27 병사들의 잔혹함과 대조를 이루듯 4명의 여인들이 사랑과

고뇌에 가득 찬 이 모습을 지켜보고 있었다. 예수님의 모친의 고통은 "또 칼이 네 마음을 찌르듯 하리라"(눅 2:35)는 시므온의 예언의 성취였다. 슬퍼하는 그녀의 모습을 본 **예수님**은 그 사랑하시는 **제자**에게 그 **어머니**를 돌보아 줄 것을 부탁하셨다. 갈릴리에 있던 형제와 자매들은 그 어머니를 봉양하거나 위로할 처지가 못 되었다. 마리아와 그 사랑하시는 제자에게 하신 말씀은 십자가상에서 하신 3번째 말씀(요한복음에서 첫 번째)이었다. 다른 복음서에서는 예수께서 이미 로마 병정들을 위한 기도를 하셨고 (눅 23:24) 한 강도를 용서해 주신다는 말씀도 하셨다(눅 23:42~43).

19:28~29 예수께서 십자가상에서 하신 4번째 말씀("나의 하나님, 나의 하나님, 어찌하여 나를 버리셨나이까")은 요한복음에 기록되지 않았다(참조, 마 27:46; 막 15:34). 그러나 요한은 5번째 말씀을 기록했다. "내가 목마르다." 19장 28절의 증언으로 미루어 예수께서는 예언들의 상세한 부분까지도(시 42:1~2; 63:1) 성취되고 있다는 것을 의식하고 계셨음을 알 수 있다. 생수이신 분(요 4:14; 7:38~39)께서 목마름 속에서 죽어 간다는 역설은 충격적이다. 그분에게 신 포도주를 준 것은 시편 69편 21절의 성취를 의미했다. "포도주를 적신 해면을 우슬초에 매었다"는 것은 다소 이상하게 보인다. 이것을 상세히 표현한 것은 아마도 유월절 의식 때 쓰였던 우슬초와 연관해(참조, 출 12:22) 예수께서 유월절의 어린양으로 죽으셨다는 사실을 지적하기 위함이었을 것이다.

19:30 예수께서 십자가상에서 하신 6번째 말씀은 '다 이루었다'는 의미를 가진 헬라어 테텔레스타이($\tau\epsilon\tau\acute{\epsilon}\lambda\epsilon\sigma\tau\alpha\iota$)였다. 납세증으로 쓰였던 파피루스들을 보면 테텔레스타이, 즉 '완불됨'이라고 쓰여 있는 것을 볼 수 있다. 이

단어가 예수님의 입에서 나왔다는 것은 그 의미가 크다. 그분께서 "다 이루었다"("나는 끝났다"는 말이 아닌)고 하신 것은 그분의 구속 사역이 완성되었음을 의미하는 것이다. 그분은 모든 사람들을 대신해 죄를 지셨고(고후 5:21), 그 죄 때문에 하나님의 공의의 심판과 징벌을 담당하셨다. 심지어는 죽음의 순간에도 자신의 생명을 스스로 버리시는 분으로서 남으셨다(참조, 요 10:11, 14, 17~18). "머리를 숙이니("아버지여 내 영혼을 아버지 손에 부탁하나이다"[눅 23:46]라는 7번째 말씀을 남기셨다) 영혼이 떠나가시니라." 이것은 십자가형으로 죽음을 당하는 보통 사람들의 경우와 다른 것이다. 일반적으로는 영혼이 먼저 떠나가고 그 다음에야 머리가 밑으로 숙여졌다.

E. 장사(19:31~42)

19:31~32 1968년에야 발견된 십자가형에 대한 유일한 고고학적 증거는 다리뼈가 단 한 번의 충격에 의해 부서진 채로 있는 유골이다. 본문의 구절이 바로 이 사실과 부합한다. 율법 때문에(신 21:22~23) 시체를 밤새도록 나무(혹은 십자가)에 매달아 놓지는 않았다. 안식일에는 더욱 그러했다. 하나님의 저주를 받아 처형된 사람의 육신이 노출되면 그로 인해 그 땅이 더러워진다고 여겼기 때문이다(참조, 신 21:23; 갈 3:13).

다리뼈를 꺾는 것을 라틴어로는 크루리프라기움(crurifragium)이라 했다. 이러한 행위는 충격을 주고 출혈을 하게 하며, 또한 호흡을 불가능하게(다리가 부러진 다음에는 온몸의 체중이 가슴을 압박해) 함으로써 죽음을 재촉하는 원인이 되었다. 이러한 과정이 없으면 사람의 생명이 상당히 오랫동안, 심지어 며칠간이나 연장되었다. 크루리프라기움이 예수님의 양옆에 있던 두 강도들에게 행해졌다.

19:33~34 예수님은 이미 죽으셨으므로 그 다리를 꺾을 필요가 없었다. 그러나 그 대신 확실히 하기 위해 한 병사가 창으로 예수님의 **옆구리를 찔렀다**. 이에 곧 **피와 물**이 나왔다. 이 사실에 관한 해석은 참으로 다양하다. 어떤 이들은 이것이 심장이 터져 그 심막이 피와 혈청으로 가득 차 사망한 증거라고 주장한다. 또 다른 이들은 사람들을 치유하는 상징적 혹은 성례적 의미로 그 피의 흐름을 해석한다. 아무튼 그것은 무엇보다도 예수께서 실제로 죽음을 당하신 참인간이었다는 사실을 증명한다. 아마도 그 창이 배와 심장을 찔러 그로 인해 출혈을 초래했을 것이다. 이를 목격했던 사람은(35절) 그 속에서 구원과 관련된 의미를 찾을 수 있었다. 이 복음서가 쓰인 때에 현존하던 이단들은 영지주의(Gnosticism)와 가현설(Docetism) 등이었다. 그 사상들은 예수님의 성육신과 죽으심을 부정했다. 그러나 그 피와 물이 그러한 이단들에 대한 확고한 대답이 될 수 있었다.

19:35~37 이 부분은 필자인 사도 요한(참조, 13:23; 21:20~24)이 그 장본인으로 유력시되는 목격자의 증언이다. 그의 증언은 진리(참)를 전함으로써 다른 사람들로 하여금 그 사실들을 믿을 수 있게 하고, 그 중요한 의미(참조, 20:31)를 분별할 수 있게 해 준 참으로 중요한 가치를 지닌 것이었다. 요한은 병사들이 예수께 크루리프라기움을 행하지 않고 단지 그 옆구리를 창으로 찌른 것은 두 가지의 예언과 모형을 이룬 것이라고 이야기했다. 참유월절 양이신 예수님은 "그 뼈가 하나도 꺾이지 아니하리라"

(출 12:46; 민 9:12; 시 34:20)는 것과 장차 "그들이 그 찌른 자를 보리라"(슥 12:10. 참조, 계 1:7)는 예언을 그대로 이루셨다.

19:38~39 아리마대 요셉은 부자였으며(마 27:57) 하나님의 나라를 기다리고 있던 사람이었다(막 15:43. 아리마내는 예루살렘으로부터 약 32킬로미터 정도 북서쪽에 위치했다). 유대 공의회인 산헤드린의 회원이었던 그였지만, 그는 "선하고 의로운 … 사람 … 그들의 결의와 행사에 찬성하지 아니한 자"(눅 23:50~51)였다. 십자가형이 끝난 후에 로마인들은 보통 그 시체를 짐승의 먹이로 남겨 놓곤 했다. 이렇게 제대로 묻어 주지도 않는 것은 십자가형을 당한 이들에게 마지막 모욕이 되었다. 그러나 유대인들은 그 시체가 노출되는 것을 원치 않아 그것을 치워 버렸다(참조, 19:31~32의 주해).

이때 요셉이 예수님의 시체를 묻을 수 있도록 허락을 받았다. 그는 또 다른 유력자(니고데모. 참조, 3:1; 7:51)와 함께 필요한 절차를 밟았다. 몰약과 침향 섞은 것 백 리트라는 한 구의 시체를 장사 지내는 데 충분한 향료의 양이었다. 아마도 니고데모는 이때서야 예수께서 들리시리라는 것과 그분을 믿음으로 바라보는 자만이 살 것이라는 말씀(참조, 3:14)을 이해했을 것이다. 이제 은밀한 제자였던 그들이 표면에 나서게 되었다.

19:40~42 이날은 안식일 바로 직전(해가 지면 안식일이 시작되는)이었기에 장례 절차는 신속히 진행되었다. 유대인의 장례법에는 몸속에서 피나 장기들을 끄집어내고 향료를 넣어 썩지 않도록 미라를 만드는 경우는 없었다. 단지 몸을 깨끗이 씻어 주고 향유와 **향품**과 함께 옷을 입히곤 했다(오쏘니오이스[ὀθονίοις]를 strips of linen[세마포]이라고 옮긴 NIV의

번역이 타당성을 인정받고 있는 것은 사실이나[참조, William F. Arndt, F. Wilbur Gingrich, *A Greek English Lexicon of the New Testament and Other Early Christian Literature*. Chicago: University of Chicago Press, 1957, p. 558], 일부 로마 가톨릭 신학자들은 마태가 예수님의 몸을 싼 세마포를 언급한 낱말이 신돈[σινδών, 마 27:59]이었던 것에 비추어 볼 때, 여기에서는 cloth wrappings[옷으로 감쌈]으로 옮기는 것이 타당하다고 주장한다).

최근에 화제가 되었던 튜린의 성의(The Shroud of Turin)와 관련해 본다면, '세마포'라는 번역은 그 성의의 진실성과 상치된다. 그러나 오쏘니오이스(ὀθονίοις)라는 낱말 자체의 의미와 유대인의 장례 풍속, 그리고 튜린의 성의 자체가 불분명한 것이므로 이로 인한 교리적 논쟁은 피해야 한다. 예수님의 육신은 공동묘지가 아닌 개인 소유의 동산 안에 있는 새 무덤에 묻혔다. 마태는 그곳이 '바위 속에 판 요셉의 새 무덤'이었다고 기록하고 있다(마 27:60). 이사야는 인간들의 멸시와 배척으로 인해 고난 받은 종이 되신 메시아가 그 죽음으로 부를 누릴 것이라 예언했다(사 53:9).

예수님의 장사 자체가 곧 복음의 한 부분이다("장사 지낸 바 되셨다," 고전 15:4). 그것은 예수님의 고난과 수욕의 완성이라는 점에 그 의의가 있는 것이다. 또한 그분의 죽음의 실제를 알게 해 주고 곧 임할 육체의 부활을 위한 배경을 마련해 준다. 예수님은 당신의 장사를 통해 후에 죽어 장사 될 모든 믿는 이들과 자신을 동일화하셨다.

예수님의 시신에 대한 요셉과 니고데모의 사랑과 존경의 행위는 그들 개인에게는 아무런 득이 될 것이 없는 위험한 것이었다. 살아 계신 주님을 향한 기독교인들의 봉사 역시 이같이 용감하고 희생적이어야 한다. 그러한 수고가 결코 헛되지 않기 때문이다(고전 15:58).

F. 빈 무덤(20:1~9)

　　이제 요한의 복음은 죽음을 이기신 예수님의 승리(20장)와 뒤이은 후기(21장)로서 그 결론에 이른다. 모든 복음서 저자들은 각각 나름대로 독특한 관점에서 사건의 의미를 강조했다. 요한은 자신이 어떻게 열린 무덤의 증거를 통해서 부활에 대한 개인적 확신을 가지게 되었는가를 증언하고 있다.

20:1~2 안식 후 첫날, 즉 일요일에 막달라 마리아와 다른 여인들(참조, 2절의 우리)이 그 무덤에 갔다(영어성경에서는 막달라 마리아를 'Mary of Magdala' 혹은 'Mary of Magdalene'[마 28:1; 막 16:1, 9; 눅 24:10]로 옮겼다). 예수님의 생사를 불문한 막달라 마리아의 헌신은 사탄의 권세로부터 자신을 구원해 주신데 대한 감사에 근거하고 있다. 그녀는 십자가에 못 박히시는 현장의 증인이었고 이제는 무덤에 찾아 온 첫 번째 사람이 되었다. 그 무덤은 큰 돌로 막혀 있었고(막 16:3~4) 로마 총독 빌라도의 명에 의해 봉인되었다(마 27:65~66). 이런 무덤이 열렸고, 더욱이 비어 있는 것을 보고 그 여인들은 너무나 놀랐다. 그리하여 그들은 뛰어가 베드로와 예수께서 사랑하시던 그 제자에게(참조, 요 19:26) 끔찍한 일이 일어났음을 알렸다. 처음에 그들은 도적들이 그 무덤을 더럽혔다고 생각했던 것 같다.

20:3~9 베드로와 요한이 달음질해 그 무덤에 갔다. 요한이 조금 앞서

갔기에 먼저 **무덤 안을** 들여다보았다. 그러나 거기에 세마포가 놓여 있었으므로 요한은 그 무덤이 비었다고 생각지 않았고, 다만 여인들이 너무 놀라 잘못 본 것이라고 여겼던 것 같다. 그는 **구부려 보았으나**(블레페이[βλέπει]) 무덤으로 들어가지는 않았다. 아마도 부정하게 될까 봐 두려웠기 때문일 것이다. 그때 베드로가 와서 무덤에 들어가 보니(쎄오레이[θεωρεî]: 주의하여 보다) 세마포와 머리를 쌌던 수건만 놓여 있었다. 이것을 보고 놀란 베드로는 그 안에 계속 서 있었을 것이다. 잠시 후 요한도 들어가 그제야 세마포만 놓인 것을 보고(에이덴[εîδεν]: 눈치채다, 지각하다. 이 구절에서 3번째로 등장하는 '보다'의 뜻을 가진 헬라어) 믿었다. 베드로는 '왜 도굴범들이 이렇게 옷을 잘 개켜 놓고 예수님의 시신만을 가져갔을까?' 의아해했음에 틀림없다. 그러나 이때 요한은 없어진 시신과 개켜진 옷들이 도적의 소행이 아님을 알았다. 그는 예수께서 부활하셨다는 사실을 깨달았던 것이다. 무덤이 열린 것은 예수님의 몸이 빠져나오기 위한 것이 아니라 제자들과 온 세상이 그분의 부활을 목격하게 하기 위함이었다.

요한복음의 이 부분(20:1~9)은 지각이 예민한 독자들에게 **심리적으로나 역사적으로** 확고한 진리를 증거해 수는 강력한 목격담이다. 요한은 예수님에게 오랜 가르침을 받아 왔던 제자들도 "성경에 그가 죽은 자 가운데서 다시 살아나야 하리라 하신 말씀을 아직 알지 못하더라"고 덧붙였다(참조, 시 16:10~11; 110:1, 4; 사 53:11~12).

G. 마리아에게 나타나신 예수님(20:10~18)

20:10~14 부활하신 예수께서는 일찍이 마귀들을 쫓아 내 주셨던 막달라 마리아에게(눅 8:2) 처음으로 나타나셨다(참조, 마 28장). 두 제자는 자기들의 집으로 돌아가고 마리아만 무덤 밖에 서서 울고 있었다. 요한이 이때까지 그녀에게 예수님의 부활을 알리지 않았음에 틀림없다. 아마도 너무 놀라 그 어마어마한 사실을 어떻게 설명해야 할지 어리둥절해 있었을 것이다. 마리아가 무덤 속을 보니 사실은 천사인 두 사람이 있었다. 성경에서 천사가 사람에게 나타날 때에는 후광을 띠고 있거나 날개를 지니고 있지 않고 보통 사람의 모습으로 등장한다. 특별한 몇몇 경우에는 날개를 달고 나타나기도 하지만(예, 사 6장) 대개는 인간의 모습으로 나타난다.

너무도 큰 고통 속에 있었던지라 마리아는 조금 특이한 어떤 것도 눈치챌 수 없었다. 그들의 질문과 그녀의 대답은 역사상 최대의 '깨달음의 장'(recognition scene)을 마련하고 있다(아마도 두 번째에 해당하는 것이 "나는 요셉이라"고 한 장면일 것이다. 참조, 창 45:1~3). 예수께서 마리아에게 나타나신 것은 너무도 뜻밖의 일이어서 그녀는 예수이신 줄은 알지 못하였다. 그분이 빌라도나 가야바, 혹은 그 제자들 중 하나가 아닌 마리아에게 나타나셨다는 사실에는 큰 의미가 있다. 부활하신 예수님을 처음 본 사람이 여인이라는 사실은 그 사실의 역사성의 측면에서뿐만이 아닌 예수님의 선택적 사랑의 한 증거이기도 하다. 즉 고대의 어떠한 유대인도 감히 이 중요한 사건의 첫 번째 목격자가 보잘것없는 한 여인이라고 내세운 이야기를 꾸며 낼 사람은 없었다. 그러나 그보다 중요한 것은 예수께서 그녀가 그분을 진실로 추종했다는 사실 때문에 마리아에게 자신을 제일 먼저 보이셨다는 것이다. 그녀는 그분이 십자가에서 죽어 가실 때에 그 자리에 함께했고(요 19:25), 안식 후 첫날 이른 아침에 그 무덤으로 찾아왔다(20:1).

20:15~16 마리아는 예수님과 이야기를 나누면서도 그분을 알아보지 못했다. 어떤 이들은 예수님의 모습이 변화되었기 때문이라고도 하고, 또 다른 이들은 엠마오의 두 제자처럼 그분이 눈을 밝혀 주실 때까지 "그들의 눈이 가리어져서 그인 줄 알아보지 못했다"(눅 24:16)고 주장하기도 하며, 또 다른 이들은 눈물로 인해 그분을 알아보지 못했을 것이라고 주장하기도 한다.

"예수께서 마리아야 하시거늘." 선한 목자이신 예수님은 그 양 떼를 부를 때에 이름을 부르신다(참조, 요 10:3). 그러면 양은 그분의 음성을 듣는다(10:4). 이렇게 즉시 그녀는 "랍오니"(이는 선생님이라는 말이라)라고 외쳤다.

20:17~18 "나를 붙들지 말라 내가 아직 아버지께로 올라가지 아니하였노라 너는 내 형제들에게 가서 이르되." 이러한 주님의 말씀으로 미루어 그녀가 예수님을 포옹하려 했던 것 같다. 아무튼 이때 주신 말씀은 새로운 관계성, 새로운 친족 관계, 새로운 책임감을 제시했다(KJV의 번역 "Touch Me not"[나를 만지지 마라]은 해석상 많은 의문을 가져온다. 왜 그분을 '만질' 수 없는가? 그것보다는 NIV의 "Do not hold on to Me"[나에게 매달리지 마라]라는 번역이 훨씬 정확하다. 예수님은 분명히 만질 수 없는 존재가 아니었기 때문이다. 참조, 마 28:9; 요 20:27). 이미 한 번 예수님을

잃었던(십자가에서) 마리아가 이제 다시 그분을 잃을까봐 두려워한 것은 당연하다.

이때에 예수께서는 "이러한 육체적 접촉으로 인한 존재의 확인이 교회를 위한 나의 참존재 의미가 아니다. 나의 승천과 교회를 향한 성령님의 선물과 함께 이제 새로운 관계성이 시작될 것이다"라고 말씀하신 것이다. 그리고는 새로운 친척들에 대해서 설명을 해 주셨다. 그분은 이제 제자들을 형제들이라 부르셨다. 그전에는 그들을 친구들이라 하셨다. "이제부터는 너희를 종이라 하지 아니하리니 … 너희를 친구라 하였노니"(15:15). 이제 예수님 안에서 모든 신자들은 하나님을 아버지로 함께 모시는 집안 식구의 일부가 되었다(참조, 히 2:11~12; 롬 8:15~17, 29; 갈 3:26). 마리아의 새로운 책임은 그분의 부활을 증언하는 것이었다. 그녀는 4가지 특별한 은혜의 수혜자였다. 천사를 보았고, 부활하신 예수님을 보았으며, 살아 계신 그분을 첫 번째로 보았고, 그 기쁜 소식의 전파자가 되는 은혜를 누린 것이다. 오늘을 사는 기독교인들은 모두가 특별한 은혜를 받은 사람들이다. 그들도 역시 이 세상에 그 기쁜 소식을 증언하는 새로운 의무를 부여받았기 때문이다(참조, 마 28:16~20).

'하나님께로 올라간다'는 말씀은 예수님이 하나님 아버지께 독특한 아들이 된다는 관계를 나타낸다. 이제 마리아와 다른 여인들은 제자들에게 그 소식을 전했다. 그러나 누가에 의하면 그들은 여인들의 말이 허탄한 듯이 들려(눅 24:11. 참조, 눅 24:23) 믿지 않았다.

B. 제자들에게 나타나신 예수님(20:19~23)

20:19~20 예수님과 함께 거의 잡힐뻔 했던 제자들이 유대인들(즉 유대 관원들)의 손에 죽을까 봐 두려워하여 밤에 문을 닫아 놓고 비밀리에 모여 있었다(이러한 모습은 7주 후 오순절의 담대한 그들의 모습과 극단의 대조를 이룬다). 이때 예수께서 닫힌 문을 통과하여 들어오셨다. 여전히 문은 닫혀 있었으나 그분께서는 들어오셔서 가운데 서셨다(참조, 26절). 이것은 새롭게 부활하신 몸의 능력을 나타내고 있다. 그러나 그 몸은 결코 유령과 같은 것이 아니었으며, 십자가에 달리시기 전의 몸과 연속성이 있는 것이었다(참조, 27절). "너희에게 평강이 있을지어다"라고 하신 첫 번째 말씀은 원래는 히브리어의 **샬롬**(שָׁלוֹם)과 유사한 의례적 인사였다. 그러나 지금은 더욱 완전한 의미가 그 말속에 부여되고 있다(참조, 14:27; 16:33; 롬 5:1; 빌 4:7).

찔리신 손과 옆구리를 보이시니 그들은 기뻐하였다(누가의 기록대로 비록 처음에는 두려워했을지라노, 눅 24:37~44). 그들의 두려움괴 실망이 변하여 그만큼 더 큰 기쁨이 되었던 것이다.

20:21~23 그 후 예수님은 제자들에게 사도로서의 사명을 다시 한번 당부하셨다. 그분은 아버지께서 그분을 보내신 것같이 그들을 그분의 사도로서 보내셨다(참조, 17:18). 그들은 그분의 권위를 가지고 설교하고 가르치며 기적들을 행하도록 보내심을 받았다(마 28:16~20; 눅 24:47~49). 이러한 새로운 사명을 위해서 그들은 영적인 능력이 필요했다. 그리하

여 예수께서는 그들을 향하사 숨을 내쉬며 이르시되 "성령을 받으라"고 하셨다. 이 말씀의 이미지와 그들을 향해 숨을 내쉬셨다는 표현은 아담을 만드셨던 하나님의 창조 사역을 연상하게 한다(창 2:7). 부활하신 후 '숨을 내쉼'은 새로운 피조물의 창조를 낳은 새로운 창조 사역이었다(엡 2:8~10). 성령을 영접하기 위해서 그들은 50일 후 오순절의 역사를 기다려야 했으며, 그 전까지는 부분적이며 한정적인 지식과 이해와 능력의 은사를 받았다.

죄의 용서는 예수님의 죽으심으로 인해 얻게 된 큰 이익 중 하나이며, 그것이 새로운 계약의 본질이기도 하다(참조, 마 26:28; 렘 31:31~34). 죄의 사함을 선포하는 것은 사도행전에 나타나는 사도들의 설교의 주요 특징이다. 예수께서 그 사도들에게(그리고 교회에게도) 사람이 어떻게 죄의 용서를 받을 수 있는가를 알릴 수 있는 특권을 주셨다. 기독교인은 어떤 사람이라도 예수님을 믿는다면 그가 용서함을 받았다고 선포할 수 있는 권리를 가진다. 만약 예수님의 희생을 믿지 않고 거절한다면 그에게 "죄 중에 그대로 있으리라"는 선포를 할 수 있는 것이다.

I. 도마에게 나타나신 예수님(20:24~29)

20:24~29 요한은 복음서를 통해 인간이 예수님의 원수가 되어 그분을 십자가에 매달기까지 강퍅해지는 불신앙의 과정을 추적했고, 또한 이와는 전혀 다른 각도에서 제자들의 신앙이 성숙되어 가는 과정을 잘 묘사했었다. 후자의 대표적인 예가 도마의 경우이다. 다른 제자들이 도마에게 예

수님이 부활하셨다고 했으나('이르되'라고 번역된 엘레곤[ἔλεγον]은 그들이 계속적으로 그러한 행동을 반복했음을 의미하는 미완료시제의 동사이다), 그는 증거를 볼 때까지는 믿지 아니하겠노라고 했다. 그는 부활하신 예수님의 몸을 증거로 원했다. 여드레 후에 예수님의 재출현이 도마가 원했던 기회를 제공했다. 다시 한번 예수께서 문들이 닫혔음에도 불구하고 기적적인 출현을 하셨다(참조, 19절). 그분은 도마에게 당신을 만져 보라(참조, '보이시니,' 20절)고 하시고 믿음 없는 자가 되지 말고 믿는 자가 되라고 하셨다. 이것은 개인적인 헌신의 결단을 하라는 직설적인 도전이었다.

"나의 주님이시요 나의 하나님이시니이다"라는 도마의 대답은 참으로 복음의 정수라 할 수 있다. 그 의심 많고 회의적이던 사람이 예수님의 부활이라는 엄연한 사실 앞에서, 한 갈릴리 사람에 불과했던 예수님을 향해 성육하신 하나님이라고 고백했던 것이다. 이제 1장에서 서술되었던 진리가 이 사도를 통해 개인적인 깨달음의 차원에서 실현되었다(1:1, 14, 18). 부활은 (1) 예수께서 자신의 존재에 대해 예언하셨던 것이 진실이었음을 나타내었으며(막 8:31; 9:9, 31; 10:34; 요 2:19), (2) 예수께서 하나님의 아들이심과(롬 1:4) 하나님이 보내신 분이라는 것("영으로 의롭다 하심을 받으시고," 딤전 3:16)을 증명했으며, (3) 그분의 구원 사역이 성공했음을 증명했으며(롬 4:25), (4) 예수께 영광을 돌리고(벧전 1:11), (5) 예수께서 곧 '주'이심(행 2:36)을 선포했다.

그 후 예수께서는 눈에 보이는 육체적 표적에 의지하지 않고도 믿음의 자리로 나아오는 모든 이들에게 복을 선언하셨다(요 20:29. 참조, 벧전 1:8). 이 복의 선언은 선포된 복음과 그에 담긴 증거들을 유일한 증거로 하여 신앙을 가진 모든 사람들을 향한 것이다. 오늘날의 기독교인들은 예수님과 함께했던 제자들과 같이 시각적인 증거를 갖기는 어려우나 그만큼 특별한 축복을 이미 받은 사람이기도 하다. "보지 못하고 믿는 자들은 복되도다."

J. 이 책의 목적(20:30~31)

20:30~31 요한은 예수님이 행하신 이적들(세메이아[σημεῖα])의 신학적 의미를 숙고하고 또 지각할 수 있도록 하는 데 자신이 이 복음서를 기록한 목적이 있음을 설명했다. 많은 현대인들은 예수님의 이적들을 무시하고 부정하며 또한 합리화시키고 있다. 예수님 당시에도 그것들을 하나님의 역사로 생각하는 사람들도 있었으나 어떤 이들은 사탄과 연관시키기도 했다(3:2; 9:33; 마 12:24). 그러나 당시에는 그 사건 자체를 무시하거나 부정하거나 합리화할 수는 없었다. 왜냐하면 그것들이 기적이라는 사실이 너무도 뚜렷했고 수차례나 실행되었기 때문이다. 요한은 이 점에 관해서 자신이 소개한 것들 외에도 공관복음서에 많은 기적들이 소개되고 있음을 분명히 하고 있다. "이 책에 기록되지 아니한 다른 표적도 많이 행하셨으나." 기록상으로는 35개의 서로 다른 기적들이 공관복음서에 기록되었다(참조, 요 2:1~11 주해). 요한은 그중 7개 사건만을, 예수께서 약속된 메시아이신 하나님의 아들 그리스도이심을 사람들이 믿을 수 있도록 특별히 심사숙고해서 선택하여 소개했다('may continue to believe'[계속 믿을 수 있도록]로 옮길 수 있다는 NIV 관주의 제언보다는 NIV 본문대로 'may believe'[믿게 하려]로 옮기는 것이 헬라어 원문에 부합된다).

V. 후기(21장)

이 마지막 장을 기록한 것은 (1) 엄청난 실패를 경험한 베드로를 어떻게 예수께서 다시 일으켜 주셨는가와 (2) 주님의 재림에 대한 심각한 오해들을 바로잡으려는 목적을 요한이 가지고 있었기 때문이다. 또한 이 장은 본 복음서를 기록한 필자가 누구인지를 명확히 밝혀 줄 수 있는 **실마리**를 제공한다. 몇몇 비평가들은 본 장이 내용상 20장의 절정보다 앞선 부분이라는 점을 들어 무명의 다른 필자가 첨가한 것이라고 주장한다. 그러나 언어학적인 증거가 그들의 이러한 주장을 뒷받침해 주고 있지 못하다. 더욱이 성경의 다른 책들에서도 장엄한 절정이 묘사된 후에도 후기식의 덧붙이는 말들이 첨가되어 있다(예, 롬 15:33; 16장). 요한복음 21장은 결코 그 가치 면에서 성경에 기록된 다른 책들에 떨어지거나 그들과 조화를 이루고 있지 못한 것이 아니다.

A. 예수께서 바닷가에 나타나심(21:1-14)

21:1~3 일찍이 한 천사가 예수께서 그 제자들을 갈릴리에서 만나실 것이라 약속했다(마 28:7). 예수께서 그 후 다른 장소에서 자신을 나타내셨다는 것은 큰 의미를 지니는 사건이었다(참조, 행 1:3. 디베랴 바다는 갈릴리 바다의 또 다른 이름이었다. 참조, 요 6:1의 주해). 제자들은 예루살렘에 가서 엄청난 장면들을 목격했다. 개선 행진과도 같았던 예루살렘 입성, 그에 따른 새로운 왕국의 기대, 믿었던 동료의 배반, 예수님의 체포,

그들의 지도자였던 베드로가 예수님을 부인한 일, 십자가에 달리신 예수님의 고뇌, 부활, 부활하신 주님의 출현 등. 그들로서는 어리둥절할 뿐이었고 장차 어떻게 해야 할지 갈피를 못 잡고 있었다.

그래서 베드로는 고기를 잡으러 갔다. 아마도 주님의 위탁을 오해했기 때문인지도 모른다(20:22). 베드로는 부양해야 할 가족도 있었고, 주님을 부인했다는 것에 대한 자책감도 느끼고 있었음에 틀림없다. 그러나 그의 지도력은 이때에도 명확히 나타나고 있다. 6명의 제자들이 그와 함께 행동한 것이 그 증거이다. 예수님의 도움이 없이는 그들이 어떤 일도 할 수 없었으나, 그분의 도움으로 물고기를 잡을 수 있었던 것이 이제 그들에게 새로운 삶의 방향을 제시하게 되었다.

21:4~6 날이 새어 갈 때에 예수께서 바닷가에 서셨으나 제자들이 그분을 알아보지 못했다. 아마도 거리가 멀었거나 아직 완전히 날이 밝지 않은 까닭이었을 것이다. 그때에 예수께서 "얘들아, 너희에게 고기가 있느냐"고 물으셨다. '얘들'이라 번역된 파이디아(παιδία)는 '작은 아이들'이라는 문자적 의미를 지니고 있다. 그분의 권위 있는 음성과 가르치심에 답해(6절) 그들은 그물을 던져 많은 고기를 가득 잡을 수 있었다(참조, 11절). 이 사건과 이미 그들이 경험했던 기적(눅 5:1~11) 사이의 유사함이 비로소 제자들로 하여금 예수님을 알아볼 수 있도록 했으며, 부활하신 후에 위대한 이적을 행하시는 그분의 능력을 인지할 수 있도록 했다.

21:7~9 예수님의 계시와 제자들에게 보이신 능력을 제일 먼저 깨닫고 "주님이시라"(참조, 20:28)고 외쳤던 것은 예수님의 사랑하시는 그 제자였다. 요한은 무덤에 놓여 있던 옷들의 의미를 처음으로 깨달았다(20:8). 요

한의 말을 들은 **베드로**는 즉시 **바다**로 뛰어내려 헤엄쳐서 예수께 다가갔다. 이것은 그의 다혈질적이며 충동적인 면을 잘 나타내 준다(그는 무덤에도 제일 먼저 뛰어갔다, 20:6). 베드로의 이러한 성격에 대한 예리한 심리적 통찰이 요한이 이 상황을 직접 목격하고 증언했다는 것을 역사적으로 뒷받침하고 있다. 이러한 베드로의 행동은 물에 빠져들어 가던 때의 모습(14:30)과 극적인 대조를 이루고 있다. 예수께서는 배고픈 제자들을 위해서 **빵**과 숯불로 구운 **생선**을 아침 식사로 준비해 놓으셨다.

21:10~11 큰 물고기가 백쉰세 마리 잡혔다는 언급은 여러 종류의 우화적, 상징적 해석을 낳았다. 그러나 요한은 그 사건의 역사적 사실을 강조하기 위해 숫자를 언급했을 것이다. 고기를 낚는 것을 업으로 하고 있던 어부들로서는 잡은 고기들을 세어 어부의 숫자대로 나누는 것이 일상적인 일이었다. 이 사건이 주는 영적 교훈은 누구든지 주님의 뜻을 따라 노력하면 엄청난 복을 받게 된다는 것이다.

21:12~14 예수께서 그들에게 조반을 먹으라고 초대하셨을 때 제자들이 주님이신 줄 아는 고로 "당신이 누구냐"고 묻는 자는 아무노 **없었다**. 마리아(20:14)와 엠마오로 가던 제자들(눅 24:13~35)도 주님을 처음에는 알아보지 못했다는 사실은 주님의 모습이 부활하신 후 어느 정도 변해 있었음을 암시한다. 그러나 결국에는 모든 제자들이 그분이 예수님이신 줄 알아볼 수 있었다는 것은 부활 후의 모습과 그 전의 모습 사이에 분명한 연속성이 있었음을 알 수 있다. 예수님과 식사를 함께 한 것은 제자들에게 잊을 수 없는 강렬한 인상을 남겨 주었다. 수년이 지난 후에 베드로는 그의 설교에서 그가 바로 부활하신 예수님과 함께 먹고 마신 자 중 하나

였음을 밝혔다(행 10:41). '세 번째'는 요한의 기록에 따라 예수께서 사도들에게 세 번째 나타나셨음을 뜻하는 것이다(참조, 요 20:19, 24).

B. 예수께서 베드로에게 다짐 받으심(21:15~23)

21:15~17 일찍이 예수님을 불 곁에서 부인했던 베드로가(18:18, 25) 이제는 다른 불 곁에서 원래의 자리로 돌아오게 되었다.

예수께서는 베드로를 처음 만났을 때(1:42)와 같이 그를 "요한의 아들 시몬아"라고 불러 주셨다. 그리고 물으셨다. "네가 이 사람들보다 나를 사랑하느냐." '이 사람들'을 예수께서 질문 속에 포함시키신 것은 다른 제자들이 어떠하든지 자신은 예수님을 따르겠다고 자부하던 베드로의 자신감을 의식했기 때문일 것이다(마 26:33, 35; 눅 22:33; 요 13:37). 세 차례에 걸친 예수님의 질문과 사도적 사명의 부여는 베드로가 예수님을 세 번 부인했던 것과 직접적인 대조를 이루고 있다. 그때 베드로는 예수님을 모른다고 세 번이나 말했다(18:17, 25, 27). 이제는 그가 세 번 주님을 사랑한다고 고백했다(21:15~17). 아무리 위대한 사람도 실족할 가능성은 항상 있다(참조, 고전 10:12). 그러나 하나님의 은혜와 용서가 그러한 실수로부터 돌아서서 회개하는 자들을 회복시켜 줄 것이다. 그러한 은혜가 우리 모두를 위해 예비되어 있다는 사실은 매우 중요하다. 곧 교회가 큰 핍박에 직면할 수도 있고 또한 교회의 지도자들 역시 그들의 헌신이 흔들릴 때가 있을 것이기 때문이다.

예수께서 베드로에게 세 번이나 양들을 돌보라고 부탁하셨다. "내 어린

양을 먹이라"(Feed My lambs, 15절), "내 양을 치라"(Take care of My sheep, 16절), "내 양을 먹이라"(Feed My sheep, 17절). 몇몇 로마 가톨릭 신학자들은 바로 이것이 베드로의 우월성을 확증시켜 주는 것이라고 주장하나 그것은 문맥상 적합지 않은 해석이다(참조, 벧전 5:2). 예수께서 사랑에 대해서 세 번째 질문하실 때(아가파스[ἀγαπᾷς], 아가파스[ἀγαπᾷς], 필레이스[φιλεῖς]), 또한 세 번씩 사도직의 의무를 위탁하실 때마다(보스케[βόσκε], 포이마이네[ποίμαινε], 보스케[βόσκε]) 다양한 헬라어 동의어가 사용되었다. 이들 사이의 일관된 구별이 불가능하기 때문에 대부분의 학자들은 이것들이 문체의 변화를 주려는 의도에서 기인한 현상으로 보고 있다.

21:18~19 "내가 진실로 진실로 네게 이르노니"(참조, 1:51의 주해)라는 구절은 장차 베드로에게 임할 십자가형을 엄숙하게 예언하려는 서론의 역할을 한다. 나이 든 후 베드로는 십자가에 묶여서 그의 팔이 벌려졌다(참조, 1클레멘트 5:4; 6:1; 유세비우스의『교회사』 2.25). "나를 따르라"는 예수님의 명령에 복종하는 것은 모든 기독교인들의 핵심 과제이다. 예수께서 아버지의 뜻을 따랐듯이, 그 길이 십자가로 인도하든지 혹은 참기 어려운 경험으로 이끌든지 제자들은 그분의 길을 따라야만 한다.

21:20~23 자신의 운명에 대한 예언을 들은 베드로는 이제 자신의 친구인, 예수께서 사랑하시는 그 제자의 장래는 어떻게 될까 궁금해졌다. 그러나 예수께서는 남의 생에 대한 하나님의 뜻에 필요 이상의 호기심을 가진 베드로를 심히 책망하셨다. "네게 무슨 상관이냐 너는 나를 따르라." 어떤 제자들은 간혹 하나님의 비밀스러운 뜻에 필요 이상의 의문을 가지느라

평범한 가운데 계시된 하나님의 뜻을 무시하는 경우가 있었다. 모든 기독 교인들을 향한 하나님의 뜻은 다양하며 결코 우리의 이성으로 모두 이해할 수 있는 수준이 아니다. 베드로 역시 자신에게 이미 임한 하나님의 명령에 순종하는 것만이 그의 몫이었다.

그 후 요한은 몇몇 이들에 의해 그가 **죽지 아니하겠다**고 잘못 알려진 사실을 바로잡았다. 흥미롭게도 요한에 의해 기록된 예수님의 최후 말씀은 그분이 다시 **오실** 것에 관한 것이었다. 물론 예수께서 그 시기에 대해서는 언급을 하지 않으셨다. 예수께서 베드로에게 하신 말씀에 대한 거짓 소문들은 하나님의 약속들이 얼마든지 오해될 수 있는 가능성을 보여 준다. 그러므로 모든 기독교인들은 하나님의 말씀을 정확하게 이해하도록 노력해야 한다.

C. 요약(21:24~25)

21:24~25 이제 제4복음서는 그 구성에 대한 설명과 함께 막을 내리게 되었다. 여기서 그 사랑하시는 **제자**가 필자임을 밝히고 있다(참조, 개론에서의 '필자'에 대한 설명). 24절의 첫 구문은 요한이 아닌 다른 사람을 뜻한다고 볼 수도 있다. 그러나 문투 자체는 요한의 것이다(참조, 19:35). '이 일들'은 요한복음 전체를 지칭하는 것으로 추측된다. "우리는 그의 증언이 **참된 줄 아노라**"는 문장은 아마도 요한이 아닌 다른 사람에 의해 쓰였을 것이다. 그것들은 에베소 교회, 혹은 전체 초대교회로부터의 보증일 것이다. 그들은 확실히 그 사실에 대해 그 어떤 세대들보다 잘 알고 있었기 때

문이다.

예수님의 행하신 일에 대해 "이 세상이라도 기록된 책을 두기에 부족할 줄 아노라"는 마지막 구절은 얼핏 엄청난 과장으로 보일 수 있다(비록 명확하지는 않지만 이 문장의 주체는 요한일 것이다). 그러나 복음서의 기록은 예수님의 말씀과 사역의 조그마한 예에 불과한 것이 사실이다. 어떤 이들은 복음서에 기록된 예수님의 말씀을 3시간이면 읽을 수 있다고 주장했다. 그러나 성육하신 하나님의 아들의 말씀과 역사를 생각해 보면서 그에 대한 주해를 기록한다면 그것은 무한한 작업이 된다.

간음 현장에서 잡힌 여인 이야기(7:53~8:11)

이 이야기를 주해하기에 앞서 다음의 5가지 질문이 먼저 고려되어야한다. (1) 이것이 성경의 일부인가? (2) 이것이 요한에 의해 기록된 것인가? (3) 이것이 정말 있었던 역사적 사건인가? (4) 이것이 정경에 속해 있는 것인가? (5) 만약 이것이 원래 요한복음서의 일부분이 아니라면 왜 대부분의 영역성경에는 8장 12절 전에 자리 잡고 있는가?

(1)과 (4)의 질문은 서로 밀접하게 연관된 것들이나 같은 질문은 아니다. (1)번 질문에 관한 거의 모든 신약성경 본문 비평학자들의 일치된 견해는 그것이 원문에는 원래 없었던 부분이라는 것이다. 이러한 판단을 개신교인들이 받아들인다면, 그것은 곧 (4)의 질문에 부정적 대답을 하게 된다. 즉 이 구문은 성경의 정경(Biblical Canon)에 속한 것이 아니라고 답하게 된다. 그러나 로마 가톨릭 신학자들의 입장에서는 그것이 불가타(Vulgata)에 기록되어 있다는 것 하나만으로 충분한 정경성을 인정받게 된다. 그러므로 비록 이 구절이 원래의 요한이 기록한 원문의 일부분이 아

니라 할지라도 불가타가 그것을 포함하고 있기에 하나님의 권위로서 그 구절을 받아들인다. 사실 많은 헬라어 사본들이 이 구절들을 빠뜨리고 있을 뿐만 아니라 그 구절들을 기록한 사본들도 그것들을 별표 등의 표시를 함으로써 구별하고 있다. 더욱이 그 위치도 사본마다 각각 다르게 기록하고 있다(요 7:36, 44, 52; 21:25; 눅 21:38). 본문상이나 문체상의 비교는 이 구절이 요한의 원 자료가 아님을 나타내고 있다.

대부분의 주석학자들은 (3)의 질문에는 긍정적인 답을 한다. 이러한 판단이 옳은 것이라면 이것은 예수님의 가르치심에 대한 성경 밖에서의 권위 있는 전승의 하나이다. 요한이 예수님이 행하셨던 다른 일들에 대해 암시했듯이 이 사건도 그런 일들 중 하나일 수 있다. 그렇다면 이 자료를 왜 하필 8장 12절 앞에 배치했는가를 묻는 (5)의 답은 아마도 이 구절의 내용이 8장에서 예수께서 하신 두 말씀과 연관되기 때문일 것이다("나는 아무도 판단하지 아니하노라"[8:15], "너희 중에 누가 나를 죄로 책잡겠느냐"[8:46]).

7:53 이 구절은 앞으로 전개될 이야기가 다른 자료의 내용 중 일부임을 보여 준다. 그 원자료를 지금 확인할 수는 없다.

8:1~2 예수께서 정기적으로 성전에서 가르치셨기에 백성이 그 말씀을 들으려고 모였다. 누가는 "예수께서 낮에는 성전에서 가르치시고 밤에는 나가 감람원이라 하는 산에서 쉬시니 모든 백성이 그 말씀을 들으려고 이른 아침에 성전에 나아가더라"(눅 21:37~38)고 기록했다.

8:3~6상 예수님의 가르치심이 서기관들과 바리새인들에 의해 중단되었

다. 그들은 율법을 엄격하게 삶에 적용하려는 사람들이었다. 결혼을 했을 여자가 간음하다가 현장에서 잡혀 왔다. 율법은 죄의 확증을 위해서 두 명의 증인이 있어야 한다고 했다(신 19:15). 사실 간음하다가 현장에서 잡혔다는 것은 드문 일로서, 아마도 종교지도자들의 사전 계획에 그녀가 걸려들었을 것이다. 물론 그녀의 상대였던 남자도 함께 잡혔겠지만 그는 도망한 것으로 보인다. 그 여인을 예수께 데려온 목적은 그분의 선생 됨을 깎아내리려는 것이었다. 만약 그분이 그녀를 정죄한다면 대중의 지지를 잃을 것이고 그렇지 않다면 모세와 상반된 입장을 취하게 되기 때문이다.

8:6하~8 많은 이들이 과연 예수께서 땅에 무엇을 쓰셨을까 궁금하게 여겼다. 어떤 이들은 고발하는 자들의 죄를 쓰셨다고 주장하기도 했고, 또 다른 이들은 출애굽기 23장 1절의 "위증하는 증인이 되지 마라"는 말씀을 쓰셨을 것이라고도 주장한다. 또 다른 이들은 단순히 예수께서 마땅한 대답을 준비하시기 위해 땅 위에서 손가락을 긁적거리셨다고 주장한다. 하지만 이것들은 신빙성이 없다. 사실 아무도 그것을 모르기에 어떠한 추측도 결정적일 수 없다. 너희 중에 죄 없는 자가 심판하라는 말씀은 그들의 죄인 됨을 가리킴과 동시에 죄 없으신 그분만이 유일한 재판관이 될 수 있음을 가리킨다(참조, 요 8:16). 그리고 다시 땅에 쓰셨다.

8:9~10 예수께서 몸을 굽히고 계신 동안 그 권위 있는 말씀(참조, 마 7:28~29)은 그들의 마음에 있는 죄의식을 예리하게 찔렀다. 어른들이 먼저 떠났다는 사실은 그들이 그들의 마음과 삶에서 행한 죄들을 깨닫는 지혜가 있었기 때문이다. 이제 증인들과 고발자들이 떠났으므로 여인에 대한 재판은 기각되었다.

8:11 예수님의 말씀은 다시 한번 그분의 큰 선생님 되심을 나타내 준다. 그분은 죄는 꾸짖으셨으나 새로운 삶에 대한 희망을 그 여인에게 주셨다. 신학적으로 예수님은 그녀의 죄를 용서할 수 있는 권위가 있었으며(참조, 막 2:8~12), '세상 죄를' 지고 가는 하나님의 양으로서도(요 1:29) 그녀를 용서해 주실 수 있었다. 그녀의 죄를 용서해 주신 것뿐만 아니라 그녀를 대하는 그분의 태도는 참으로 은혜롭다. 그분은 그녀에게 자신이 '은혜가 충만한' 분임을 나타내셨던 것이다(1:14).

참고문헌

- Barrett, C. K. *The Gospel according to John*. 2d ed. Philadelphia: Westminster Press, 1978.

- Bernard, J. H. *A Critical and Exegetical Commentary on the Gospel according to St. John*. The International Critical Commentary. 2 vols. Edinburgh: T. & T. Clark, 1928. Reprint. Naperville, Ⅲ. Allenson @ Co., 1953.

- Brown, Raymond E. *The Gospel according to John*. 2 vols. The Anchor Bible. Garden City, N.Y.: Doubleday & Co., 1966, 1970.

- Gaebelein, Arno C. *The Gospel of John*. ed. Rev. Neptune, N.J.: Loize—aux Bros., 1965.

- Godet, Frederic. *Commentary on the Gospel of John*. Reprint (2 vols. in 1). Grand Rapids: Kregel Publications, 1979.

- Hendriksen, William. *Exposition of the Gospel according to John*. New Testament Commentary. 2 vols. in 1. Grand Rapids: Baker Book House, 1953, 1954.

- Kent Jr., Homer A. *Light in the Darkness: Studies in the Gospel of John*. Grand

Rapid: Baker Book House, 1974.

• Lightfoot, R. H. *St. John's Gospel: A Commentary.* edited by C. F. Evans. London: Oxford University, Press, 1956.

• Lindars, Barnabas. *The Gospel of John.* New Century Bible. London: Marshall, Morgan & Scott, 1972.

• Morgan, G. Gampbell. *The Gospel according to John.* New York: Fleming H. Revell Co., n.d.

• Morris, Leon. *The Gospel according to John.* The New International Commentary on the New Testament. Grand Rapids: Wm. B. Eerdmans Publishing Co., 1971.

• Morris, Leon. *Studies in the Fourth Gospel.* Grand Rapids: Wm. B. Eerdmans Publishing Co., 1969.

• Sanders, J. N. and Mastin, B. A. *A Commentary on the Gospel according to St. John.* Harper's New Testament Commentaries. New York: Harper & Row, Publishers, 1968.

• Schnackenburg, Rudolf. *The Gospel according to St. John. Vol.1: Introduction and Commentary on Chapters 1~4.* 1968. New York: Seabury Press, 1980. Vol. 2: *Commentary on Chapters 5~12.* 1979. New York: Crossroad Publishing Co., 1982.

• Tasker, R. V. G. *The Gospel according to St. John: An Introduction and Commentary.* The Tyndale New Testament Commentaries. Grand Rapids: Wm. B. Eerdmans Publishing Co., 1960.

• Tenney, Merrill C. "John." In *The Expositor's Bible Commentary.* vol. 9. Grand Rapids: Zondervan Publishing House, 1981.

• Tenney, Merrill. C. *John: The Gospel of Belief.* Grand Rapids: Wm. B. Eerdmans Publishing Co., 1948.

• Turner, George Allen and Mantey, Julius R. *The Gospel according to St. John.* The Evangelical Commentary on the Bible. Grand Rapids: Wm. B. Eerdmans Publishing Co., n.d.

• Westcott, B. F. *The Gospel according to St. John: The Greek Text with Introduction and Notes.* 2 vols. London: John Murray, 1903. Reprint (2 vols. in 1). Grand Rapids: Baker Book House, 1980.